Kohlhammer

Praxiswissen Erziehung

Eine Übersicht aller lieferbaren und im Buchhandel angekündigten Bände der Reihe finden Sie unter:

 https://shop.kohlhammer.de/praxiswissen-erziehung

Die Autorin

Christiane Arens-Wiebel hat 40 Jahre lang bei Autismus Bremen e. V. als Therapeutin und Leitung gearbeitet und sich darüber hinaus intensiv der Beratungs-, Schulungs- sowie Fortbildungstätigkeit gewidmet. Sie hat unmittelbar nach ihrem Studium der Sozialpädagogik begonnen, mit autistischen Kindern und Jugendlichen im Autismus-Therapiezentrum Bremen therapeutisch zu arbeiten. Wichtige Meilensteine ihrer Berufstätigkeit waren dabei in den letzten Jahren ihres Schaffens die intensive Beratungs- und Fortbildungstätigkeit in Einrichtungen für Menschen mit Behinderung sowie mit Eltern von Betroffenen. Ihr Interesse und ihr Engagement auf diese besondere Beeinträchtigung bezogen haben nie nachgelassen. Auch heute, im Ruhestand, ist sie als Fortbildungsreferentin und Beraterin tätig.

Christiane Arens-Wiebel

Autismus

Was Eltern und Pädagogen wissen müssen

2., überarbeitete Auflage

Verlag W. Kohlhammer

Dieses Werk einschließlich aller seiner Teile ist urheberrechtlich geschützt. Jede Verwendung außerhalb der engen Grenzen des Urheberrechts ist ohne Zustimmung des Verlags unzulässig und strafbar. Das gilt insbesondere für Vervielfältigungen, Übersetzungen, Mikroverfilmungen und für die Einspeicherung und Verarbeitung in elektronischen Systemen.

Die Wiedergabe von Warenbezeichnungen, Handelsnamen und sonstigen Kennzeichen in diesem Buch berechtigt nicht zu der Annahme, dass diese von jedermann frei benutzt werden dürfen. Vielmehr kann es sich auch dann um eingetragene Warenzeichen oder sonstige geschützte Kennzeichen handeln, wenn sie nicht eigens als solche gekennzeichnet sind.

Es konnten nicht alle Rechtsinhaber von Abbildungen ermittelt werden. Sollte dem Verlag gegenüber der Nachweis der Rechtsinhaberschaft geführt werden, wird das branchenübliche Honorar nachträglich gezahlt.

Dieses Werk enthält Hinweise/Links zu externen Websites Dritter, auf deren Inhalt der Verlag keinen Einfluss hat und die der Haftung der jeweiligen Seitenanbieter oder -betreiber unterliegen. Zum Zeitpunkt der Verlinkung wurden die externen Websites auf mögliche Rechtsverstöße überprüft und dabei keine Rechtsverletzung festgestellt. Ohne konkrete Hinweise auf eine solche Rechtsverletzung ist eine permanente inhaltliche Kontrolle der verlinkten Seiten nicht zumutbar. Sollten jedoch Rechtsverletzungen bekannt werden, werden die betroffenen externen Links soweit möglich unverzüglich entfernt.

2., überarbeitete Auflage 2023

Alle Rechte vorbehalten
© W. Kohlhammer GmbH, Stuttgart
Gesamtherstellung: W. Kohlhammer GmbH, Stuttgart

Print:
ISBN 978-3-17-044070-8

E-Book-Formate:
pdf: ISBN 978-3-17-044071-5
epub: ISBN 978-3-17-044072-2

Vorwort zur 2. Auflage

Schon fast vier Jahre ist es her, dass ich die erste Auflage meines Buchs geschrieben habe, und ich stelle fest, dass die damals verschriftlichten Erkenntnisse und Ratschläge weiterhin aktuell sind. In diesen vier Jahren habe ich – durch meine Fortbildungs- und Beratungstätigkeit als Ruheständlerin – einige Themen vertiefen bzw. hinzufügen können, sodass diese überarbeitete Fassung auch ein paar dieser weiteren Informationen enthält. Diese Ergänzung betrifft insbesondere die Bereiche Krankheit und Schmerz sowie den Übergang ins Erwachsenwerden.

Das vorliegende Buch habe ich für Eltern mit einem Kind im Autismus-Spektrum geschrieben, bzw. für Pädagog*innen, die mit einem autistischen Kind zu tun haben. Ich spreche dabei die Bezugspersonen von Kindern mit sog. frühkindlichen Autismus an – das ist die Autismusform, die schon im ersten Lebensjahr zu teilweise gravierenden Auffälligkeiten führt und bereits bei einem Eineinhalbjährigen diagnostiziert werden könnte. Bei diesen Kindern liegt i. d. R. auch eine intellektuelle Einschränkung vor. Sie zeigen in diesem frühen Alter in mehreren Entwicklungsbereichen (Wahrnehmung, Kommunikation, Spielverhalten, soziale Interaktion usw.) auffälliges Verhalten und unterscheiden sich von Kindern mit Asperger-Syndrom – auch dem Autismus-Spektrum zugehörig – insbesondere durch die intellektuelle Beeinträchtigung und die deutliche Entwicklungsverzögerung.

Ich begann mit 23 Jahren beim Elternverein Autismus Bremen e. V. meine berufliche Laufbahn als Therapeutin, nachdem das Thema Autismus mich bereits im Studium sehr berührt hatte. In den Therapiezentren sind mir in den 40 Jahren meiner Berufstätigkeit unzählige Menschen im Autismus-Spektrum begegnet – vom Frühförder- bis ins Erwachsenenalter. Immer hatte ich intensiv mit ihren Eltern und weiteren Bezugspersonen zu tun, die vom ersten Kontakt an Fragen über Fragen hatten, auf die sie sich von mir, der Autismustherapeutin, Antworten erhofften. Fragen zu den Ursachen von Autismus, den Entwicklungschancen, der Begründung für problematische autismusspezifische Verhaltensweisen und zum Umgang hiermit. Was sollten sie tun, um das Kind gut zu fördern? Wie könnten sie es schaffen, die immensen Entwicklungsrückstände zumindest ansatzweise aufzuholen? Welcher Kindergarten und welche Schule seien die richtigen, und was könne getan werden, wenn es in der Schule mit dem Kind nicht gut funktioniere? Fragen, bei denen keine Routine aufkommen konnte, denn jede Frage muss bezogen auf das jeweilige Kind und sein Umfeld beantwortet werden.

Dieser Ratgeber kann nicht spezifisch auf jede Frage und individuell für jede Familie antworten. Er nennt auch nicht die diagnostischen Kriterien und die Ursachen von Autismus, d. h., er lässt manche grundlegenden Informationen zum Autismus-Spektrum aus. Diese Informationen lassen sich an anderen Stellen finden. Dieses Buch ist vielmehr dafür verfasst, ein Leitfaden, also ein ›roter Faden‹, für die Begleitung eines autistischen Kindes, Jugendlichen bzw. Heranwachsenden zu sein, um Anhaltspunkte, Denkanstöße und grundlegende Informationen zu bieten. Es geht um das Schaffen von Chancen bzw. Bedingungen im Kindergartenalter, der Schulzeit und beim Übergang zum Erwachsenwerden. Ich gebe Orientierung im umfangreichen Angebot von Therapiemethoden, ohne diese zu bewerten, und vermittle Tipps und Anleitungen für den Alltag. Die meisten Ratschläge haben sich in meiner umfangreichen Praxis mit Kindern und Eltern bewährt, erheben jedoch nicht den Anspruch auf Einzigartigkeit. Es gibt immer auch andere Möglichkeiten (Beispiel Toilettentraining). Ich habe eben all das gesammelt, was sich während meiner Berufstätigkeit als besonders effektiv erwiesen und mich bzw. die Eltern und Pädagog*innen überzeugt hat.

Manche Kinder und Jugendliche sind mir in den Jahren besonders ans Herz gewachsen, so z.B. *Toni* (Name geändert), zu dem und zu dessen Eltern ich nach wie vor einen guten und entspannten Kontakt habe. Danke, *Toni*, dass du mich so viel an deiner Entwicklung und deiner authentischen und direkten Art teilhaben lässt, inzwischen

Vorwort zur 2. Auflage

über Videoanrufe. Danke auch an deine Eltern und die große Schwester. Die Namen der weiteren Kinder in den veranschaulichenden Fallbeispielen habe ich ebenfalls sämtlich geändert. Ich sehe jedes der Kinder vor mir – an guten und an nicht so guten Tagen. Ich erinnere mich daran, wie die Eltern eines jeden dieser Kinder mit viel Freude, Kraft und Überzeugung an der Förderung ihres Kindes mitgewirkt haben. Ich denke auch an die, denen es irgendwann zu viel wurde, die verzweifelt und erschöpft waren, die jedoch immer zu ihrem besonderen Kind standen und sich für es eingesetzt haben – koste es, was es wolle. Auch mit Blick auf die Geschwister, für die es eine große Anstrengung ist, mit einer autistischen Schwester oder einem autistischen Bruder zusammenzuleben – ich empfinde Hochachtung dafür, was diese Kinder aushalten, sich aber auch einfallen lassen, um mit dem Geschwister in einem liebevollen Kontakt zu sein. Auch ihnen danke ich dafür, dass ich immer wieder mit ihnen sprechen und arbeiten durfte.

Das Buch ist im Übrigen nicht nur für Familienkonstellationen geschrieben, in denen Mutter und Vater vorkommen; auch gleichgeschlechtliche und alleinerziehende Eltern können sich selbstverständlich darin wiederfinden.

So unterschiedlich die Mädchen und Jungen mit Autismus und ihre Familien sind, so kreativ, fantasievoll und vielfältig sich therapeutische Angebote, Erziehungsmittel und Materialien darstellen und so umfangreich die theoretischen Erkenntnisse und praktischen Erfahrungen sind, so viel muss noch getan werden, um den autistischen Menschen ein zufriedenes und gelungenes Leben zu verschaffen. Zunächst einmal ist die Zahl der Kliniken und Fachärzt*innen, die frühzeitig eine Autismusdiagnose stellen könnten, viel zu gering, und die Wartezeiten auf einen Diagnostik- und Beratungstermin sind deutlich zu lange. Ein unglaublich mühevoller und zermürbender Prozess entsteht für die betroffenen Eltern und damit auch die Familie, Einrichtung etc. Auch heute noch gibt es überall großen Bedarf an Fachlichkeit, v.a. die Ausbildung von Pädagog*innen und Psycholog*innen betreffend, und viele Wünsche und Anforderungen an eine bessere personelle und räumliche Ausstattung. Es fehlt an dringend benötigten Therapieplätzen, informierten Kindertagesstätten und Schulen, gut ausgebildeten Integrationskräften und Schulassistent*innen sowie Sonderpädagog*innen.

Das Bild von Autismus in der Gesellschaft hat sich in den vergangenen Jahren und Jahrzehnten durchaus gewandelt. Durch das Auftreten Autismus verkörpernder Protagonist*innen in Filmen und Serien, Romanen und sogar Kinderbüchern ist der Begriff vielen geläufig. Manchmal wird er verwendet als Beschreibung einer besonders schillernden Persönlichkeit, wird in Verbindung gebracht mit Mythen wie ›Autisten, das sind doch die mit den herausragenden Fähigkeiten‹, verstanden als jemand, der ›mit der Gesellschaft nichts zu tun haben will‹. Aber so einfach können wir es uns bei der Sichtweise auf Menschen im Autismus-Spektrum nicht machen. Jedes Individuum ist auf seine einzigartige Weise betroffen, hat seine besonderen Interessen, vielleicht auch Fähigkeiten, und benötigt auf seine individuellen Bedürfnisse und Eigenschaften zugeschnittene Betreuung und Förderung. Wenn dies beachtet wird und wir dem Menschen viel Zeit geben, sich selbst mit seiner Persönlichkeit und seinen Möglichkeiten zu zeigen, werden wir ihn kennenlernen und einen Weg finden, mit ihm aus- und weiterzukommen. Das ist ein gewinnbringender und berührender Prozess für jede*n für uns.

Bremen im Jahr 2023
Christiane Arens-Wiebel

Inhalt

Vorwort zur 2. Auflage   **5**

1   **Statt einer Einleitung**   **11**

2   **Die Autismusdiagnose**   **13**

2.1   Diagnosestellung   13
2.2   Neuorientierung und Bewältigung der Diagnose   19
2.3   Verwandtschafts- und Freundeskreis   20
2.4   Organisation familiärer bzw. naher Hilfen im Umfeld   23
2.5   Entwicklungsmöglichkeiten   23

3   **Förderung in der Familie**   **26**

3.1   Organisation professioneller Hilfen   27
3.2   Autismusspezifische, entwicklungsfördernde Bedingungen im häuslichen Umfeld   32
3.3   Notwendige Erziehungsaufgaben und Förderung   36

4   **Kindergartenzeit**   **50**

4.1   Auswahl und Organisation einer geeigneten Tagesbetreuung   51
4.2   Vorbereitungen des Kindergartenbesuchs   55
4.3   Verhalten im Kindergarten und die Situation der anderen Kinder   59
4.4   Strukturen, Rituale und Begleitung im Kindergarten   61
4.5   Frühförderung und Autismustherapie   66

Inhalt

4.6	Wichtigste Lernziele im Kindergartenalter	68
4.7	Umgang mit autismusspezifischen Problemen	103
4.8	Was Pädagog*innen wissen müssen	115

5 Schulzeit — **118**

5.1	Organisation der Schulzeit	118
5.2	Die Rollen von Lehrer*innen, Sonderpädagog*innen und Schulassistenzen	127
5.3	Die häusliche Situation im Zusammenleben mit einem autistischen Schulkind	132
5.4	Entwicklungsziele in der Schulzeit	140
5.5	Situation der Familie, Eltern und Geschwister	148
5.6	Therapeutische Unterstützung	157
5.7	Umgang mit Verhaltensproblemen	174
5.8	Was Pädagog*innen wissen müssen	178

6 Teenagerzeit — **183**

6.1	Identität und Selbstgestaltung	183
6.2	Pubertät und Sexualerziehung	185
6.3	Krankheit, Schmerz und Arztbesuche	190
6.4	Akzeptanz der Beeinträchtigung in der Familie	197
6.5	Selbstständigkeit	198
6.6	Umgang mit autismusspezifischen Verhaltensweisen	199
6.7	Was Pädagog*innen wissen müssen	207

7 Das Kind wird erwachsen — **210**

8 Schlussbemerkung — **219**

Literatur — **221**

Abbildungs- und Tabellenverzeichnis — **234**

1 Statt einer Einleitung

In einem großen Einkaufszentrum läuft ein Kind, ungefähr zwei Jahre alt, mitten zwischen den anderen Menschen unbeirrt auf den gradlinig angebrachten Bodenfliesen entlang. Es bewegt sich mit seltsam anmutenden flatternden Bewegungen der Arme und gibt brummende und quietschende Laute von sich. Es läuft, ohne auf seine Mitmenschen zu achten oder sich nach seinen Eltern umzusehen. Die Mutter ruft es von Weitem bei seinem Namen, es scheint sie nicht zu hören, denn es ist sehr versunken in seine Tätigkeit. Sie geht hinter ihm her, kommt näher und ruft es wieder, diesmal lauter und eindringlicher. Das Kind reagiert nicht. Schließlich erreicht die Mutter es und greift nach seiner Hand. Das Kind erstarrt und fängt unverzüglich an zu schreien. Es versucht die Mutter zu beißen und sich ihrem Griff zu entziehen. Es ist mühevoll, es nicht loszulassen, aber die Mutter ist stärker. Sie kniet sich zu dem Kind nieder und redet beruhigend auf es ein. Man hört Sprachfetzen wie »es dauert nicht mehr lange«, »nachher kaufen wir dir Pommes« und »hör auf, so zu schreien«. Das Kind jedoch schreit unvermindert weiter. Es hat sich auf den Boden geworfen, und der ganze kleine Körper ist in Bewegung und Abwehrhaltung.

Menschen bleiben stehen und kommentieren die Situation. Schließlich greift der Vater nach dem Kind und nimmt es auf den Arm. Er hält es ganz fest, trotzdem hat er Mühe, des schreienden Bündels Herr zu werden. Die Eltern verlassen eilig das Einkaufszentrum. Die Mutter sieht verzweifelt aus, und man könnte meinen, sie würde sich schämen. Der Vater wirkt wütend, aber auch sehr hilflos, er ist ganz blass geworden und versucht schnell wegzukommen. Als die Familie das Auto erreicht hat, setzt der Vater das Kind in seinen Kindersitz und gibt ihm eine Trinkflasche in die Hand. Das Schreien hört augenblicklich auf. Der Einkaufsbummel wird nicht fortgesetzt.

1 Statt einer Einleitung

Die Eltern machen sich schon lange Sorgen, dass mit ihrem Kind etwas nicht stimmen könnte. Es hat noch kein einziges Wort gesagt, obwohl sie ihm immer wieder etwas vorsprechen. Es schaut die Eltern fast nie an, hört nicht auf seinen Namen. Sie haben noch nie gesehen, dass es wie andere Kinder mit einem Teddy oder einem Auto gespielt hätte. Es wirft vielmehr seine Spielsachen im Zimmer umher, reißt alles aus den Schränken und lässt sich dabei nicht stoppen. Es ist immens schwierig, ihm die Zähne oder die Nase zu putzen. Es will sich nur an einer bestimmten Stelle in der Wohnung wickeln lassen, lehnt verschiedene und insbesondere neue Kleidungsstücke ab. Schwierig finden die Eltern, dass es nur ein paar ausgewählte Lebensmittel isst, die immer dieselbe Temperatur und Konsistenz haben müssen. Wenn wenigstens die Nächte nicht wären, in denen sich Eltern und Kind eigentlich ausruhen sollten! Das Kind macht immer wieder die Nacht zum Tag und will spielen, dabei müssen alle Lampen an sein, sodass kein Familienmitglied schlafen kann. Tagsüber ist das Kind jedoch auch nicht besonders müde und schläft nur, wenn die Mutter mit ihm im Buggy umherfährt.

Großeltern, Freund*innen und Nachbar*innen erteilen gut gemeinte Ratschläge, die das elterliche Erziehungsverhalten betreffen, diese haben jedoch bisher nicht geholfen und machen die Situation für die Eltern noch schwieriger. Wenn wenigstens der Kinderarzt Verständnis hätte! Der vertröstet die Eltern von Mal zu Mal und versichert ihnen, das Kind sei eben ein »Spätentwickler« und man müsse nur lange genug warten und ihm »eine Chance geben«, dann würde es schon werden.

Am Abend des Einkaufbummels sitzen die Eltern noch zusammen und sprechen über die schwierige und nervenaufreibende Situation während des Einkaufs. Sie sind sich jetzt einig: So kann es nicht weitergehen, es muss etwas passieren. Gleich Montag werden sie beim Kinderarzt anrufen und ihn um die Überweisung zu einem/einer Spezialist*in bitten.

2 Die Autismusdiagnose

2.1 Diagnosestellung

> Mit der Überweisung des Kinderarztes gehen die Eltern mit dem Kind zum Sozialpädiatrischen Zentrum (SPZ). Im Vorfeld haben sie bereits Fragebögen zur Vorgeschichte (Anamnese) ausgefüllt und aufgeschrieben, was ihnen Sorgen macht. Im SPZ werden die Eltern und das Kind freundlich begrüßt und sie werden in einen großen Untersuchungsraum mit motorischen Angeboten, einem Kindertischchen und ein paar Spielsachen geführt. Das Kind entdeckt eine mit bunten Bällen gefüllte Badewanne und fängt sogleich an, die Bälle dort herauszuholen und im Raum umherzuwerfen. Nun bemühen sich eine Krankengymnastin und eine Logopädin darum, Zugang zu dem Kind zu finden, d.h. mit ihm zu spielen und ihm Spaß im Kontakt zu verschaffen. Parallel dazu berichten die Eltern der anwesenden, wie die Entwicklung des Kindes bis zum derzeitigen Zeitpunkt verlaufen ist und worüber sie sich Sorgen machen.

Die Familien sind i.d.R. insgesamt für zwei bis drei Termine im SPZ. Beim letzten Termin wird ihnen eine Diagnose bzw. ein Verdacht mitgeteilt. Die Berichte von Eltern über den Verlauf der Untersuchungen im SPZ sind sehr unterschiedlich. Manche Eltern berichten über eine sehr lange Zeit, in der sich das SPZ nicht auf eine Diagnose habe festlegen wollen, sodass sie viel zu spät gestellt worden sei. Jahre später habe bspw. ein Kinder- und Jugendpsychiater oder die Ärztin des Gesundheitsamts die Autismusdiagnose ausgesprochen. Bis zu diesem Zeitpunkt ist eine lange Zeit ohne eine behinderungsspezifische Förderung vergangen. Anderen Eltern dagegen konnte sofort geholfen werden. In jedem Fall ergibt sich hieraus der

2 Die Autismusdiagnose

wichtige Rat an Eltern, sich nicht ›abwimmeln‹ zu lassen, sondern ggf. eine andere Diagnostikeinrichtung aufzusuchen, z. B. das SPZ in der Nachbarstadt.

Wenn die Eltern mit dem dringenden Verdacht oder der sicheren Diagnose aus dem Autismus-Spektrum, d. h. einem frühkindlichen Autismus, nach Hause geschickt werden, wird ihnen geraten, unbedingt so schnell wie möglich eine Frühförderung zu initiieren, am besten durch einen autismusspezifischen Anbieter.

Nun ist eine Diagnose gestellt, und die Eltern fühlen sich erschlagen von dem, was sie schon lange befürchtet haben. Eine schwere Beeinträchtigung bei ihrem ersehnten und geliebten Kind. Sie erhalten noch umfangreiche Informationen zu ihren Rechten als Eltern eines autistischen Kindes wie Pflegegrad und Pflegehilfsmittel, Schwerbehinderung, Steuerentlastungen usw. und werden gebeten, in einem halben Jahr wiederzukommen. Die Adresse der Frühförderstelle wird ihnen ausgehändigt und ein Bericht an den Kinderarzt angekündigt.

Viele Eltern berichten, dass sie sich in den ersten Wochen nach der Diagnosestellung in einer Phase tiefer Traurigkeit und Verzweiflung befunden hätten. In ihnen hätten sich starke Gefühle von Wut (»Warum gerade wir?«), Hilflosigkeit (»Wie sollen wir das nur schaffen?«), Angst (»Wie wird unsere Zukunft und die unseres Kindes aussehen?«) und Mutlosigkeit (»Damit können wir nicht zurechtkommen, damit haben wir ja gar keine Erfahrungen!«) breit gemacht. Viele von ihnen fühlten sich in den ersten Wochen nicht dazu in der Lage, mit Freund*innen oder Familie darüber zu sprechen, auch weil sie sich schämten und sich überfordert und ratlos fühlten.

> Die Mutter von Toni berichtet: Wir kamen mit dem Kind nach Hause mit dieser belastenden neuen Diagnose. Plötzlich ist alles anders, wir hatten die Wahrheit gehört und mitgebracht. Was nicht anders ist, das sind das Zuhause, die größere Tochter, die Familienangehörigen, die Alltagsrituale, die Verpflichtungen. Das Kind ist nicht weniger anstrengend als vorher, das andere Kind muss pünktlich zur Schule gehen und bei den Hausaufgaben un-

2.1 Diagnosestellung

terstützt werden, die Schmutzwäsche wartet, und eingekauft werden muss auch noch. Aber nun ist da diese Diagnose, und wir müssen uns überlegen, wie es weitergehen kann. Dabei ist doch alles andere schon so anstrengend.

Zu den Zweifeln und der inneren Krise der Eltern kommt, dass sie sich Vorwürfe machen, selbst eine Schuld an der Diagnose bzw. dieser speziellen Behinderung zu haben. Man hat ihnen im SPZ etwas von Genetik gesagt – wer aus der Familie hat diese Veranlagung vererbt? Gibt es noch einen oder mehrere andere Gründe? Hat sich die Mutter in der Schwangerschaft nicht optimal ernährt? Hat es ein Ereignis gegeben, das zum Autismus geführt haben könnte? Ein Erschrecken beim Kirmesbesuch, eine Infektion der Mutter, die vielleicht bagatellisiert wurde, ein Ereignis bei der Geburt, möglicherweise völlig unbemerkt? Dass Eltern sich diese Fragen stellen, ist ganz normal, es geht immer darum, zu verstehen und sich erklären zu können, was passiert ist.

Manche Pädagog*innen versuchen, die Eltern davon abzuhalten, sich diese Gedanken zu machen mit dem Ratschlag, die Autismusdiagnose anzunehmen und damit so gut wie möglich zu leben. Das jedoch ist nicht so einfach. Fachleute sagen, dass es mehrere Phasen der Verarbeitung von Trauer gibt, wenn Eltern mit einer solchen Diagnose konfrontiert werden. Diese Phasen laufen niemals linear ab, sondern in unterschiedlicher Art und Weise. Jedoch sind immer Gefühle von Trauer, Verzweiflung und Wut vorhanden, und es vergeht Zeit, bis die Diagnose akzeptiert werden kann. Dann schaffen es die Eltern, sich Gedanken zu machen, wie es weitergehen kann. Manche Eltern brauchen hierfür sehr lange und verfallen zunächst in eine tiefe Depressivität, bei anderen tritt die Fähigkeit, in Handlung und Aktivität zu gehen, schon viel früher ein. Es gibt kein ›richtig‹ oder ›falsch‹. Es ist nur wichtig, dass irgendwann etwas passiert, also Schritte für eine Förderung initiiert werden. Schwierige Lebensphasen, in denen nochmals Zweifel, Angst, Trauer, Wut oder Scham entstehen, kann es immer wieder geben und jedes Mal bedeuten sie eine schwere emotionale Zeit für die Eltern.

2 Die Autismusdiagnose

Ein anderer belastender Moment, über den immer wieder von Müttern autistischer Kinder berichtet wird, ist, dass manche Väter besonders große Probleme haben, die Autismusdiagnose zu akzeptieren. Mit der Geburt bzw. der Diagnose einer Behinderung wird das Selbstbild des Vaters als Mann gefährdet. Die veränderte Lebenssituation zwingt viele Väter und Mütter von persönlichen Lebensentwürfen, Träumen und Zielen Abschied zu nehmen. Zunächst einmal trifft das beide Elternteile gleichermaßen. Seine Berufstätigkeit erschwert dem Vater allerdings die Auseinandersetzung mit der Beeinträchtigung, da er häufig der Haupterwerbstätige der Familie ist. Er muss ›einen kühlen Kopf bewahren‹ und finanziell für die Familie sorgen, da liegt es nahe, die Arbeit qualitativ und quantitativ zu intensivieren, auch um nicht in dem Ausmaß mit der häuslichen Situation konfrontiert zu werden wie seine Partnerin. Die Geschlechterrolle verlangt darüber hinaus Sachlichkeit und Selbstkontrolle. Der Vater bewältigt die Behinderung des Kindes rationaler und hält seine Gefühle zurück, obwohl ihn die Erkenntnis, dass sein Kind wahrscheinlich nie ›normal‹ sein wird und vielleicht niemals seine Wunschvorstellung von einem Sohn oder einer Tochter erfüllt sein wird, sehr trifft. Auch wenn seine Partnerin den Eindruck hat, dass er scheinbar ohne Gefühle auf die Behinderung reagiert oder diese sogar leugnet, kann es sein, dass in seinem Innersten eine sehr große Kränkung stattgefunden hat, die verhindert, dass er sich mit den Problemen seines Kindes bewusst auseinandersetzt. Das ist kein aktives Leugnen, sondern eine Art der Verdrängung und ein Zeichen für einen großen Schmerz. Zusätzlich haben die Väter auch heute noch Angst vor sozialer Diskriminierung, weil sie befürchten, dass Kolleg*innen oder Freund*innen geringschätzend auf sie herabblicken, weil sie ein behindertes Kind bekommen haben. Sie wollen vermeiden, dass sie für weniger leistungsfähig gehalten werden, weil es zu Hause ein Problem gibt, und versuchen, das mit erhöhter Leistungsbereitschaft wettzumachen. Allerdings birgt das die Gefahr der Überbelastung der Mütter und verhindert oft auch deren Möglichkeiten, einer Erwerbstätigkeit nachzugehen. Das führt vielfach dazu, dass die Mutter die Haupt-Bezugsperson des Kindes ist, und die Vater-Rolle durch diese Rollenteilung zwischen Mutter und Vater zusätzlich eingeschränkt wird. Die Mutter wird zur Expertin der Behinderung des Kindes und der Vater wird in seiner Rolle eher als nebensächlich oder auch weniger kompetent angesehen. Es ist aber davon auszugehen, dass für die Entwicklung und das Wachsen in eine Geschlechterrolle für das Kind zwei positive Rollenvorbilder, nämlich Vater und Mutter, eine große Bedeutung haben.

Häufig ist es so, dass speziell die Väter bei bestimmten Aktivitäten vom Kind eindeutig bevorzugt werden, weil sie bspw. sehr gern sportlich sind, Tobespiele mögen oder die Kinder in handwerkliche oder draußen stattfindende Aktionen einbinden. Hier kann nur zugeraten werden, da es für das Kind und den Vater wichtig ist, eine Beziehung zueinander aufzubauen, und zwar so, wie sie für die beiden gut ist. Der Vater wird selbst herausfinden, wo die ›Schnittmengen‹ zwischen ihm und seinem Kind sind. Auch, wenn er sich vielleicht manchmal weniger konsequent oder pädagogisch korrekt verhält, kann er viel bewirken, indem er seiner Partnerin etwas von der Belastung abnimmt, seine eigenen Erfahrungen im Umgang mit seinem Kind macht und erfährt, was dieses besondere Kind für ihn bedeutet. Hier müssen auch die Mütter manchmal loslassen und ihren Partnern vertrauen, dass sie gut für das Kind sind, egal wie sie es anstellen.

Wenn man mit Eltern heranwachsender oder erwachsener Menschen im Autismus-Spektrum spricht, hört man heraus, dass die erste Zeit eine schwere Zeit war. Es gab viele schwierige Situationen und immer wieder habe man sich gefragt, ob man alles richtigmache und was man besser machen könne. Die Eltern berichten, dass sie immer unter Druck gestanden hätten, umzusetzen, was Pädagog*innen, Lehrer*innen und Therapeut*innen gesagt hätten und sich Vorwürfe gemacht hätten, wenn das nicht möglich gewesen sei. Es sei häufig eine Art ›Spießrutenlaufen‹ gewesen. Die häufige Rechtfertigung vor Familienangehörigen, Freund*innen und Nachbar*innen sei ebenfalls sehr herausfordernd gewesen. Bei gesunden Kindern wird längst nicht so kritisch hingeschaut, wie konsequent oder fundiert die erzieherischen Maßnahmen sind, hier hält sich das Umfeld eher zurück. Bei einem Kind mit Beeinträchtigung möchten viele gute Ratschläge geben und den Eltern sagen, was zu tun ist. Außerdem werden ihnen Prognosen in Aussicht gestellt, die jeder sachlichen Grundlage entbehren wie »aus dem wird ja doch nichts« oder »der wird irgendwann sprechen lernen«.

> »Können Nichtbetroffene sich eigentlich vorstellen, was eine solche innere Auseinandersetzung bedeutet? Tiefgreifender dürften Sinnkrisen im Leben wohl kaum sein. Mir sind keine Eltern bekannt, die diesen Prozess nicht zutiefst und mit bleibenden seelischen Narben durchlitten hätten.« (Krebs 1997, S. 389)

Eltern erzählen, dass auch durch die Großeltern des Kindes immer wieder Druck entstehen würde, weil sie die Diagnose anzweifeln würden oder mit den Erziehungsmethoden der Eltern nicht einverstanden seien.

> »Meine Schwiegereltern meinten immer, sie könnten mit Micha besser umgehen als wir. Erst als sie eine Woche lang auf ihn aufgepasst haben, weil ich mit seiner Schwester ins Krankenhaus musste, haben sie verstanden, wie schwierig es mit Micha ist. Plötzlich waren sie viel verständnisvoller mit uns.«

Empfohlen wird, dass Großeltern sich in die Situation der Familie hineinversetzen und Unterstützung anbieten, möglicherweise auch für die Geschwisterkinder. Großeltern sollten nicht fragen, ob sie helfen können, sondern wie sie helfen können. Für das autistische Enkelkind sollten die Großeltern feste Zeiten einplanen, in denen sie sich um es kümmern. Das Enkelkind benötigt Rituale und Routinen und freut sich, wenn die Großeltern sich bspw. mit ihm zusammen einen ganzen Tag um sein Lieblingsthema (Dampflok fahren, Klettern, Schwimmen etc.) kümmern.

2.2 Neuorientierung und Bewältigung der Diagnose

Irgendwann ist der Moment gekommen, wo bei den Eltern der Wunsch aufkommt, jetzt etwas zu tun. Gefühle von Trauer treten in den Hintergrund, und die Eltern beginnen, sich über Förderung und Erziehung Gedanken zu machen. Sie stellen sich die Frage, was für ihr Kind gut sein könnte, und wie sie das ermöglichen können. Sie fangen an, sich Informationen bspw. im Internet zu besorgen und kommen mit anderen Eltern ins Gespräch. Sie suchen sich Menschen, die ihnen möglicherweise sagen können, wie die Prognose für das Kind ist, also welche Schule es eines Tages besuchen wird, ob es je sprechen lernen wird und wann man weiß, ob es geistig behindert ist. In dieser Phase sind die Eltern sehr empfänglich für Ratschläge von außen und neigen dazu, möglichst viele Ideen hören zu wollen und sich zu überlegen, wie sie sie umsetzen können. Sie geraten in eine Art ›Aktionismus‹, ohne zu wissen, wie sie all diese Pläne jemals werden umsetzen können.

> Als die Mutter von Fabian sich von dem ersten Schock erholt hat, der die Autismusdiagnose in ihr ausgelöst hatte, fährt sie mit ihm in einen großen Spielzeugladen und kauft einen ganzen Einkaufswagen voll mit Lernspielen wie Puzzles, Farbzuordnungen, Lottospielen, Buntstiften, Malbüchern u. v. m. Zu Hause befüllt sie die Regale im Kinderzimmer damit und freut sich, dass es dort jetzt so bunt und vielfältig aussieht. Nun hat Fabian doch alle Chancen, etwas Neues auszuprobieren und neue Erfahrungen zu machen. Bisher wurden ihm so viele Stofftiere geschenkt oder auch Bälle und Spielzeuge, die Geräusche machen und glitzern. Nun wird ihm etwas angeboten, was ihn zum Lernen anregen wird. Die Verwandten haben auch schon gefragt, was er noch gebrauchen kann, und sie hat viele Ideen weitergegeben. Im Verlauf der darauffolgenden Wochen merkt die Mutter, dass Fabian überfordert ist mit

der Vielzahl an Spielen und Angeboten, und sie beginnt, Spiele zunächst wegzustellen und ihm nur eine begrenzte Auswahl zur Verfügung zu stellen.

2.3 Verwandtschafts- und Freundeskreis

»Mein Kind ist autistisch.« »Bei Toni wurde Autismus festgestellt.« »Die Ärzte vom Sozialpädiatrischen Zentrum haben gesagt, dass Fabian Autismus hat.« So oder ähnlich wird die Diagnose weitererzählt. Verwandte und Freund*innen haben sich schon länger Sorgen gemacht, was mit dem Kind los ist, weil es so anders ist. Vielleicht hat auch schon jemand diesen Begriff ausgesprochen, weil er/sie über Autismus etwas gelesen oder einen Film dazu gesehen hat. Nun ist die Bestätigung da. Der/die eine betont, das habe er/sie sich ja schon gedacht, der/die nächste stellt die Korrektheit der Diagnose in Zweifel, noch jemand wirft den Eltern vor, das sei eine »Modediagnose« und die Probleme lägen nur im Erziehungsverhalten der Eltern begründet. Die beste Freundin nimmt einen in den Arm, tröstet und verspricht Unterstützung.

Für die Eltern beginnt die Auseinandersetzung damit, wer von der Familie und im Umfeld von dieser Diagnose erfahren darf und wem man das lieber nicht erzählt. Ein Problem ist, dass das autistische Kind völlig normal aussieht, sich aber eben ganz anders verhält. Mitmenschen vermitteln den Eltern, das Kind sei schlecht erzogen. Eltern berichten von dem Verhalten ihrer Kinder in der Öffentlichkeit, dass es manchmal wie ein ›Spießrutenlaufen‹ sei, mit dem Kind irgendwo hinzugehen. Schreien beim Einkauf und Unruhe beim Straßenbahnfahren gehörten zur Tagesordnung, das Kind lasse sich nicht richtig lenken, ignoriere offensichtlich Gebote und Verbote und benehme sich häufig nicht angemessen. Für die Eltern wird das nach einiger Zeit zur Gewohnheit, sie lassen sich ab irgendeinem Zeitpunkt hiervon nicht mehr beirren und kaufen einfach weiter ein. Sie be-

2.3 Verwandtschafts- und Freundeskreis

richten jedoch auch davon, dass sie sich immer wieder im Erklärungsnotstand für das Verhalten des Kindes befänden und die Blicke der Mitmenschen auf sich und das Kind spüren würden, und das sei manchmal eine sehr belastende Situation.

> Arne ist mit einem besonderen T-Shirt bekleidet, wenn die Eltern mit ihm bspw. essen gehen oder an einer Veranstaltung teilnehmen. Auf dem T-Shirt steht: »Ich bin Autist und was ist Ihr Problem?« Wenn er sich, mit diesem T-Shirt bekleidet, auffällig verhält, schmunzeln die Menschen eher, als dass sie sich aufregen, und manchmal kommt es zu kurzen freundlichen Gesprächen.

Eltern sagen aus ihrer Erfahrung, dass es ein Unterschied sei, wem man von der Diagnose erzähle und wem nicht. Im größeren Verwandtschafts- und Freundeskreis hat es sich bewährt zu warten, bis Fragen gestellt werden. Wenn jemand fragt, wie es denn mit dem Kind sei, wie es sich entwickelt und warum es sich manchmal so ungewöhnlich verhält, kann man erzählen, was mit dem Kind los ist.

Praxistipp
Wenn man Verwandten, Freund*innen oder Nachbar*innen erklären will, was Autismus bedeutet, kann folgende Auflistung hilfreich sein:

- »Autismus ist eine komplexe und vielgestaltige neurologische Entwicklungsstörung. Häufig bezeichnet man Autismus bzw. Autismus-Spektrum-Störungen auch als Störungen der Informations- und Wahrnehmungsverarbeitung, die sich auf die Entwicklung der sozialen Interaktion, der Kommunikation und des Verhaltensrepertoires auswirken« (Autismus Deutschland e. V. 2018).
- Autismus hat genetische Ursachen, aber die Genetik allein reicht nicht zur Erklärung aus. Es muss etwas anderes dazu gekommen sein wie eine Komplikation bei der Geburt oder eine

- Infektion (bei Mutter oder Kind) oder eine Schädigung im Gehirn.
- Keiner ist schuld am Autismus. Autistisches Verhalten liegt nicht an einer fehlerhaften Erziehung, an falscher Ernährung oder daran, dass das Kind nicht so sein ›will‹ wie andere Kinder.
- Autismus ist eine Störung der Wahrnehmungsverarbeitung. D. h., dass das Kind hören, sehen, fühlen usw. kann. Die Reize können jedoch nicht wie bei gesunden Menschen im Gehirn verarbeitet werden. Es entwickeln sich dadurch Ängste, Stereotypien und Wahrnehmungsauffälligkeiten. Manchmal mutet das Verhalten der Kinder bizarr oder skurril an. Wahrnehmungsprobleme können auch zu impulsivem Verhalten wie z. B. Schreien, Hauen oder Weglaufen führen.
- Autismus ist bei jedem Menschen anders. Es gibt Autisten, die niemals sprechen lernen, andere, die verbale Fortschritte machen und sich gut entwickeln. Manche bleiben ihr Leben lang unselbstständig, andere können ein einigermaßen selbstständiges Leben führen. Jeder autistische Mensch ist anders, es gibt keine zwei gleichen Autisten – so wie das auch bei anderen Menschen ist.

Als Toni zweidreiviertel war, erzählte die Mutter: »Seit einiger Zeit wird es immer schlimmer mit ihm. Wir können ihn kaum noch anfassen, weil er dann ganz laut schreit. Alle Körperpflege funktioniert nur mit Gewalt, ob wickeln, Zähne putzen oder an- und ausziehen. Sobald man ihm ein Kleidungsstück auszieht, es also über seine Hände oder Füße gezogen wird, schreit er erbärmlich. Manchmal beißt er sich dann in die Hände oder schlägt mit dem Kopf auf den Boden. Die Nase zu putzen ist unmöglich. Beim Füttern wischt er nach jedem Löffel den Mund mit dem Ärmel ab, isst immer von einem bestimmten Plastiklöffel und nur, wenn das Essen lauwarm und püriert ist und sich im vorderen Drittel des Löffels befindet. Sobald er ein Stückchen im Essen ertastet, isst er bei dieser Mahlzeit nicht weiter.«

2.4 Organisation familiärer bzw. naher Hilfen im Umfeld

Es ist wichtig, dass es Menschen im Umfeld gibt, die den Eltern etwas abnehmen, da der Alltag mit einem autistischen Kind häufig anstrengend und kräftezehrend ist. Das kann die Großmutter sein, die das Kind einmal in der Woche den ganzen Nachmittag mitnimmt und den Eltern so eine Verschnaufpause schenkt. Die Nachbarin bringt etwas vom Einkaufen mit. Die Freundin nimmt das Geschwisterkind mit ins Schwimmbad. Wichtig ist, dass die Eltern diese Hilfsangebote annehmen. Sie sollten hier keine falsche Bescheidenheit an den Tag legen, sondern die Unterstützung wirklich in Anspruch nehmen. Auch wenn Mutter oder Vater meinen, der größte Experte für ihr eigenes Kind zu sein und alles selbst schaffen zu können, ist es gut und richtig, das Kind manchmal einer anderen, vertrauten Person zu überlassen. Eine Mutter, die einen Nachmittag lang in Ruhe Einkäufe tätigen, Schlaf nachholen oder sich um das Geschwisterkind kümmern kann, kann noch besser für das autistische Kind da sein als die, die alles allein schaffen will.

2.5 Entwicklungsmöglichkeiten

Wenn Eltern neu mit der Autismusdiagnose konfrontiert werden, fragen sie häufig nach den Entwicklungsmöglichkeiten für das Kind. Es ist nicht möglich, Prognosen zu stellen, also vorherzusagen, wie das Kind sich entwickeln wird. Die Entwicklung bei autistischen Kindern verläuft oft sehr unregelmäßig, und kein/e seriöse/r Therapeut*in oder Ärztin*Arzt kann sagen, wie weit das Kind kommen wird. Die Auswirkungen, die aus dem Autismus resultieren, können mithilfe von entsprechender Förderung und Unterstützung zwar gemildert werden. Autismus ist jedoch keinesfalls heilbar, sondern eine schwere, lebenslange Beeinträchtigung. Wichtig ist es, die Kinder möglichst früh zu fördern und günstige Bedingungen in ihrem Umfeld zu schaffen. Das ist es, was die Eltern für ihr Kind tun sollten, und was den größten Effekt haben wird. Ein fördernder Umgang und eine gute therapeutische Versorgung sind die wichtigsten Bausteine für die bestmögliche Entwicklung eines autistischen Kindes. Die Beteiligung der Eltern sowie deren Bereitschaft, die Förderung des Kindes im häuslichen Umfeld zu unterstützen, sind hierbei entscheidende und elementare Voraussetzungen. Ebenfalls notwendig ist die intensive Zusammenarbeit zwischen Eltern, Frühförder*innen, Ärzt*innen, usw. Sie sollte eine Kooperation ›auf Augenhöhe‹ mit besonderer Beachtung der Kompetenzen und Wünsche der Eltern des betroffenen Kindes sein.

> Emilia erhielt Autismustherapie erstmals mit vier Jahren. Die ersten Fragen der Eltern beim Aufnahmegespräch waren: »Wird Emilia sprechen lernen? Wird sie je eine normale Schule besuchen können? Einen Schulabschluss schaffen? Kann sie allein leben, wenn sie erwachsen ist? Eine Beziehung haben und vielleicht eigene Kinder bekommen? Wird sie selbstständig sein oder immer auf die Hilfe anderer Menschen angewiesen sein?«

Es ist sehr verständlich, dass Eltern sich und den Fachleuten diese Fragen stellen. Sie machen sich große Sorgen, wie das Leben des Kindes, aber auch das der Geschwister verlaufen wird, und was an Verantwortung und Belastungen auf sie zukommen wird. Sie wollen alles richtig machen, wissen aber nicht, wo sie anfangen sollen und wie sie es anstellen können, das Kind zu fördern und den Rest der Familie nicht zu kurz kommen zu lassen. Es empfiehlt sich, schon sehr frühzeitig Hilfe zu suchen und sich einen Plan zu machen, wie das Leben mit dieser Situation gut weitergehen kann. Ein Plan heißt, sich um Unterstützung zu bemühen, in der Familie zu überlegen, wie die Betreuung am besten organisiert werden kann, sich eine Struktur zu erstellen, wie jeder Tag bzw. jede Woche mit Therapien, Terminen

2.5 Entwicklungsmöglichkeiten

der Geschwister, Arztterminen, Erholungsphasen und Kontakten aussieht (▶ Abb. 1).

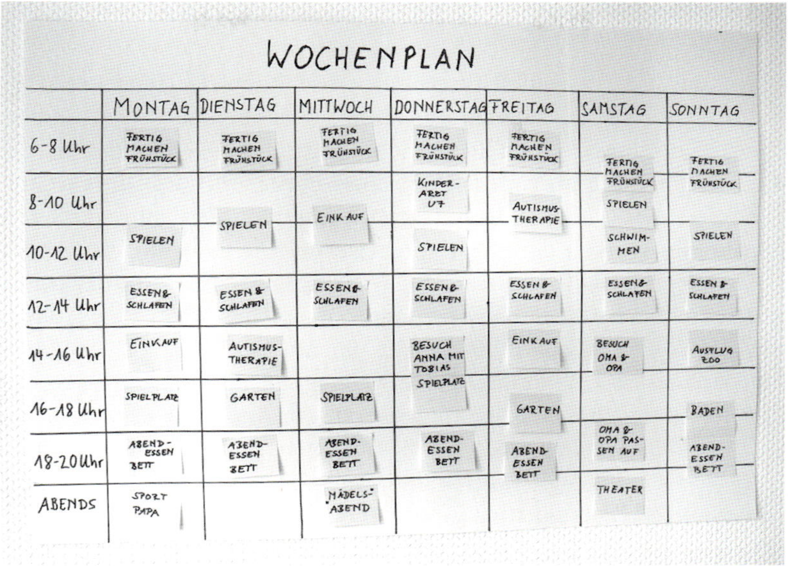

WOCHENPLAN

	MONTAG	DIENSTAG	MITTWOCH	DONNERSTAG	FREITAG	SAMSTAG	SONNTAG
6-8 Uhr	FERTIG MACHEN FRÜHSTÜCK	FERTIG MACHEN FRÜHSTÜCK	FERTIG MACHEN FRÜHSTÜCK	FERTIG MACHEN FRÜHSTÜCK	FERTIG MACHEN FRÜHSTÜCK	FERTIG MACHEN FRÜHSTÜCK	FERTIG MACHEN FRÜHSTÜCK
8-10 Uhr			EINKAUF	KINDER-ARZT U7	AUTISMUS-THERAPIE	SPIELEN	
10-12 Uhr	SPIELEN	SPIELEN		SPIELEN		SCHWIMMEN	SPIELEN
12-14 Uhr	ESSEN & SCHLAFEN	ESSEN & SCHLAFEN	ESSEN & SCHLAFEN	ESSEN & SCHLAFEN	ESSEN & SCHLAFEN	ESSEN & SCHLAFEN	ESSEN & SCHLAFEN
14-16 Uhr	EINKAUF	AUTISMUS-THERAPIE		BESUCH ANNA MIT TOBIAS	EINKAUF	BESUCH OMA & OPA	AUSFLUG ZOO
16-18 Uhr	SPIELPLATZ	GARTEN	SPIELPLATZ	SPIELPLATZ		GARTEN	BADEN
18-20 Uhr	ABEND-ESSEN BETT	ABEND-ESSEN BETT	ABEND-ESSEN BETT	ABEND-ESSEN BETT	ABEND-ESSEN BETT	OMA & OPA PASSEN AUF	ABEND-ESSEN BETT
ABENDS	SPORT PAPA		MÄDELS-ABEND			THEATER	

Abb. 1: Wochenplan für die Familie

3   Förderung in der Familie

Üblicherweise empfehlen die Mitarbeiter*innen der Diagnostikeinrichtung den Eltern, sich an eine Stelle zu wenden, die Erfahrung im Umgang mit autistischen Kindern hat. Dort gibt es Therapeut*innen, die sich mit der autismusspezifischen Förderung des autistischen Kindes sowie der Beratung der Eltern auskennen. Zusammen mit den Fachleuten können die Eltern jetzt planen, wie es weitergehen soll.

Nicht immer befindet sich eine Therapieeinrichtung in der Nähe, und die Wartelisten sind häufig lang. Prinzipiell ist es hilfreich, wenn die Eltern sich in dieser Zeit nicht nur auf die Meinung von Fachleuten verlassen, sondern sich ihren eigenen Plan bzw. ihr eigenes Regelwerk machen, was jetzt passieren soll.

Praxistipp: Beispiel für einen eigenen Plan

- Jeden Tag nimmt sich ein Elternteil eine halbe Stunde Zeit, um mit seinem Kind zu spielen. Der Fernseher bleibt in dieser Zeit aus.
- Wir gehen jeden Tag nach draußen, auch wenn schlechtes Wetter ist, und zwar über Einkaufssituationen hinaus. Vielmehr gehen wir in den Garten, auf den Spielplatz oder in den Wald. Unser Kind braucht diese Erfahrungen, um zu lernen und sich zu entwickeln.
- Einen Tag vom Wochenende hat das berufstätige Elternteil Zeit für das Kind.
- Jeden Freitagnachmittag verbringt das Kind Zeit mit der Großmutter, und wir können anderen Verpflichtungen nachkommen.
- Die Schwester darf ihr Zimmer schließen, wenn sie ihre Ruhe haben möchte.

> • Wir setzen alles daran, für unser Kind Frühförderung oder besser noch Autismustherapie zu bekommen.

3.1 Organisation professioneller Hilfen

3.1.1 Frühförderung

Jedes von Behinderung bedrohte oder betroffene Kind hat nach dem Sozialhilfegesetzbuch von der Geburt bis zur Einschulung einen Rechtsanspruch auf Frühförderung. Frühförderung wird in allen Bundesländern angeboten, hierzu gibt es eine Frühförderungsverordnung (FrühV von 2003). Die gesetzlichen Regelungen in den Bundesländern sowie die regionalen und kommunalen Gegebenheiten sind sehr unterschiedlich. Die FrühV sollte einen Impuls setzen, dass in allen Bundesländern Landesrahmenempfehlungen zur Früherkennung und Frühförderung erarbeitet werden. Sie sollten als verbindliche Leitlinien gelten für die Grundstruktur und Qualitätssicherung der Einrichtungen und Dienste.

Frühförderstellen gibt es in jeder Stadt, Frühförderung findet in Kindergärten, in speziellen Frühfördereinrichtungen sowie mobil aufsuchend in der Familie statt. Kinderärzt*innen, die meist die ersten Ansprechpartner*innen sind, können i. d. R. geeignete Stellen in der Nähe nennen und bei der Suche behilflich sein. Ebenso können sich Eltern an das örtliche Gesundheitsamt wenden.

Es gibt keine allgemeingültige Regel, in welcher Art, in welchem Umfang und bei welchem Anbieter ein autistisches Kind und seine Familie Hilfe erhalten sollten. Eltern fragen sich jedoch in den verschiedenen Lebensphasen des Kindes, welche Unterstützung das Kind und sie benötigen und was richtig oder falsch ist. Der Vorteil von autismusspezifischer Frühförderung ist, dass die Therapeut*innen umfangreiche Erfahrungen mit diesem ganz speziellen Behinderungsbild haben, und über fundierte Kenntnisse zu förderdiagnostischen und therapeutischen Verfahren, zu spezifischen Problemen und dem Umgang hiermit verfügen. Manche Eltern fragen sich, ob eine stundenintensive Therapie in einem Autismus-Therapiezentrum nicht zu viel für das Kind wird, also ob es nicht dadurch überfordert wird. Hierzu gibt es unterschiedliche Meinungen, je nachdem, mit wem man hierüber spricht. In Autismuskreisen herrscht die Meinung vor, dass es sehr wichtig ist, mit einer autismusspezifischen Therapie bzw. Förderung schon sehr frühzeitig zu beginnen und möglichst mindestens zwei Fördertermine á zwei Therapieeinheiten pro Woche anzubieten.

Für die Notwendigkeit einer frühen Förderung sprechen folgende Gesichtspunkte: Die Entwicklungsmöglichkeiten der Hirnfunktionen und damit des Lernens sind bei jüngeren Kindern größer, daher sind in den ersten Lebensjahren auch noch erhebliche Veränderungsmöglichkeiten und Verbesserungen in der Entwicklung und beim Verhalten zu erwarten. Außerdem entstehen manche Probleme, die bei älteren Kindern vorkommen, wie selbstverletzendes Verhalten und Aggressivität, nicht oder in geringerem Ausmaß, wenn rechtzeitig gegengesteuert wird. Hier sind insbesondere die Vermittlung von alternativen Kommunikations- und Beschäftigungsstrategien als wichtige Lerninhalte zu nennen. Ein Kind, das gezielt beschäftigt und gefördert wird, wird darüber hinaus weniger Zeit für stereotype Verhaltensweisen haben. Durch stereotype Betätigung jedoch wird nichts Neues gelernt, weil fördernde Reize und Herausforderungen fehlen.

> Toni war zweieinhalb Jahre alt, als seine Eltern ihn zur Förderdiagnostik brachten. Zu der Zeit schrie er bei vielen Verrichtungen des Alltags, ließ sich bspw. nur unter Protest umziehen, schlief sehr wenig, nahm nur püriertes Essen zu sich und hatte massive taktile (den Tastsinn betreffende) Überempfindlichkeiten. Er sprach nicht, sondern zerrte höchstens an den Eltern, um etwas Gewünschtes zu erhalten. Er beschäftigte sich den ganzen Tag mit Umherlaufen, Drehen von Gegenständen, Herunterreißen von

> Dingen, Werfen von Spielzeug, Zerreißen von Papier. Wenn seine Mutter versuchte, mit ihm eine Beschäftigung durchzuführen, einen Turm zu bauen, Gegenstände in eine Dose zu stecken oder eine Perle aufzufädeln, schrie er und warf alles, was dazu gehörte, in weitem Bogen fort.

3.1.2 Medizinisch orientierte Therapieangebote

Zusätzlich zu den heilpädagogischen Leistungen durch das Autismus-Therapiezentrum oder die Frühförderstelle kann es auch erforderlich und sinnvoll sein, Logopädie, Ergotherapie sowie Physiotherapie in Anspruch zu nehmen. Der/die Kinderarzt*ärztin kann hierzu Stellung beziehen, die Eltern können im SPZ oder bei den Ärzt*innen des Gesundheitsamts nachfragen.

Die *Ergotherapie* schafft Voraussetzungen für sensomotorische, emotionale und soziale Erfahrungen, die die Handlungsfähigkeit des Kindes im Alltag unterstützen. Sie zielt auf die Verbesserung der (fein-)motorischen Fähigkeiten sowie der Wahrnehmung des Kindes ab. Die Finanzierung erfolgt durch die Krankenkassen. Probleme ergeben sich häufig dadurch, dass die autistischen Kinder mit den Therapeut*innen nicht kooperieren, d.h. nicht auf Spielangebote reagieren, sondern stattdessen stereotype und verweigernde Verhaltensweisen zeigen und kaum lenkbar sind.

Logopädie oder *Sprachtherapie* hat die Verbesserung der Kommunikationsfähigkeit zum Ziel. Logopäd*innen sowie Sprachtherapeut*innen beschäftigen sich mit Sprach-, Sprech-, Rede-, Stimm- und Schluckstörungen des Kindes. Die Versorgung von Kindern mit schweren Körper- und Mehrfachbehinderungen mit Hilfsmitteln der Unterstützten Kommunikation (UK, z.B. Sprachausgabegeräte oder Kommunikationstafeln, ▶ Kap. 5.6.3) sowie die sprachtherapeutische Begleitung des unterstützt kommunizierenden Kindes sind weitere Aufgaben. Logopädie wird i.d.R. frühestens mit ca. drei Jahren angeboten, vorher wird mithilfe des/der Logopäd*in mit den Eltern ein förderlicher kommunikativer Umgang mit ihrem Kind trainiert. Für

Logopäd*innen ist der Umgang mit autistischen Kindern i.d.R. ein schwieriges Unterfangen, da sie auf die herkömmlichen Methoden nicht ansprechen, nicht motivierbar sind, nicht imitieren und nicht kooperieren. Erst später, oft nach einer längeren Autismustherapie, Erreichen eines entsprechenden Entwicklungsalters und dem Entwickeln notwendiger Lernstrategien, ist das autistische Kind logopädisch gut förderbar, und es können v.a. artikulatorische (Aussprache) und syntaktische (Satzbau) Probleme in der Logopädie bearbeitet werden.

Die *Physiotherapie* (Krankengymnastik) beinhaltet die Förderung der körperbewegungsbezogenen Entwicklung sowie die Bewegungserleichterung des Kindes, bietet aber auch eine individuelle Hilfsmittelversorgung an. Krankengymnastik wird bei Problemen in der Motorik eingesetzt, das betrifft autistische Kinder jedoch häufig nicht.

3.1.3 Autismusspezifische Therapie

Jeder Mensch mit Autismus benötigt eine individuelle Förderung und Begleitung. Diese sollte maßgeschneidert sein und sich nach den persönlichen Problemen, aber auch Vorlieben und Interessen des Kindes richten. Eine Autismustherapie ist ein Angebot, das sich nicht nur in individueller Art und Weise an das betroffene Kind richtet, sondern grundsätzlich die Eltern und das sonstige Umfeld begleitet, anleitet und berät. Außerdem werden in der Autismustherapie Verfahren angewandt, die sich bei der Förderung autistischer Menschen besonders bewährt haben bzw. für diese Klientel entwickelt worden sind. Es ist Aufgabe der Eltern, sich darüber klar zu werden, welche Förderung sie für ihr Kind initiieren sollten. Für die frühe Förderung in einem Autismus-Therapiezentrum spricht:

- Es gibt ein/e Ansprechpartner*in, der/die sich mit Förderung allgemein, autismusspezifischen Methoden, möglichen Förderzie-

len, Materialien usw. auskennt und professionell damit umzugehen weiß.
- Das Kind erhält je nach persönlichem Bedarf, auch abhängig von der Kostenzusage des zuständigen Kostenträgers, mindestens eine bis fünf Fördereinheiten pro Woche.
- Die Eltern werden in die Planung sowie die Durchführung der Förderung miteingeschlossen, erhalten Tipps für die häusliche Förderung sowie Vorschläge für spezielle Lernmaterialien.
- Bei Problemen zu Hause oder in der Kindertagesstätte (Kita) berät der/die Therapeut*in, was getan werden kann, er/sie macht Vorschläge für das Erreichen einer Verhaltensänderung und gibt ganz konkrete Erziehungshinweise.
- Auch Geschwister und andere Verwandte können mit einbezogen werden.
- Bei der Begleitung bspw. in eine neue Lebensphase (Übergang in die Kita), ist der/die Therapeut*in ein/e wichtige/r Ansprechpartner*in bzw. nimmt die Begleitung in schwierigen Zeiten wahr.

Es gibt auch Gründe, die manchmal aus Elternsicht gegen eine frühe, intensive Autismustherapie sprechen.

- Es ist sehr zeitaufwändig, mehrmals in der Woche ins Therapiezentrum zu fahren, in dem i. d. R. die Förderung stattfindet.
- Für das Kind ist es anstrengend, so viel mit dem Auto zu fahren.
- In manchen Kreisen wird das Einkommen der Eltern (bei Kindern ab dem Schulalter) geprüft, und manchmal müssen sie zur Autismustherapie etwas dazu bezahlen.

> Toni erhielt schon im Alter von zweieinhalb Jahren intensive Autismustherapie. Am Anfang reagierte er sehr ängstlich auf die neuen Menschen und die ungewohnten Räume. Die andere Art des Spielens irritierte ihn und führte zu vermehrter Unruhe. Nach kurzer Zeit hatte er sich aber daran gewöhnt, mit der Therapeutin zusammen am Tisch zu sitzen und zu spielen. Zu diesem Zeitpunkt fing er an, die Zeit der intensiven Zuwendung durch eine/n Er-

wachsene*n zu genießen. Er erkannte den Nutzen von Kommunikation (damals Gebärden) und lernte schnell, hiermit Bedürfnisse auszudrücken. Er fing an zu spielen, z.B. indem er Magnete von einer Dose abzog und sie in eine Dose hineinwarf, Perlen auf eine Schnur fädelte oder Türme baute. Den besten Kontakt erreichten wir durch Wahrnehmungsangebote wie schaukeln, rutschen, klettern und Igelball-Massage. Die therapeutischen Einheiten fanden im Wechsel von Spielen am Tisch und motorischen Angeboten statt, was für Toni ein guter Kompromiss zwischen Bewegungsdrang und Konzentrationsfähigkeit war. Zu den Spielen am Tisch wurde er motiviert durch auffällige Spielmaterialien, denn er liebte alles, was sich drehte, glitzerte oder Geräusche von sich gab. Immer, wenn er etwas gut gemacht hatte, bekam er einen Glitzerstab oder dergleichen als Belohnung (positive Verstärkung).

3.2 Autismusspezifische, entwicklungsfördernde Bedingungen im häuslichen Umfeld

Die Eltern der vierjährigen autistischen Alexandra geben eine DVD an die zukünftige Therapeutin des Kindes weiter. Darauf kann sich die Therapeutin ansehen, wie sich Alexandra im Alltag verhält. Sie befindet sich im Wohnzimmer. Der Raum ist übersät mit Spielzeugen, es handelt sich dabei überwiegend um technische Spielzeuge, bei denen Geräusche, visuelle Effekte und sehr viele Farben eine Rolle spielen. Alexandra bewegt sich in diesem vielfältigen Angebot unruhig umher, greift nach einem Spielzeug, lässt es fallen, nimmt sich das nächste, steckt es in den Mund, wirft es fort usw.

3.2 Autismusspezifische, entwicklungsfördernde Bedingungen

Die Therapeutin erklärt den Eltern, wie es dem autistischen Kind auf die Wahrnehmungsreize bezogen häufig ergeht. Das Kind kann nicht wie andere Kinder wichtige von unwichtigen Reizen unterscheiden, sondern es befindet sich ununterbrochen im Zustand von Reizaufnahme und Reizverarbeitung. Es nimmt also jedes Geräusch wahr, ob leise oder laut, sieht die Farben, das Flackern, die unterschiedlichen Formen und Größen der Spielzeuge. Es fühlt die verschiedenartigen Oberflächen oder Gewichte. Es kann nicht ausblenden, was im Moment relevant ist oder nicht, sondern es nimmt alles auf einmal wahr. Es ist so, wie wenn wir über eine Kirmes gehen (sehen, riechen, hören, spüren), uns in einem voll besetzten Kinosaal befinden (Enge, verschiedenartige Geräusche, Lautstärke, schnelle Bilder, harte Kinositze) oder in der Schlange zu einer Bootsfahrt stehen (quengelnde Kinder, schlecht zu verstehende Lautsprecherdurchsagen, Zigarettenqualm, viele Menschen).

Wir können uns in dieser Situation helfen, indem wir weggehen, uns sagen, dass es gleich besser wird, oder wir können mit einer anderen Person über den Stress sprechen und uns dadurch entlasten. Das autistische Kind kann das nicht, sondern ist dem Chaos an Sinnesreizen um es herum ausgesetzt. Es kann sich nicht dagegen zur Wehr setzen oder die Situation reflektieren.

Wenn ein Kind diese Vielfalt von Reizen ständig erlebt, erlebt es unweigerlich permanent Situationen von Überforderung und Stress. In einem solchen Zustand hat es Probleme, ruhig zu bleiben, sich zu konzentrieren, etwas Neues zu lernen oder etwas Neues auszuprobieren. Nur durch ritualisierte und stereotype Verhaltensweisen gelingt es ihm, sich zu beruhigen. Manchmal zieht es sich auch vollständig zurück und reagiert nicht mehr auf Außenreize.

> **Praxistipp**
> Der erste Rat für Eltern ist: Gehen Sie durch die Wohnung, d.h. Kinderzimmer, Wohnzimmer, Küche usw. und reduzieren Sie die Reizquellen durch Spielzeuge, intensive Beleuchtung oder Geräusche auf ein Minimum. Viele Eltern haben gute Erfahrungen damit

gemacht, im Kinderzimmer Regalborde aufzuhängen, die sich nicht in Reichweite des Kindes befinden. Auf diesen stehen undurchsichtige Plastikboxen, in denen Spielsachen verstaut werden. Es empfiehlt sich, sie zu beschriften, um besser den Überblick zu behalten. Das Kind bekommt immer nur ein Spielzeug auf einmal. In jedem Raum der Wohnung befindet sich grundsätzlich nur ein Spielzeug bzw. eine Spielzeugkiste mit bspw. Bausteinen. Alles, was im Moment nicht benötigt wird, ist für das Kind nicht sichtbar und nicht erreichbar. So kann das Kind sich konzentrierter und aufmerksamer mit dem einzelnen Material beschäftigen.

Machen Sie von jedem Spielzeug ein qualitativ gutes Foto. Es sollte ausgedruckt (mindestens in 9 x 13 cm) und anschließend laminiert werden. Beobachten Sie, ob Ihr Kind das Foto erkennt und bspw. zu dem Spielzeug schaut, wenn Sie es ihm (immer nur eins auf einmal!) zeigen. Hängen Sie die Fotos der Lieblingsspielzeuge des Kindes an einer Pinnwand oder einem Seil auf (aber nicht 20, sondern nur drei bis fünf). Vielleicht wird Ihr Kind Ihnen irgendwann zeigen, welches Spielzeug es möchte, indem es auf das entsprechende Bild blickt.

Lassen Sie sich nicht verleiten, dem Kind alles wieder zu geben, weil es schreit oder die Dinge nicht wieder hergeben will. Bleiben Sie dabei, dass Sie bestimmen, wieviel es gleichzeitig haben darf.

Gestalten Sie die Umgebung des Kindes kindersicher, d.h., rechnen Sie immer mit dem Schlimmsten. Berücksichtigen Sie, dass autistische Kinder meist über kein Gefahrenbewusstsein verfügen, gerade wenn sie noch klein sind. Sie steigen also auf ein Möbelstück, weil sie etwas Interessantes erreichen wollen, reißen Schränke auf, trinken möglicherweise alles, was sich ihnen anbietet, spielen oben am Treppenabsatz, rennen aus dem Haus, greifen nach spitzen Gegenständen oder versuchen, etwas vom Herd zu reißen. Hier passen Eltern zwar generell bei jungen Kindern besonders auf. Über autistische Kinder ist jedoch zu sagen, dass sie i.d.R. nicht aus ihren Fehlern lernen sowie oft auf sprachliche Aufforderungen (Verbote) nicht reagieren. Manche

3.2 Autismusspezifische, entwicklungsfördernde Bedingungen

Dinge tun sie, weil sie sich von bestimmten Betätigungen etwas Positives bzw. Aufregendes erhoffen. Wenn das Kind sich bei einer Tätigkeit verletzt hat, ist das Schmerzempfinden häufig auffällig gestört, d. h., dass das Kind den Schmerz nicht wahrnimmt und dadurch auch nicht zeigen kann, wenn es sich stärker verletzt hat. Die Eltern bemerken das Ausmaß einer Verletzung eher daran, dass ihr Kind plötzlich humpelt, eine Hand nicht mehr benutzt oder einfach anders wirkt als sonst. Es sollte dann immer ein/e Arzt*Ärztin aufgesucht werden, der/die das Kind sorgfältig untersucht (▶ Kap. 6.3).

Praxistipp: Wichtige Sicherheitsregeln für Eltern

- Jüngere Familienmitglieder im Blick behalten. Das autistische Kind kann deren Gefühle, die Kraft bzw. die Toleranz bzgl. Schmusen und Toben nicht einschätzen.
- Beim Kochen wird der Herd nicht verlassen, wenn das Kind in der Nähe ist.
- Die Haustür sollte generell abgeschlossen werden (Weglauftendenz, unüberlegtes Öffnen beim Klingeln). Fenster werden mit Schlössern gesichert.
- Sämtliche Schlüssel sind zu sichern und an einem für das Kind unzugänglichen Ort zu verstauen. Sie werden nur bei Bedarf hervorgeholt.
- Gefahrenquellen (auch bspw. Putzmittel oder Werkzeuge) sind zu erkennen und zu entfernen.
- Elektrogeräte und Steckdosen müssen gesichert werden, bspw. auch mit FI-Schaltern, lose Kabel müssen beseitigt werden. Es sollte immer ein Erste-Hilfe-Set greifbar sein sowie wichtige Telefonnummern für den Notfall (Giftnotruf!).
- An die Gefahren von Wasser und Glas denken.

- Das Kind kann sich nicht in die Lage eines Tieres versetzen, wenn es das Tier bspw. zu fest hält, es kneift oder fallen lässt. Man sollte das Kind nicht mit einem Tier allein lassen.
- Manchmal muss man diese Regeln auch noch bei Schulkindern und Jugendlichen im Autismus-Spektrum beachten.

3.3 Notwendige Erziehungsaufgaben und Förderung

Zunächst einmal ist es notwendig, sich zu überlegen, was die wichtigsten Ziele für die Förderung des Kindes sind. Eltern können eigene Ziele definieren und sollten sie mit dem/der Autismustherapeut*in oder dem/der Frühförder*in absprechen. Dabei ist wichtig, von vorneherein nur kleine Ziele auszuwählen, die realistisch sind:

- Es soll seinen Becher selbst halten.
- Es soll die Schuhe ausziehen.
- Es soll selbst auf den Hochstuhl klettern.
- Es soll mit der Familie am Tisch sitzen, um zu essen.
- Es soll seine elementaren Bedürfnisse mitteilen können.
- Es soll mit einer anderen Person zusammen spielen (einen Turm bauen, einen Ball rollen).
- Es soll Gegenstände nicht mehr umherwerfen.

3.3.1 Förderung der Kommunikation

Eltern betonen immer, wie wichtig es ihnen ist, dass das Kind sprechen lernt, damit sie es besser verstehen und dadurch mehr Sicherheit im Umgang finden zu können. Dieser Wunsch relativiert sich häufig im Laufe der Jahre, auch weil nur ungefähr die Hälfte der autistischen Kinder sprechen lernt. Es gibt jedoch alternative Kommunikationsmöglichkeiten wie Gebärden, Bildaustauschprogramme oder »Talker«, mit denen ein Kind seine Bedürfnisse ausdrücken, Fragen stellen oder sogar etwas von sich erzählen kann. Im Folgenden finden sich wichtige Hinweise für die kommunikative Förderung von autistischen Kindern. Es zeigt sich immer wieder, dass Kinder in Sprache hineinfinden, wenn sie vorher eine einfachere, d.h. nichtsprachliche Form von Kommunikation erlernen konnten. Diese ›bahnt‹ bei einem Teil der Kinder den Weg in die Verbalsprache und unterstützt in Zeiten, wo das Kind aus unterschiedlichen Gründen für einen begrenzten Zeitraum nicht dazu in der Lage ist zu sprechen.

»Der Entwicklungspsychologe Jean Piaget stellt die Verknüpfung von kognitiver und sprachlicher Entwicklung in den Vordergrund, wobei er nicht grammatikalische, sondern semantische, pragmatische und kommunikative Aspekte von Sprache betrachtet: Welche Denkleistungen muss ein Kind vollziehen können, um Sprache erwerben und kommunizieren zu können?

Zunächst muss es die Einsicht erlangen, dass Objekte auch dann weiter existieren, wenn sie gerade nicht sichtbar bzw. nicht präsent sind, die sog. Objektpermanenz. Sie wird im Alter von ca. 1,5–2 Jahren erworben. Damit verbunden ist die Entwicklung der Symbolfunktion von Dingen, d.h. z.B. ein Holzklotz wird im Spiel zum Symbol für ein Auto. Objektpermanenz und Symbolfunktion befähigen das Kleinkind, Sprache als System von lautlichen Symbolen für vorhandene oder nicht vorhandene Objekte verwenden zu können.

Wichtig für gelungene Kommunikation ist außerdem die Fähigkeit zum Perspektivenwechsel, d.h. die Dinge aus Sicht des Gesprächspartners betrachten zu können. Während kleinere Kinder z.B. Namen nennen, ohne zu erklären, um welche Person es sich genau handelt, erlangen Kinder mit ca. 6–7 Jahren die Erkenntnis, dass Dinge erklärt werden müssen, damit der Gesprächspartner sie verstehen kann.

Grundlage sowohl für Objektpermanenz, Symbolfunktion, Perspektivenwechsel als auch für den Spracherwerb selbst sind konkrete, ganzheitliche Erfahrungen. Ein Kind begreift zunächst seine Umwelt, in dem es sie mit allen Sinnen wahrnimmt: Wie riechen und schmecken die Dinge? Wie fühlen und hören sie sich an? Diese konkreten Erfahrungen werden mit der Zeit in Vorstellungen – innere Abbildungen – umgesetzt und schließlich durch ein Wort ausgedrückt. Auf Basis der konkreten Erfahrungen erlangt das Kind zunehmend die Fähigkeit, abstrakt, d. h. losgelöst von konkreten Gegenständen oder Ereignissen zu denken, Hypothesen aufzustellen und diese allein aufgrund der inneren Logik zu diskutieren«. (Leist-Villis 2016)

Autismustherapeut*innen haben die Erfahrung gemacht, dass es sehr hilfreich sein kann, dem Kind erst einmal eine Gebärde beizubringen. Eine Gebärde ist eine Hand- oder Armbewegung, mit der das Kind seinem Gegenüber ein Bedürfnis erklärt. Um ein Getränk zu erbitten, formt es seine Hand zu einer Faust (»Tasse«) und hält diese an seinen Mund, um das Getränk zu bekommen. Es erhält das Gewünschte sofort. So lernt es folgendes: Sobald ich diese Gebärde zeige, bekomme ich das, was ich möchte. Auf diese Weise fühlt es sich verstanden. Eine Gebärde hat den Vorteil, dass sie mit einer Berührung des eigenen Körpers und einer Bewegung verbunden ist. Sie ist eine Wahrnehmungsinformation, die sich eher in das Bewusstsein des Kindes einprägt als ein gesprochenes Wort. Bei vielen Kindern bietet es sich an, mit der Gebärde für »haben« anzufangen. »Haben« zeigt man, indem man sich mit der Handfläche auf die Brust schlägt. Anfangs führen die Eltern die Hand des Kindes, irgendwann schafft es die Gebärde selbst und freut sich darüber, wenn es sofort das gewünschte Objekt erhält. Das Erlernen und Anwenden von einer oder mehreren Gebärden verhindert keinesfalls die Entwicklung von Sprache. Es ist vielmehr so, dass das Kind durch die erfolgreiche Anwendung einer Gebärde lernt, was der Effekt von Kommunikation für es ist. Durch Kommunikation bekommt es das, was es möchte. Lautäußerungen bis hin zur Sprache werden hierdurch angebahnt und nicht verhindert.

> **Praxistipp**
> Zunächst muss das Teilziel benannt werden, also nicht »das Kind soll Bedürfnisse mitteilen, sprechen, um alles sagen zu können, was es möchte«, sondern bspw. »es soll die Gebärde für *haben* lernen und damit um etwas bitten«. Diese Strategie beruht auf der Annahme sowie der Erfahrung, dass autistische Kinder besonders effektiv lernen, wenn ihnen dies in sehr kleinen Schritten ermöglicht wird. So haben sie möglichst häufig Erfolgserlebnisse. Die

3.3 Notwendige Erziehungsaufgaben und Förderung

Zeitdauer der Aufgabe, die Menge der hierfür erforderlichen Tätigkeiten, die Konsequenz, die auf die erfolgreiche Ausführung folgt, und damit die Motivation sind hierbei wichtige Elemente. Entscheidend sind auch die äußeren Umstände wie Ort, Tageszeit, Person, Stimmung des Kindes sowie Art der Aufgabe. Ein müdes Kind kann nicht im Wohnzimmer, in dem der Fernseher läuft, die Geschwister ganz viel Spielzeug ausgebreitet haben und Lärm machen, in Ruhe mit der Großmutter zusammen gebärden, dass es die Kugeln für die Kugelbahn haben möchte. In diesem Beispiel sollte die Großmutter mit dem Kind, nachdem es sich ausgeruht hat, in einen anderen Raum gehen. Dort kann sie mit ihm mit der Kugelbahn spielen und es dazu auffordern, die Gebärde »haben« auszuführen, damit es eine Kugel bekommt.

Das Kind, das anfängt Verbalsprache zu benutzen, soll seine Bedürfnisse mitteilen können. Jetzt ist zunächst einmal wichtig, dass die Eltern sich Gedanken machen, welchen Wunsch es äußern könnte. Möchte es einen Joghurt? Die Trinkflasche? Wenn das Kind einzelne Wörter sprechen kann, spricht man ihm am besten das Wort vor, das es sagen soll (und keinesfalls mehr). Wenn es den Begriff oder auch ein ähnlich klingendes Wort sagt, bekommt es das Gewünschte sofort. Kann es Sprache bisher nicht imitieren, so benutzen die Eltern dennoch in dem Moment, in dem es den Gegenstand haben möchte, die entsprechende Bezeichnung (»Joghurt«). So hört das Kind tagtäglich den korrekten Namen für das Gewünschte. Es ist wichtig, erst einmal mit *einem* Begriff anzufangen. Dieses eine Wort wird gesagt, nicht aber ein ganzer Satz.

Damit ein Kind sprechen lernen kann, benötigt es außer dem Wunsch, etwas Bestimmtes zu erreichen bzw. zu erhalten, grundlegende Fähigkeiten. Zunächst sind dies bestimmte Mund- und Zungenbewegungen, die nur ausgeführt werden können, wenn die Feinabstimmung unterschiedlicher Muskelgruppen im Mundbereich möglich ist. Gesunde Kinder trainieren dies, indem sie schon als Säuglinge unermüdlich brabbeln und Laute und Silbenketten bilden, aber auch versuchen, die Stimme, die Betonung, den Gesichtsausdruck und die Laute der Bezugsperson zu imitieren. Die größere Zahl autistischer Kinder ist dagegen schon im Babyalter relativ stumm, wodurch nicht genügend geübt werden kann. Außerdem fehlt es an grundlegenden Fähigkeiten wie dem Aufnehmen und Halten von Blickkontakt, Aufrechterhalten von Aufmerksamkeit und Imitation. Dazu kommt das Fehlen von sog. geteilter Aufmerksamkeit, d. h. dem Blickwechsel zwischen Kind, Objekt und der Bezugsperson. Der Kontakt sowie die soziale Motivation, mit einer Bezugsperson im Austausch zu sein, ist dadurch erheblich reduziert, und das Kind ist meist auf sich selbst bezogen. Zuviel Nähe anderer Personen macht ihm eher Angst. Aufgrund des Autismus-Spektrums bestehen darüber hinaus Wahrnehmungs- und Verarbeitungsprobleme, d. h., Sprache wird bspw. als unangenehm empfunden (»unerträglicher Lärm«), sprachliche Signale können nicht von anderen Geräuschen unterschieden werden und das Gedächtnis für Gesagtes ist eingeschränkt. Sprache ist immer eine Kombination aus aktiver und passiver Sprache, d. h. dem eigenen Sprechen und dem Verstehen dessen, was das Gegenüber sagt.

> Als Toni (2 ½) mit der Autismustherapie beginnt, findet mit den Eltern ein Gespräch über seine Fähigkeiten statt, darin geht es auch um das Sprachverständnis von Toni. Die Mutter erzählt von einem kürzlich stattgefundenen Erlebnis. Die Familie stand zusammen mit der älteren Schwester an der Haustür, bereit für einen Spaziergang. Toni hatte noch keine Stiefel an. Die Mutter sagte zu ihm: »Toni, hol bitte noch eben deine Trinkflasche aus der Küche«. In dem Moment sei Toni in Richtung seiner Stiefel gegangen. Er habe nicht wirklich verstanden, was genau der Auftrag gewesen sei, sondern nur wahrgenommen, dass die Mutter etwas zu ihm gesagt hatte. Für ihn sei völlig klar gewesen, dass es nur um die Stiefel gehen könne, da er ja bereits neben der Haustür gestanden habe.

Wenn das autistische Kind etwas mitteilen möchten bzw. einen sehr wichtigen Wunsch hat, hat es häufig keine Möglichkeit, diesen der

Bezugsperson angemessen mitzuteilen. Es schreit vielmehr verzweifelt oder versucht durch andere Verhaltensweisen wie Zerren an einer Person, fremd- oder selbstverletzendes Verhalten oder Provokationen (etwas wegwerfen, um, Aufmerksamkeit zu erhalten) auf sich aufmerksam zu machen. Manche Kinder entwickeln eigene Kommunikationsmittel wie eine persönliche Verständigung durch Gesten, die aber für die Bezugspersonen nicht verständlich sind. Hierdurch kann sich die Frustration des Kindes noch erheblich steigern. Es kommt Eltern insbesondere bei sehr jungen Kindern oft so vor, als habe das Kind die Notwendigkeit, den Sinn oder den Effekt von Kommunikation nicht verstanden. Erst wenn man dem Kind zeigt, wie es bspw. mit einer einfachen Handlung (Geste für »haben«) ein Bedürfnis darstellen kann, dass dann sofort befriedigt wird, fängt es an, den Vorteil von zielgerichteter Kommunikation zu begreifen, und die Grundvoraussetzung für Kommunikation werden geschaffen.

3.3.2 Förderung des Spielverhaltens

Kinder im Autismus-Spektrum verfügen über ein eingeschränktes Repertoire für den Umgang mit Spielzeug. Häufig führen sie hiermit stereotype, d.h. sich ständig wiederholende Handlungen aus wie drehen, werfen, stapeln, aufreihen, klopfen, wedeln usw. Versucht man, ihnen eine Alternative zu demonstrieren, wie ein Puzzleteil in eine Aussparung zu legen, zwei Bauklötze aufeinander zu stapeln oder das Spielzeugauto zu schieben, protestieren sie und wollen nach ihrem eigenen Plan weitermachen. Die meisten Kinder lassen sich auch nicht zu einem Rollenspiel bewegen, d.h. so zu tun, als ob eine Puppe gefüttert wird, ein Spielzeugflugzeug fliegen zu lassen oder eine umgedrehte Kiste als Boot zu benutzen. Es ist sehr schwierig, einem autistischen Kind solche Rollenspiele bzw. symbolischen Spielhandlungen zu vermitteln, da es sie nicht nachvollziehen kann. Das autistische Kind ist außerdem häufig nicht dazu in der Lage, zu teilen, abzugeben, Rücksicht zu nehmen, zu warten, zu helfen, also einfachste soziale Regeln zu erkennen und anzuwenden, deshalb sind sie auch im Spiel nicht abrufbar.

Dem Kind beizubringen, wie gesunde Gleichaltrige zu spielen, ist nahezu unmöglich. Was aber gelingen kann, ist ihm den Umgang mit Spielzeugen zu vermitteln, d.h. stereotypes Spiel in angemessenes, sinnhaftes Spiel umzuleiten. Hierfür braucht es viel Geduld und geeignetes Material.

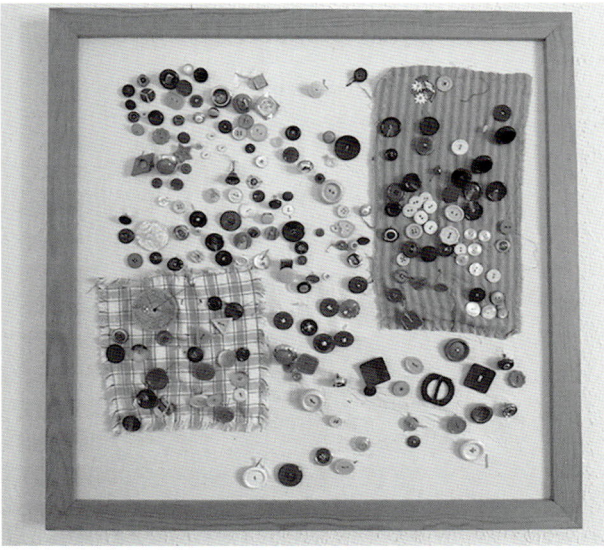

Abb. 2: Tonis Knopfbild

Als Toni vier Jahre alt war, gehörten zu seinen bevorzugten Spielobjekten immer noch Knöpfe. Er riss sie mit Vorliebe von den Kleidungsstücken seiner Mitmenschen ab, um sie zu sammeln, in den Händen zu halten und regelrecht zu horten. Menschen in seiner Umgebung gingen dazu über, solche Kleidungsstücke zu vermeiden, da Toni ein großes Tempo und eine noch größere Geschicklichkeit an den Tag legte, seine Bezugspersonen dieser begehrten Objekte zu entledigen. Nun wurden in Absprache zwi-

3.3 Notwendige Erziehungsaufgaben und Förderung

schen Mutter und Autismustherapeutin Knöpfe gesammelt. Toni wurde in der Therapie beigebracht, Knöpfe wieder anzunähen, und trotz seines jungen Alters gelang ihm das ganz vortrefflich. Er ging sehr geschickt mit Nadel und Faden um, d. h., er konnte nach einer Weile selbst den Faden einfädeln, die Nadel durch den Stoff und den Knopf stechen und das Stoffstück umdrehen. Nur das Vernähen des Fadens musste ein/e Erwachsene*r für ihn ausführen. Das fertige Werk hing 2010/11 für längere Zeit in der Ausstellung »Ich sehe was, was du nicht siehst« des Vereins Akku e. V. Das Knopfbild (▶ Abb. 2) wurde insbesondere deshalb sehr gewürdigt, weil es zeigte, zu was für besonderen Fähigkeiten autistische Menschen in der Lage sind, wenn sie ihre persönlichen Interessen und Vorlieben verwirklichen können.

Um ein autistisches Kind zu fördern, es für unbekannte Dinge zu interessieren und ihm neue Fähigkeiten beizubringen, braucht es Geduld. Hierfür sind folgende Grundbedingungen notwendig:

- Es darf kein Zwang oder Druck ausgeübt werden, sondern das Kind muss dazu bereit sein, mit dem anderen Menschen etwas zu tun. Es muss also motiviert werden und gern mit der Person zusammen sein.
- Die verwendeten Spielutensilien sollten aus einem Material sein, das nicht aufgrund seiner Beschaffenheit für das Kind unangenehm ist, sich also bspw. klebrig anfühlt, Geräusche macht, die das Kind nicht erträgt, Muster enthält, die es ablenken.
- Die Ansprüche sollten anfangs ganz gering sein. Eltern tun gut daran, sich zu sagen, dass es schon ein großer Erfolg ist, wenn das Kind zwei Klötze als Turm aufeinanderstapelt oder eine Perle aufzieht. Sobald es das geschafft hat, wird es überschwänglich gelobt und darf z. B. ein visuelles Spielzeug benutzen, das es sehr gern mag. Eine wichtige Regel für die Bezugspersonen ist, dass das Kind die Aufgabe nicht als unangenehm wahrnehmen soll. Es soll vielmehr begreifen, dass es großartig ist, wenn es das schafft. Deshalb bekommt es auch eine Belohnung. Allmählich wird die

Aufgabe gesteigert, d.h. die Anzahl bzw. die Zeit wird erhöht, eine Variante wird eingeführt, ein weiteres Spiel hinzugefügt.
* Mit dem Kind wird gespielt, wenn es in der Umgebung ruhig ist. Es sollte ein spezieller Platz eingerichtet werden wie bspw. ein Kindertisch. Dieser Platz hat den Vorteil, dass er einen Rahmen bzw. eine Struktur vermittelt, die dem Kind ermöglicht, etwas Vertrautes, Positives wiederzuerkennen und zu wissen, was hier passiert. Wenn die Aufgabe beendet ist, wird das Fördermaterial weggeräumt, sodass das Kind es nicht erreichen kann. Begründung hierfür ist, dass es mit großer Wahrscheinlichkeit mit dem Material stereotyp umgehen wird, wenn es dieses allein in die Hände bekommt. Es ist jedoch von Vorteil, dies bei diesem Spielzeug zu vermeiden, da es für ein bestimmtes Spiel zusammen mit einem/einer Erwachsenen vorgesehen ist.

3.3.3 Motivationsaufbau

Motivation bezieht sich bei Kindern auf die Intention und die Durchhaltefähigkeit, eine Aufgabe bzw. eine Handlung durchzuführen und zum Abschluss zu bringen. Es wird zwischen *intrinsischer* und *extrinsischer* Motivation unterschieden. *Intrinsische* Motivation bedeutet, dass eine Handlung um ihrer selbst willen ausgeführt wird, und *extrinsische* Motivation bedeutet, dass die Handlung v.a. in Bezug auf äußere Konsequenzen wie Belohnungen oder Bestrafung durchgeführt wird. Bei Kindern mit Autismus ist die intrinsische Lernmotivation für alltagsrelevante Themen und Fähigkeiten meist nicht vorhanden. Sie haben eine hohe Motivation, wenn es um die Erfüllung eigener Bedürfnisse und das Ausführen von Stereotypien oder Spezialinteressen geht. Hier zeigen sie mitunter eine erstaunliche Zielstrebigkeit und ein großes Durchhaltevermögen. Das Verfolgen und Erreichen von Aufgaben, wie sie von außen an die Kinder herangetragen werden (wie bspw. das Brot allein zu schmieren, die Toilette selbstständig zu benutzen oder die Hände ohne Hilfe zu waschen), ist dagegen sehr erschwert. Gründe hierfür sind die Ich-

Bezogenheit der Kinder, ihre Wahrnehmungs- und Aufmerksamkeitsprobleme, ihr Drang, Stereotypien nachzugehen und insbesondere die teilweise massiven Ängste v. a., was neu ist oder anders. Wenn ein Kind jedoch Angst hat, etwas Neues zu erlernen oder sich auf etwas Neues, Unvorhersehbares einzulassen, ist die Motivation, sich hiermit zu beschäftigen, nicht vorhanden.

Belohnungen sind eine gute Möglichkeit, das Kind zu motivieren und ihm Freude an der gemeinsamen Spielhandlung zu vermitteln. Das Belohnen mit Süßigkeiten und dergleichen ist in den letzten Jahren aus verschiedenen Gründen in Verruf geraten. Belohnungen sind neben Lob insbesondere Spielzeuge bzw. Beschäftigungen, die dem Kind angenehme Wahrnehmungsreize vermitteln.

> **Praxistipp: Belohnungen für autistische Kinder**
>
> - *Visuell:* ›Zauberstab‹ (mit Glitzer und Flüssigkeit gefüllter Plexiglasstab), blinkende Bälle, Kreisel, Feuerrad, Ventilator, Seifenblasen, Muster, Wunderkerzen, Taschenlampe,
> - *taktil:* Fusselbälle, Massagetiere, Antistresstiere, Bürsten, Slime, Nagelspiele, Bohnen- und Bällebad, Tastparcours, Noppenbälle, Fühlsäckchen,
> - *auditiv:* Pfeifen, Klappern, Rasseln, Schlaginstrumente, Sound-Tiere, Lachsack, Regenlabyrinthe, Musikhandpuppen, Musik-CDs, Singen, Applaus,
> - *vestibulär (Gleichgewicht)* und *propriozeptiv (Tiefenwahrnehmung)*: schaukeln, drehen, wippen, in die Luft werfen, hüpfen, auf weiche Unterlage geworfen werden, rutschen, klettern, massieren.

3.3.4 Selbstständigkeitsentwicklung

Bei Kindern mit im Autismus-Spektrum besteht i. d. R. ein geringerer Wunsch, Dinge allein zu können, also selbstständig zu sein, als bei gesunden Gleichaltrigen. Dem Kind ist z. B. nicht wichtig, den Löffel allein zum Mund zu führen, sondern es besteht darauf, dass die Mutter es macht. Es hilft auch nicht beim An- oder Ausziehen – außer, dass es vielleicht plötzlich splitterfasernackt im Kinderzimmer sitzt, weil es nicht gern Kleidung tragen möchte. In diesem Moment schafft es das Ausziehen allein. Oft scheint es Eltern unmöglich, das Kind irgendwann einmal trocken zu bekommen.

Selbstständigkeit bedeutet, selbst etwas zu erreichen und keine Hilfe mehr zu benötigen. Ein Kind muss dafür kognitiv (also vom Denken, Planen und Handeln her), bzgl. seiner fein- und grobmotorischen Fähigkeiten und angespornt von eigener Motivation bestimmte Aufgaben bewältigen wollen. Hierbei ist das autistische Kind im Gegensatz zu gesunden Gleichaltrigen durch seine Probleme in der Wahrnehmung gehandicapt, da es bspw. keine Essensreste an der Wange erträgt, einen Löffelstiel nicht festhalten kann, sich vor bestimmten Substanzen ekelt oder kein Gefühl für seinen Körper hat. D. h., dass seine Probleme mit dem Denken, die mangelhafte Koordination, die gestörte Wahrnehmung und die fehlende Motivation verhindern, selbstständig etwas tun zu wollen bzw. zu können. Wenn es jedoch etwas erreichen will, was seinen eigenen Interessen, stereotypen Vorlieben und dem Wunsch danach, in Ruhe gelassen zu werden, entgegenkommt, kann es plötzlich mühelos auf einen Stuhl steigen, um etwas von einem Regal zu stibitzen, findet und öffnet die Tasche der Mutter (in der sich die leckeren Pfefferminzbonbons befinden) oder besorgt sich ein großes Paket Papiertaschentücher aus dem verschlossenen Hauswirtschaftsraum, weil es die Taschentücher so gern in kleine Streifen zerreißt.

3.3.5 Routinen und Strukturen

Es bewährt sich sehr, dem Kind frühzeitig Routinen und Strukturen zu vermitteln. Was ist damit gemeint? Für ein Kind mit einer derartig ausgeprägten Wahrnehmungs- und Entwicklungsstörung ist Sicherheit von großem Vorteil. Das reduziert Ängste und schafft Vertrauen.

Autistische Kinder fordern diese Verlässlichkeit häufig selbst ein. Dabei kommen sie manchmal auf recht ungewöhnliche Ideen, z. B. dass sie nur aus einem ganz speziellen Becher trinken, nur Wasser akzeptieren, das aus der immer selben Wasserflasche eingegossen wird, lediglich eine bestimmte Sorte von Nahrung eines bestimmten Herstellers essen, die Schuhe nur anziehen, wenn sie gerade auf der Fußmatte stehen, beim Wickeln eine spezielle Cremedose in der Hand halten wollen, grundsätzlich ein Wurstbrot essen wollen, die Wurst jedoch niemals essen usw. Sicherlich gibt es bei den Eltern kleiner Kinder immer wieder Schilderungen, dass das bei ihren Kindern auch so sei. Ritualisierte Wahrnehmung ist bei jungen autistischen Kindern aber ein Symptom der Störung; es müssen viele Symptome auftreten, um diese Beeinträchtigung zu diagnostizieren. Das Beharren auf Strukturen, Routinen und Ritualen kann ein Anzeichen für Autismus sein.

> Als David, ein Kind mit Autismus und deutlicher kognitiver Beeinträchtigung, zwei Jahre alt war, befand sich auf der Fahrt zur Frühförderstelle plötzlich eine Baustelle, und seine Mutter musste einen anderen Weg als sonst fahren. Sie erzählte später, als die Autismusdiagnose gestellt worden war, wie unheimlich es ihr vorgekommen sei, als der kleine Junge, der zu diesem Zeitpunkt kaum etwas mitzubekommen schien, plötzlich so verzweifelt geschrien habe wegen einer veränderten Fahrtroute. Erst mit dem Wissen um die Diagnose konnte sie sich Davids Verhalten erklären.

Eltern sollten sich klarmachen, dass es gut ist, dem Wunsch des Kindes nach Strukturen und Routinen nachzugeben. Es darf allerdings nicht dazu führen, dass die Eltern sich quasi ›tyrannisieren‹ lassen. Ein gewisses Maß an Strukturiertheit ist einzuhalten, und es ist wichtig, dass die Eltern den größten Teil der Strukturen vorgeben und nicht das Kind. Ein Beispiel: Das Kind wird morgens immer an derselben Stelle in der Wohnung angezogen. Die Kleidungsstücke liegen hierfür bereits bereit. Es ist gut, wenn das Kind sich mit dem Rücken zu einer Wand (am besten einer Zimmerecke) befindet, damit es eine Begrenzung sowie einen Halt erfährt. Das Kind spürt Sicherheit und somit Beruhigung durch die tägliche Wiederholung dieser Situation. Ein anderes Beispiel: Das Kind nimmt beim Essen immer denselben Platz ein. Es empfiehlt sich, ein Set zu benutzen (das allerdings ohne zu verrutschen auf dem Tisch angebracht sein sollte), auf dem sich eine Vorlage für den Kinderteller (entsprechend großer dunkler Kreis), den Löffel und den Becher befindet. Solch ein Set kann man sehr gut selbst erstellen. Das Kind lernt so frühzeitig, welche Utensilien zum Essen dazu gehören und in welcher Position sich was zu befinden hat. Die gleichartige Wiederholung der Situation gibt ihm Struktur und Verlässlichkeit.

Bei Ausflügen oder regelmäßigen Terminen ist darauf zu achten, dass sie dem Kind angekündigt werden. Auch wenn das Kind noch nicht spricht und vielleicht nicht den Eindruck macht, Sprache zu verstehen, ist es wichtig, ihm zu sagen, was die Familie geplant hat. Es bietet sich an, dem Kind ein Bild zu zeigen (das Foto von Oma und Opa), dabei ist zu bedenken, was für das Kind das Motivierende an diesem Ziel ist. Den Zoo verbindet es vielleicht mit der roten Schaukel, den Besuch bei den Großeltern mit der Gardine, an der es immer wedeln kann, die Fahrt zur Freundin mit den Keksen, die es bei ihr gibt. Eltern sollten sich hier in die Lage des Kindes versetzen, für das ganz andere Gegebenheiten relevant sind als für die Eltern oder andere Personen.

> Toni liebte es lange Zeit, jeden Freitag bei seiner Großmutter zu übernachten. Dazu gehörte, dass seine Mutter ihm den Rucksack mit benötigter Kleidung einpackte, außerdem musste eine Plastikdose mit den Lieblingsknöpfen dabei sein und seine Lieblings-DVD »Thomas die kleine Lokomotive«. Bei Oma musste es immer Kartoffelbrei, Bratwurst und Erbsen geben, nach dem Essen das Video geguckt und dazu Smarties gegessen werden. Als Toni sieben Jahre alt war, zog die Großmutter um. Ab dem Zeitpunkt wollte Toni nicht mehr bei ihr übernachten, sondern abends nach dem Essen nach Hause fahren. Man konnte ihn nicht überreden. Es

hatte sich etwas Wesentliches bei der Großmutter verändert, und Toni versuchte auf seine Art, damit zurechtzukommen.

4 Kindergartenzeit

Es gibt Kinder, die schon mit ein oder zwei Jahren in die Kinderkrippe kommen, andere starten erst mit drei Jahren mit dem Kindergartenbesuch. Bei autistischen Kindern ist zu sagen, dass sie im Vergleich zu gesunden Kindern manchmal viel mehr unter der Veränderung bzw. der neuen Situation leiden bzw. mit ihr beschäftigt sind. Wenn Eltern es sich von ihrer familiären und finanziellen Situation her erlauben können, sollten sie das Kind erst zu der Zeit in eine Gruppe bzw. eine Einrichtung geben, sobald es nach ihrem Eindruck dieser Situation gewachsen ist. Im Kindergarten ist das Kind in einer Gruppe mit anderen Kindern zusammen, die Gruppengröße beträgt ca. acht (in der heilpädagogischen Kita) bis 25 Kinder (im Regelkindergarten). Dem Kind, und insbesondere dem mit einer Kommunikations- und Wahrnehmungsbeeinträchtigung, wird eine hohe Toleranz und Flexibilität abverlangt, um hiermit zurechtzukommen. Nach § 22 Abs. 4 Sozialgesetzbuch Kinder und Jugendhilfe (SGB XIII) sollen Kinder mit und ohne Behinderung in Gruppen gemeinsam gefördert werden. Nach § 4 SGB IX werden Leistungen für behinderte oder von Behinderung bedrohte Kinder so geplant und gestaltet, dass nach Möglichkeit Kinder nicht von ihrem sozialen Umfeld getrennt und gemeinsam mit nicht behinderten Kindern betreut werden können. Dabei werden behinderte Kinder alters- und entwicklungsentsprechend an der Planung und Ausgestaltung der einzelnen Hilfen beteiligt und ihre Sorgeberechtigten intensiv in Planung und Gestaltung der Hilfen einbezogen.

Eltern sollten sich grundsätzlich mehrere Kindertagesbetreuungseinrichtungen anschauen, bevor sie sich für eine bestimmte entscheiden. Es ist auch gut, eine weitere Person mitzunehmen, die eine neutrale Position hat, wie eine/n Freund*in, die/den Frühförder*in oder die/den Autismustherapeut*in. Eltern haben ein gutes Gespür für die Bedarfe ihres Kindes und merken daher sehr schnell, ob dieses Angebot für das Kind geeignet ist. Daher sollte das Kind für eine zweite Begegnung mitgenommen werden. So wird deutlich, ob die Mitarbeiter*innen Verständnis, Interesse und Empathie für das besondere Kind aufbringen können oder wollen.

4.1 Auswahl und Organisation einer geeigneten Tagesbetreuung

Tagesmütter und -väter

Neben institutionellen Angeboten gibt es auch die Möglichkeit von Tagespflege. Hier besteht in jedem Fall eine sehr kleine Gruppe mit wenigen Kindern und einer sehr individuellen Betreuung. I. d. R. werden die Kinder bei der Tagespflege zu Hause betreut, wo sie in eine Familie integriert sind. Manchmal allerdings beaufsichtigen Tagesmutter oder -vater das Kind in seiner Herkunftsfamilie, also in der eigenen Wohnung bzw. dem eigenen Haus. Bei autistischen Kindern hat diese Betreuungsform den Vorteil, dass sie sich nicht an räumliche Veränderungen gewöhnen müssen, sondern in ihrer vertrauten Umgebung bleiben können. So kann das Kind sich zunächst auf eine/n fremde/n Erwachsene*n, eine andere Art des Umgangs, möglicherweise ein oder zwei andere Kinder schrittweise einstellen. Gelegentlich findet die Betreuung auch in externen kindgerechten Räumen statt. In vielen Städten gibt es professionelle Dienste für die Vermittlung von Tagespflegestellen. Es ist jedoch genau zu prüfen, ob die Tagespflegestelle sich dem besonderen Kind in erforderlicher Art und Weise widmen kann und welche anderen, möglicherweise jüngeren Kinder dort untergebracht sind.

Als Kindertageseinrichtungen finden Eltern privat organisierte sowie städtische und von Wohlfahrtsverbänden und Vereinen initiierte. Es gibt unterschiedliche Rahmenbedingungen, unter denen ein autistisches Kind untergebracht werden kann.

4 Kindergartenzeit

Spiel- und Krabbelgruppen

Unter den Bezeichnungen Spielgruppe, Krabbelgruppe oder Mutter-/ Vater-Kind-Gruppe werden von unterschiedlichen Trägern Angebote vorgehalten, wo Babys bzw. unter dreijährige Kinder erste soziale Beziehungen mit ähnlich alten Kindern aufnehmen und miteinander spielen können. I. d. R. ist ein Elternteil während der Betreuungszeit anwesend. Für das erste Gewöhnen an andere Kinder ist es sinnvoll, wenn in der Gruppe auch konkrete Angebote erfolgen und nicht nur ›freies‹ Spiel stattfindet. Diese Gruppen finden i. d. R. nur an einigen Wochentagen für ca. zwei Stunden statt und sind kein Betreuungsangebot im eigentlichen Sinne. Sie sind jedoch eine gute Möglichkeit, das autistische Kind in kleinen Schritten an das Zusammensein mit anderen Kindern heranzuführen.

Heilpädagogischer Kindergarten/Integrationskindergarten

Der Vorteil ist, dass hier i. d. R. die Gruppengröße auf circa acht Kinder begrenzt ist. Der Kindergarten nimmt Kinder mit unterschiedlichen Beeinträchtigungen auf. Die Bezeichnung ist gelegentlich auch Sonderkindergarten oder Integrativer Kindergarten. Aufgrund des großen Einzugsbereichs gibt es hier häufig einen Fahrdienst – die Kinder werden zu Hause abgeholt und wieder heimgebracht. Die Förderschwerpunkte richten sich nach der Konzeption des Kindergartens. Inhaltlich sind wichtige Förderschwerpunkte die Selbstständigkeitsentwicklung, Kommunikation und Motorik.

In einem *Integrationskindergarten* werden bis zu fünf behinderte und ca. zehn nicht behinderte Kinder gemeinsam erzogen, gebildet und betreut. Werden hingegen nur einzelne behinderte Kinder in eine Kindergruppe aufgenommen, dann spricht man von *Einzelintegration*. Kindertageseinrichtungen mit behinderten Kindern haben i. d. R. kleinere Gruppen und mehr Personal. Einzelne Fachkräfte sind oft besonders qualifiziert (z. B. als Heilpädagog*innen). Ferner werden die behinderten Kinder häufig zusätzlich von Fachleuten (einzeln)

4.1 Auswahl und Organisation einer geeigneten Tagesbetreuung

gefördert, die nur zu diesem Zweck in die Tageseinrichtung kommen. Das sind bspw. Frühförderung, ergotherapeutische und logopädische Angebote sowie Physiotherapie.

In einem *Regelkindergarten mit Integration* gibt es die Möglichkeit, eine Integrationsassistenz bzw. eine/n Integrationshelfer*in einzusetzen. Er/sie soll dem autistischen Kind die sachliche und soziale Umgebung vertraut und verständlich machen und seine Persönlichkeitsentwicklung und Gruppenfähigkeit gezielt unterstützen. Andererseits hilft er/sie den anderen Kindern dabei, die Scheu vor der Andersartigkeit zu verlieren und das besondere Verhalten des autistischen Kindes zu verstehen.

Eine wichtige Aufgabe der Eltern ist, einen passenden Kindergarten zu finden, in dem entweder schon Kompetenzen mit dem Thema Autismus erworben wurden oder in dem das Team bereit ist, sie sich nun anzueignen. In jedem Fall ist erforderlich, dass das Team des Kindergartens, also Erzieher*innen, Heilpädagog*innen und Integrationsassistenz, die vorhandenen Ressourcen und Fähigkeiten sowie die Probleme des autistischen Kindes erkennt und gemeinsam mit den Eltern einen individuellen Behandlungsplan erstellt. Vorteil eines Regelkindergartens mit Integration kann sein, dass auch weitere Integrationskinder die Offenheit bzgl. Behinderungen benötigen und fördern. Dadurch findet das Kind möglicherweise leichter Zugang zu anderen Kindern und fällt nicht allein aus dem ›normalen‹ Rahmen. Ein auffälliges Verhalten wird in solchen Kindergärten von den Regelkindern leichter akzeptiert, die Integrationskinder selbstverständlicher integriert. Wichtige und maßgebliche Kriterien für einen geeigneten Kindergarten sind:

- überschaubare Strukturen bzgl. Personal, Räumen, Aktivitäten, Kindern,
- Möglichkeiten von Entspannungs- und Erholungsangeboten, möglicherweise reizarme Räumlichkeiten,
- zu Beginn flexible Anwesenheitszeiten für das Kind,

- Verständnis der Betreuer*innen und der anderen Eltern für Autismus-Spektrum-Störungen und die besonderen Bedürfnisse des autistischen Kindes,
- enge Zusammenarbeit und Absprachen mit den Eltern als Experten ihres Kindes,
- große Toleranz mit schwierigen Kindern zu arbeiten, Bereitschaft der Mitarbeiter*innen, auch einmal andere Wege zu gehen.

Die Auswahl der Tagesbetreuung bzw. des Kindergartens sollte sich insbesondere an den Bedürfnissen des Kindes orientieren. Dabei sind folgende Aspekte zu beachten:

- Wie sollte der Raum gestaltet sein, sodass das Kind entspannt ist und sich wohlfühlt?
- Wie viele optische Eindrücke verträgt das Kind, um nicht irritiert zu sein und seine Aufmerksamkeit auf etwas Bestimmtem halten zu können?
- Welche Geräuschkulisse verkraftet es?
- Kann es selbst Kontakt zu anderen Kindern aufnehmen und das Zusammensein gestalten und genießen oder benötigt es Hilfe?
- Kann es Aufforderungen, die an die Kinderrunde gestellt sind, auf sich beziehen, und folgt es ihnen oder tut ihm eine persönliche Aufforderung gut?
- Ist es selbstsicher und eigenständig genug, um andere Kinder, die mehr können als es selbst, zu ertragen, oder fühlt es sich unsicher und entmutigt?
- Lässt es sich Dinge wegnehmen, ohne sich erfolgreich wehren zu können?
- Überdreht es leicht und braucht dann Zuwendung und muss eventuell aus dem Raum geleitet werden?

Der Besuch der Kindertageseinrichtung ist ein wichtiger Schritt, weil das beeinträchtigte Kind dort insbesondere soziale Verhaltensweisen erlernen kann, die eine wichtige Vorbereitung auf soziale Integration und Inklusion, zur Einschulung und das ganze spätere Leben sind. Für die Eltern hat die Betreuung des Kindes für ein paar Stunden des Tages den Vorteil, dass sie ein bisschen Zeit für sich gewinnen, während sie ihr Kind in guten Händen wissen.

4.2 Vorbereitungen des Kindergartenbesuchs

Wichtig ist, dass das Kind auf die Veränderung vorbereitet wird, indem ihm bspw. die Räume schon vorher gezeigt und ihm mithilfe von Fotos regelmäßig visualisiert werden. Es sollte mit der Hauptbezugsperson bereits vertraut gemacht werden. Für den Anfang ist gut, ihm etwas Vertrautes von zu Hause mitzugeben, was es beruhigt und an zu Hause erinnert. Es sollte bedacht werden, dass es für das Kind ein enormer Schritt ist, sich der neuen Herausforderung zu stellen. Es hat möglicherweise Probleme, wenn versucht wird, ihm die Neuerung zu erklären, weil es das nicht versteht. Es muss die Veränderung vielmehr begreifen und erfahren, was sie für es bedeutet. Es kann nicht fragen, wie lange es dauert, was es dort tun soll, ob es wieder abgeholt wird. Vielleicht ist es sehr irritiert und hat Angst. Es ist daher wichtig, dass nicht nur die Eltern, sondern auch die Mitarbeiter*innen des Kindergartens ihm Halt und Struktur geben und seine Verunsicherung verstehen.

In den ersten Wochen in der neuen Umgebung ist es besonders wichtig, Zeit bzw. Muße zu haben, sich einzuleben. Das autistische Kind muss sich an veränderte Abläufe, neue Menschen, unbekannte Räume und viele neue Reize wie Geräuschpegel, Spielzeug und Dekorationen, Drängelei, vielleicht andere Temperaturen u. v. m. gewöhnen. Gleichzeitig wird von ihm verlangt, dass es im Raum bei den anderen bleibt, mit ihnen an einem Tisch sitzt, sich an bestimmte soziale Regeln hält und ohne seine Eltern zurechtkommt. Es erscheint deshalb ratsam, dem Kind die Anfangszeit insofern leichter zu machen, indem es nur eine begrenzte Anzahl an Stunden in die Kita geht und die Dauer allmählich erhöht wird. Je nach Kind ist es unterschiedlich, wie lange es in der ersten Zeit den Kindergarten besuchen sollte. Wichtig ist, dass es möglichst abgeholt wird, wenn es noch nicht völlig übermüdet oder überreizt ist, damit es in guter Stimmung von den Eltern in Empfang genommen werden kann. Das ist besser für die Eltern und für das Kind.

In den ersten Wochen sollten die Strukturen und Regeln schrittweise an das Kind herangetragen werden. Es reicht z. B., wenn die erste Regel lautet, dass es beim Frühstück mit den anderen am Tisch sitzen soll. Es ist dabei wichtig, dass es immer denselben Platz einnehmen darf. Erst wenn es damit gut zurechtkommt, erfährt es die zweite Regel, nämlich, dass es mit den anderen Kindern zusammen nach draußen geht und nicht schon vorläuft oder drinnen bleiben darf. So wird schrittweise alles an das Kind vermittelt, was in der Einrichtung bzw. im Gruppenablauf wichtig ist.

> Die Mutter der dreijährigen Laura berichtet in einer Selbsthilfegruppe über die ersten Wochen ihrer kleinen Tochter im Kindergarten. Laura sei so unruhig, sie würde nicht im Gruppenraum bleiben wollen, sondern herauslaufen. Dort sei ein großer Flur mit einem für sie attraktiven Motorikangebot. Laura könne keine geschlossenen Türen ertragen, das sei zu Hause auch so. Sie würde Laura zwar jeden Tag für zwei Stunden im Kindergarten lassen, weil alle sagen würden, das sei wichtig für ihre Tochter. Sie selbst würde es aber nicht als Entlastung erleben, weil die Zeit zu kurz sei, um sie zu genießen oder sinnvoll auszufüllen, und sie den Eindruck habe, dass Laura dort unglücklich sei.
>
> Nach einigen Wochen, in denen eine Beratung des Kitateams erfolgt und eine Anpassung der Räumlichkeiten vorgenommen worden war, berichtet die Mutter sehr zufrieden von dem Besuch der Tochter in der Kita. Was hatte sich verändert? Das wichtigste Gerät (eine große Wippe) des Motorikangebots war in den Gruppenraum geholt worden, und Laura durfte sich dort darauflegen, sooft sie wollte. Die Tür war schrittweise geschlossen worden, jeden Tag ein bisschen mehr. Wenn Laura hinauslaufen wollte, wurde sie abgelenkt bzw. freundlich in den Gruppenraum zu-

rückgeschoben mit dem Hinweis auf etwas Schönes, bspw. die Wippe oder den glitzernden Zauberstab, den sie so liebte, und der sich auf der anderen Seite des Gruppenraums befand.

> **Praxistipp: Overload und Ruheinseln**
> Wenn das Kind aufgrund der vielfachen Reize überdreht und in einen Zustand von sog. ›Overload‹ gerät, ist es wichtig, richtig – d.h. angemessen und hilfreich – zu reagieren. Overload bedeutet, dass das Kind mit der Situation, in der es sich befindet, maßlos überfordert ist und nicht mehr mit den üblichen pädagogischen Maßnahmen erreichbar ist. Man kann es sich vorstellen wie ein Fass, das überläuft. Das Fass ist wie eine Skala von Null bis Hundert zu verstehen, d.h. es wird durch verschiedene belastende Situationen gefüllt. Wenn es zu viele schwierige Situationen gibt, läuft das Fass über. Das kann der befürchtete Overload sein.

Ein Beispiel soll das verdeutlichen. Schon morgens hat das Kind zu Hause Stress gehabt, weil es gekämmt wurde, obwohl es das nicht ertragen konnte. Die Milch hatte die falsche Temperatur, und das Telefon klingelte, als es gerade mit dem Vater in den Kindergarten fahren wollte. Dadurch musste es warten, obwohl es schon fertig angezogen an der Tür stand. D.h., dass schon morgens mehrere negative Situationen in das Fass hineingekommen sind und den Pegelstand auf z.B. 30 gebracht haben. Als das Kind den Kindergarten betritt, ist Gewühle an der Garderobe und es ist dem Kind zu laut. Es möchte auch nicht ständig von unruhigen Kindern angestoßen werden. Die Erzieherin verlangt, dass es kurz am Morgenkreis teilnimmt, und es wird daran gehindert wegzulaufen. Der Pegelstand ist nun bei 50. Das Frühstück ist anstrengend, da das Kind heute an einem anderen Tisch sitzen soll. Danach muss das Spielen auf dem Spielplatz ausfallen, weil es einen Wolkenbruch gibt. Später streiten sich mehrere Kinder lautstark in der Bauecke und krachend bricht ein Turm aus Bauklötzen zusammen. Unversehens ist der Pegel des Kindes auf 100 gestiegen, und es wird ihm alles zu viel. Es erleidet einen Overload, d. h., es kann die Reize und Informationen aus der Umgebung nicht mehr sortieren und nicht mehr ertragen und sich endgültig nicht mehr davon abschotten. Verzweifelt fängt es an zu schreien, andere Kinder zu schubsen oder zu treten, sich selbst zu verletzen oder etwas zu zerstören. Es ist nicht mehr erreichbar durch Beruhigungsversuche der Erzieher*innen, sondern überfordert und verängstigt.

Bei einem Overload hilft es, alles zu ermöglichen, was dem Kind jetzt zur Ruhe verhelfen kann. Konsequentes Verhalten bzw. Schimpfen ist unangebracht. Es gilt vielmehr, Deeskalation zu betreiben. Das Kind braucht jetzt Frieden und einen Zufluchtsort. Der/die Erwachsene muss es dabei begleiten und nicht auf es einreden, sondern lediglich Ruhe vermitteln. Die Bezugsperson bringt das Kind in einen Raum, wo es (unter Aufsicht) allein sein kann, also eine entfernte Ecke des Außengeländes, einen reizarmen Raum, in dem es sich nicht verletzen kann, eine Hängematte, falls es schaukeln mag. Es ist wichtig, schon über einen solchen Ort nachzudenken, bevor der Overload das erste Mal passiert. Hier sind auch die Erfahrungen der Eltern mit einzubeziehen, die mit dem Kind bereits entsprechende Situationen erlebt haben. Als hilfreich erwiesen hat sich vorsichtige Stimulation mit Tiefenreizen, d. h. Massage, Beschweren des Körpers mit Sandsäckchen und dergleichen. Manchmal sollte man das Kind aber auch gänzlich in Ruhe lassen, also nur aufpassen, dass nichts passiert. Nach dem Overload sind die Kinder häufig verschwitzt, erschöpft und sehr empfindsam und sie brauchen viel Zeit, um wieder in der Gruppe sein zu können. Dabei kann es passieren, dass schon bald die nächste Krise auftritt, wenn das Kind sich nicht ausreichend erholen konnte.

Sehr wichtig ist, dass die Mitarbeiter*innen selbst versuchen, das Kind zu beruhigen, bis es ihm wieder gut geht. Die Eltern in der Krisensituation anzurufen und das Kind abholen zu lassen, erscheint wenig ratsam. Es soll nicht lernen, dass nur seine Eltern es beruhigen können, sondern auch die Mitarbeiter*innen der Kita. Grundsätzlich ist es besser, das Überlaufen des Fasses im Vorfeld zu verhindern, d. h. dem Kind frühzeitig und vorbeugend eine entspannende Situation zu ermöglichen, es also bspw. für eine Zeit aus der Gruppe herauszunehmen, damit sich sein Stresspegel senkt und es den Rest des Tages gut verleben kann. Hierfür ist es wichtig, das Kind zu beobachten und manchmal einzulenken, bevor eine Situation eskaliert. Das erfordert Fingerspitzengefühl der Pädagog*innen.

4.3 Verhalten im Kindergarten und die Situation der anderen Kinder

Ein Kind mit Autismus zu fördern und zu erziehen ist eine große Aufgabe, denn dieses Kind ist eben anders als andere Kinder. Wichtige Problembereiche sind die geringen Fähigkeiten zur sozialen Interaktion, die eingeschränkte Kommunikation sowie die ritualisierten Verhaltensweisen. Was bedeutet das im Einzelnen? Das autistische Kind nimmt wenig Notiz von anderen Kindern. Es benutzt sie eher wie ›Objekte‹, d. h., um jemanden zu haben, der ihm eine Unterstützung gibt, dem man etwas Begehrliches wegnehmen kann, der im Weg steht, weswegen man ihn wegschubsen muss, der zu laut ist oder auf dem falschen Platz sitzt. Ein soziales Interesse im eigentlichen Sinne, nämlich gemeinsam zu spielen, beim anderen etwas abzugucken, zu teilen und abzuwarten, zu helfen und gemeinsam zu einer Lösung zu kommen, sind Prozesse, die das autistische Kind nicht verstehen und nachvollziehen kann, weswegen es mit den Kindern häufig wenig anfangen kann oder sie als Störfaktoren empfindet. Zusätzlich versteht es die Spiele der Kinder nicht, also zu tun, als ob man Kuchen aus Sand backen könnte, mit Spielzeugautos auf dem Teppich umherzufahren, so zu tun, als ob man ein Tier sei u. v. m. Das autistische Kind ist vielmehr daran interessiert, den Sand in der Sandkiste rieseln zu lassen, die Schaufel in hohem Bogen aus der Sandkiste zu werfen, weil sie ihm im Weg ist, und den Sand möglicherweise zu essen, weil er ein intensives Gefühl im Mund verbreitet.

4 Kindergartenzeit

Die Autos werden auf dem Bauteppich aufgereiht und umgedreht, um die Räder ausgiebig zu drehen. Aus den Puppen werden die Augen herausgedrückt und die Puppenwagen werden stibitzt, um auch dort die Räder zu drehen.

Die anderen Kinder in der Gruppe gehen zunächst ganz ungezwungen mit dem autistischen Kind um, weil sie die Situation nicht anders kennen. Sie behandeln es häufig wie ein jüngeres Kind und kommen ganz gut damit zurecht, es zu bemuttern und ihm zu helfen. Unvermittelt jedoch gibt es einen Übergriff des beeinträchtigten Kindes und nun möchte das andere Kind sich nicht mehr mit ihm beschäftigen. Häufig sind die anderen Kinder irritiert, haben Sorge, dass sie auch so werden könnten wie das autistische Kind (»Ist das ansteckend?«) und sie entwickeln Angst, bspw. vor aggressiven Handlungen (kratzen, Haare ziehen, beißen etc.). Manchmal entstehen daraus Frustration und Ärger oder sogar Wut. Die anderen Kinder versuchen, Verständnis zu zeigen und Rücksicht zu nehmen, das ist jedoch schwierig, wenn ihnen etwas weggenommen oder zerstört wird und sie vielleicht noch ermahnt werden, etwas abzugeben und ›nett‹ zu sein. Ruhig bleiben können sie nur, wenn sie verstehen, was mit dem Kind los ist und sich auf ihre altersentsprechend kindgerechte Art erklären können, dass das Kind nichts dafürkann und es nicht absichtlich macht. Trotzdem ist es eine anspruchsvolle Aufgabe für die anderen Kinder. Inzwischen gibt es Bücher, in denen von autistischen Kindern erzählt und für Verständnis geworben wird, sie sind teilweise ausdrücklich auf Kindergartenniveau verfasst. Sie können helfen, die anderen Kinder aufzuklären. Es bleibt jedoch eine tägliche und nicht endende Aufgabe für Pädagog*innen und Eltern, da der Prozess der Akzeptanz und des friedlichen Miteinanders immer wieder von Neuem ins Wanken gerät und gefestigt werden muss.

4.4 Strukturen, Rituale und Begleitung im Kindergarten

Von Anfang an ist wichtig, dass dem autistischen Kind ein verlässlicher und vorhersehbarer Tagesplan bzw. Ablauf vermittelt wird. Veränderungen, unvorhersehbare und neue Situationen, Durcheinander sowie Erwartung von Flexibilität sind für diese Kinder ein großes Problem. Sie müssen wissen, wie der Tag verlaufen wird, und plötzliche Veränderungen müssen ihnen möglichst erspart bleiben. Wichtige Fragen im Tagesablauf sind:

- Wer begrüßt mich heute?
- Wo hänge ich meine Jacke auf und wo kommt die Tasche hin?
- Was mache ich, wenn ich in den Gruppenraum komme?
- Wie lange dauert es?
- Was passiert danach?
- Welche Kinder sind da? Welche sind krank?
- Wer spielt in der Bauecke?
- Welche Erzieher*innen sind da und welche nicht?
- Wann kann ich nach draußen gehen?
- Was gibt es zum Mittagessen?
- Wann holen meine Eltern mich wieder ab?

Wenn man diese Aufzählung anschaut, wird klar, dass das nur ein Bruchteil der Fragen sein kann, die das Kind sich wirklich stellen könnte. Es gibt viele Situationen im Verlauf des Tages, die einfach so passieren und die unabwendbar sind, sodass man sich vorstellen kann, was für einer Vielzahl von Reizen und Unsicherheiten das Kind ausgesetzt ist. Es leuchtet daher ein, dass es wichtig ist, dem Kind bestimmte Sicherheiten zu geben, damit es gut und mit möglichst wenig Stress durch den Kindergartentag kommt.

Wichtige Stationen des Tagesablaufs könnten folgendermaßen gestaltet sein: Schon morgens empfängt die Integrationsassistenz bzw. ein/e hierfür eigens eingeteilte/r Pädagog*in, das Kind vor dem Gruppenraum. Er/sie bittet es, Kindergartentasche und Bekleidung aufzuhängen und Hausschuhe anzuziehen. Bei den erforderlichen Schritten unterstützt er/sie es so wenig, aber auch so angemessen wie nötig. Vorher hat er/sie sich davon überzeugt, dass Haken und Bank frei sind, sodass das Kind nicht gestört, irritiert und beengt wird. Das Kind hat ein Symbol bekommen, das eine Bedeutung für es hat, damit es seinen Garderobenplatz gut wiederfinden kann, auch bspw. auf Mappen oder dem Stuhl im Gruppenraum findet sich das gleiche Symbol. Das Kind wird in den Raum gebracht und es wird sofort zu einer bestimmten Tätigkeit aufgefordert bzw. begleitet. Für manche Kinder ist es gut, wenn sie als erstes frühstücken können, um erst einmal einen festen Beschäftigungspunkt zu haben. Auch haben etliche von ihnen ein reduziertes Empfinden von Hunger und Durst, sodass es auf den Stoffwechsel bezogen gut ist, wenn sie essen und trinken, bevor Spielen und Toben beginnen.

Schwierig sind für autistische Kinder offene Gruppen, in denen stunden-, tageweise oder immer Räume und Angebote für alle Kinder geöffnet werden. Wie auch Krippenkinder vermissen die Kinder feste Räume, konstante Ansprechpartner*innen und überschaubare Strukturen. Es mangelt ihnen an Sicherheit und Geborgenheit. Sie verlieren sich in der Menge der Angebote, und das führt häufig dazu, dass sie immer nur dieselbe Beschäftigung wahrnehmen, also Monate lang jeden Tag im Motorikraum umherrennen, da sie nicht dazu in der Lage sind, etwas Neues auszuprobieren. Auch die individuelle Förderung kommt zu kurz, da wenig Kontinuität vorhanden ist und ruhige, reizarme Situationen erschwert sind.

Der Ablauf für den Tag wird mit einem Plan dargestellt, der je nach kognitiver Entwicklung durch Fotos oder Piktogramme bzw. Symbole visualisiert wird. Fotos zeigen einen konkreten Gegenstand oder Ort bzw. eine bestimmte Person. Sie gelten nur für den konkreten Bezug, nicht aber für andere Menschen oder einen andersfarbigen Ball oder den Nachbargruppenraum oder eine/n andere/n Krankengymnast*in. Sie gelten genau für das, was darauf abgebildet ist, und das macht es kompliziert, weil immer eine Auswahl von Bildern und

4.4 Strukturen, Rituale und Begleitung im Kindergarten

manchmal spontan neue Fotos benötigt werden. Die Herausforderung bei Piktogrammen dagegen ist, dass das Kind dazu in der Lage sein muss, von einer Schwarzweißzeichnung oder auch einer kolorierten Abbildung auf einen Gegenstand zu schlussfolgern, der anders aussieht, aber dasselbe bedeutet. Das Piktogramm für den Ball ist *roter Ball*, während der echte, konkrete Ball gelb mit schwarzen Achtecken ist. Der Raum der/des Ergotherapeut*in wird mit einem Kind auf einem grünen Ball liegend dargestellt, während das Kind bei ihm/ihr manchmal im Bällebad und manchmal auf der Schaukel sitzt. Es ist also eine beginnende Abstrahierungsfähigkeit notwendig, um von einer Zeichnung auf bestimmte Objekte oder Funktionen zu schließen. Irgendwann ist das Kind jedoch dazu in der Lage, manchmal benötigt es aber spezielle Übung.

> **Praxistipp**
> Wie können Eltern oder Pädagog*innen dem Kind beibringen, die Bedeutung von Piktogrammen bzw. Symbolen zu verstehen?
>
> Stellen Sie eine Kiste vor das Kind, an der das Symbol eines Autos angebracht ist (vorausgesetzt es mag Autos). Daneben stellen Sie eine Kiste mit dem Symbol eines Balls. Bitten Sie das Kind, verschiedenartige Autos und Bälle in die Kisten zu sortieren. Helfen Sie ihm anfangs mit Fingerzeig, oder indem sich die richtige Kiste näher am Kind befindet, damit es möglichst keine Fehler macht. Reduzieren Sie die Hilfen nach und nach und loben Sie das Kind.
>
> Geben Sie dem Kind zwei geschlossene Schachteln, die mit den Symbolen eines Autos und einer Bürste (die es nicht mag) beklebt sind. Sagen Sie ihm, dass es sich das Auto nehmen kann, das befindet sich in der geschlossenen Kiste mit dem entsprechenden Symbol. Das Kind muss jetzt entscheiden, welche Kiste die richtige ist. Da die Kisten geschlossen sind, muss es auf das Symbol achten, um die richtige Kiste auszuwählen.

4 Kindergartenzeit

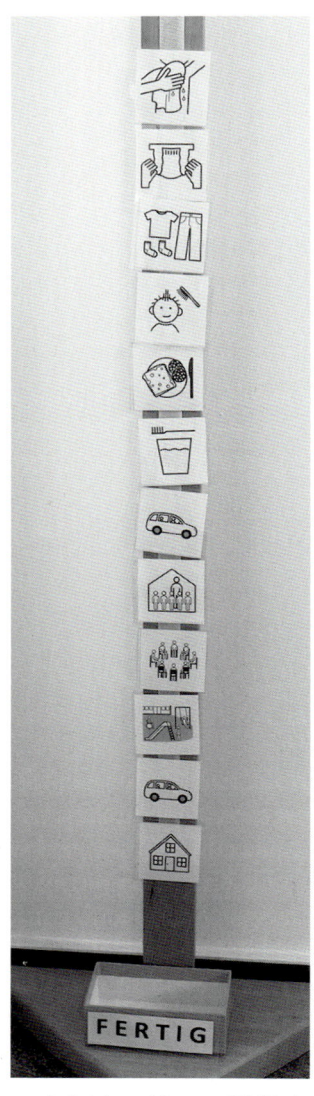

Abb. 3: Tagesplan – vom Aufstehen bis zur Rückkehr aus dem Kindergarten (METACOM Symbole © Annette Kitzinger)

4.4 Strukturen, Rituale und Begleitung im Kindergarten

Benutzen Sie Piktogramme im Alltag, um bspw. Räume zu beschriften, einen Tagesplan aufzustellen (▶ Abb. 3), zu bestimmen, was in eine bestimmte Spielzeugkiste gehört, usw.

Einsatz einer Integrationsassistenz

Häufig ist es notwendig, dass dem autistischen Kind in der Kita ein/e Einzelfallhelfer*in bzw. eine Integrationsassistenz zur Verfügung gestellt wird. Insbesondere bei sehr unruhigen Kindern, bei solchen mit aggressiven oder selbstverletzenden Verhaltensweisen, aber auch bei den nichtsprechenden Kindern ist es sinnvoll, dass eine Person das Kind durch den Kindergartenalltag begleitet, die nur dafür zuständig ist. Sie hilft dem Kind in kommunikativen und sozialen Situationen, indem sie seine emotionalen Bedürfnisse erkennt, es dabei unterstützt zu zeigen oder zu äußern, was es möchte, und in Konflikten mit anderen Kindern vermittelt. Damit ist sie auch sehr wichtig in Krisensituationen, in denen das Kind versucht, durch aggressives oder selbstverletzendes Verhalten auf seine Bedürfnisse bzw. eine aktuelle Notlage wie Reizüberflutung, Schmerz etc. aufmerksam zu machen. Die Assistenz hat hier die Aufgabe, das Verhalten des Kindes zu interpretieren und zu versuchen, in einen angemesseneren Kontakt mit dem Umfeld zu treten. In Absprache mit und angeleitet durch Autismustherapeut*innen, Logopäd*innen und Eltern soll die Assistenz dazu in der Lage sein, dem Kind kommunikative Verhaltensweisen im Alltag zu vermitteln, sodass es bspw. mithilfe von Bildkarten oder Gebärden lernt, seine Bedürfnisse darzustellen. Sie sollten also immer wieder im Tagesablauf Situationen schaffen, in denen das Kind motiviert ist, einen Wunsch zu äußern.

Eine weitere wichtige Aufgabe für die Integrationsassistenz ist, dem Kind in unterschiedlichen Lebensbereichen zur Verfügung zu stehen, d.h. ihm beim An- und Ausziehen zu helfen, es bei der zeitlichen und räumlichen Orientierung zu unterstützen, seine Aufmerksamkeit auf bestimmte Situationen zu lenken, ihm Beschäftigungsreize anzubieten, Strukturierungshilfen für den Alltag zu installieren und einzusetzen sowie Gefahrensituationen von ihm abzuwenden.

> Toni war als Kindergartenkind, d.h. mit ca. vier Jahren, ein ›Spitzbube‹, was das plötzliche Verschwinden betraf. Er konnte seelenruhig an der Wasserpumpe stehen und den anderen Kindern zuschauen, dann war er plötzlich nicht mehr aufzufinden. Obwohl das Außengelände des Kindergartens umzäunt und das Tor verschlossen waren, herrschte immer große Aufregung, wenn er verschwunden war. Man fand ihn wieder in den Büschen, die sich am Rande des Kindergartengeländes befanden, und manchmal hatte er sich ins Haus ›verkrochen‹ und versteckte sich in einem ruhigen Winkel des Gebäudes. Es passierte immer dann, wenn etwas so aufregend war, dass er eine Pause brauchte, und dazu gehörten bspw. aufregende Wasserspiele. Wenn die Assistenz, die sich vom Beginn der Kindergartenzeit an um ihn kümmerte, ihm rechtzeitig ein alternatives und beruhigendes Beschäftigungsangebot machte, lief er nicht mehr weg und er kam entspannter durch den Kindergartentag. Um das zu erreichen, war eine längere Zeit des Kennenlernens und aneinander Gewöhnens notwendig gewesen.

4.5 Frühförderung und Autismustherapie

Je nach Bundesland und Träger gibt es Frühförderangebote im Kindergarten, die während der Kindergartenzeit wahrgenommen werden können. Die Frühförder*innen kommen in den Kindergarten oder sie sind dort angestellt. Sie nehmen das Kind für bestimmte Fördereinheiten aus der Gruppe oder arbeiten in Einzel- und Kleinstgruppen mit dem autistischen Kind und einem oder mehreren anderen Kindern. Ein Vorteil ist, dass das Kind nicht nachmittags noch zu Therapien gefahren werden muss, was für Kind und Eltern eine

4.5 Frühförderung und Autismustherapie

gewisse Herausforderung an Zeit, aber v. a. auch Kraft und Motivation erfordert. Manchmal erhalten die Kinder während der Kindergartenzeit Autismustherapie, weil mehrere Nachmittagstermine hierfür für die Familie sowie die ausführende Fördereinrichtung zeitlich nicht umsetzbar wären. Außerdem wird die Therapie an einem Vormittag angeboten, wo das Kind ausgeruht und entspannt ist. Der Vorteil von Therapien bzw. Fördermaßnahmen außerhalb der Kindergartenzeit ist, dass die Eltern viel intensiver in die Förderinhalte mit einbezogen werden können. Sinnvoll ist, das Angebot von Autismustherapie für das Kind sowohl an einem Vormittag als auch an einem Nachmittag (begleitet von einem Elternteil) zu machen. Wichtiges Merkmal von Autismustherapie bzw. ergotherapeutischer und logopädischer Förderung ist jedoch, dass die Elemente in den Alltag eingebaut werden sollten, damit das Kind möglichst umfassend hiervon profitiert.

> Toni erhielt bis zur Einschulung sechs Therapieeinheiten pro Woche im Autismus-Therapiezentrum. Später wurde die Intensität auf vier bzw. zwei Stunden reduziert. Die Mutter fuhr ihn zur Therapie, denn der Vater war häufig dienstlich unterwegs. Regelmäßig begleitete auch die Großmutter Toni zur Therapie und konnte ihre Tochter damit sehr gut unterstützen. Die Mutter nahm in den ersten Monaten immer und später gelegentlich an den Förderstunden teil. So wusste sie, was gerade mit Toni gemacht wurde, welche Gebärde bspw. neu eingeführt worden war, welches Spiel er gerade gern spielte, wo es Probleme oder weiteren Handlungsbedarf gab. Sie setzte die Lerninhalte zu Hause um, d. h., sie forderte ihn ebenfalls zum Zeigen der Gebärden auf, übte wichtige Begriffe mit ihm, als er anfing zu sprechen, sortierte Farben und Formen, als das in der Therapie begonnen wurde, und bezog ihn in Hausarbeiten wie Gemüse und Obst schneiden mit ein. Mutter und Therapeutinnen sprachen regelmäßig die aktuellen Materialien und Ziele ab und erreichten so eine intensive und aufeinander abgestimmte Förderung. Gleichzeitig ergaben sich

> viele Gelegenheiten über aufkommende Schwierigkeiten zu sprechen und den Umgang hiermit miteinander abzugleichen.

4.6 Wichtigste Lernziele im Kindergartenalter

4.6.1 Kommunikation

Viele autistische Kinder haben Probleme, sprechen zu lernen. Das hat mit der Störung an sich, d.h. den hirnorganischen Ursachen zu tun. Die Hirnzentren sind bei den Kindern so beeinträchtigt, dass sie nicht sprechen lernen können, auch dann, wenn sie über durchschnittliche intellektuelle Fähigkeiten verfügen. Sie haben auch weniger Interesse, sich mit anderen Menschen auszutauschen. Sie sprechen nur, wenn sie Bedürfnisse haben, sei es, dass sie etwas brauchen oder eine Information benötigen, um eine Bestätigung bzw. Sicherheit in einer Situation zu erlangen. Viele autistische Kinder zeigen umfassende Echolalie (► Kap. 4.7.1), wenn sie denn sprechen lernen, oder auch stereotype Sprache. D.h., dass Dinge immer wiederholt werden und das Kind sie pausenlos vor sich her spricht, ohne dass dies Bezug zur aktuellen Situation hat.

> Toni hat vor einem halben Jahr eine Packung Kekse aus dem Vorratsschrank geklaut. Seine Mutter hat danach mit ihm geschimpft. Fast täglich gibt er folgenden Monolog von sich: »Wer hat die Buchstabenkekse gegessen? Wo sind die Buchstabenkekse, hast du sie genommen? Aber Toni, du sollst doch nicht die Kekse einfach wegnehmen. Hast du die Buchstabenkekse gegessen? Wer hat sie gegessen?« Dieser Monolog hält 10 oder 30 Minuten oder auch länger an. Es gibt auch noch ein paar weitere Monologe, die er täglich aufsagt. Es sind immer Situationen, die er wiedergibt, die Konflikte beinhaltet haben und die er möglicherweise auf diese Art und Weise zu verkraften und zu verstehen versucht.

4.6 Wichtigste Lernziele im Kindergartenalter

Häufig stellen die Kinder immer wieder dieselben Fragen, und es ist schwierig, die Antwort zu verweigern, weil sie nicht mehr aufhören. Wenn man antwortet, wird die Frage jedoch dennoch immer wieder gestellt. Wird sie nicht beantwortet, kann es sein, dass das Kind verzweifelt oder wütend reagiert. Das hat damit zu tun, dass Menschen mit Autismus Schwierigkeiten haben, verbale Informationen zu verarbeiten und zu verstehen. Sprache ist flüchtig, und wenn etwas gesagt wurde, ist es direkt danach ›verschwunden‹. Also soll es immer wieder gesagt werden. Des Weiteren hat das Kind Probleme, längere Sätze und Erklärungen zu verstehen, daher ist es wichtig, ihm kurze Aufforderungen zu geben und auf lange Sätze zu verzichten. Ein autistisches Kind lernt am besten zunächst mit Ein-Wort-Sätzen zu kommunizieren, hier bieten sich Situationen an, in denen es etwas Bestimmtes möchte. »Keks« ist bspw. das erste Wort, und es darf nicht verlangt werden, dass es »Keks« gleich korrekt artikuliert. Ein gesprochenes »Ke« oder »Ks« reicht völlig aus, um dem Kind sofort das gewünschte Objekt zu geben. Wenn man jedoch weiß, dass es das kann, sollte es den Keks nicht mehr bekommen, wenn es nichts sagt, sondern das Wort Keks (oder dessen vereinfachte Variante) wird ab sofort eingefordert. Manchmal jedoch haben die Kinder eine Art Hemmung und schaffen es nicht, der Aufforderung nachzukommen. Es empfiehlt sich in diesem Moment, wieder einen Schritt zurückzugehen und das Kind bspw. die Gebärde für »Keks« machen zu lassen oder von ihm die entsprechende Abbildung/das Symbol einzufordern.

> **Praxistipp**
> Immer wieder berichten Eltern oder Betreuer*innen von autistischen Menschen, die jahrelang nicht mehr sprechen, und dann unvermittelt wieder damit anfangen. Bspw. zunächst durch singen und in der Folge durch Wiederentdeckung der Verbalsprache. Vor allem für diese Betroffenen hat es eine große Bedeutung, eine alternative Kommunikationsform erlernt und für schwierige Zeiten zur Verfügung zu haben.

4 Kindergartenzeit

Im Bereich der Kommunikationsförderung sind einige Methoden geläufig und haben sich sehr bewährt wie PECS (Picture Exchange Communication System, ▶ Kap. 5.6.3) und GuK (Gebärden-unterstützte Kommunikation, Wilken 2019). Mit entsprechender Anleitung und Unterstützung durch Fachleute sind diese Methoden bzw. Materialien sehr gut für den Gebrauch zu Hause geeignet. Es empfiehlt sich jedoch in jedem Fall, die Unterstützung einer Fachkraft in Anspruch zu nehmen. Bei jeder Methode ist es so, dass sie korrekt angewendet werden sollte. Das klappt am besten, wenn man sich die richtige Ausführung im Team aneignet und sich bei der Weiterentwicklung oder Problemen gegenseitig beraten kann.

Wenn ein Kind spricht, ist es wichtig, dass ihm beigebracht wird, in Zwei-Wort-, Drei-Wort- oder noch längeren Sätzen zu sprechen. Das autistische Kind geht davon aus, dass es reicht »Keks« zu sagen, wenn es einen möchte, weil das in der Vergangenheit immer so geklappt hat. Nun möchte der/die Therapeut*in, dass es »Keks haben« sagt. Auch hier ist es eine große Unterstützung, wenn das Kind Laute bzw. einfache Wörter imitieren kann und auch gelernt hat, Gebärden auszuführen, denn nun kann der Begriff »haben« gebärdet werden, d. h., das Kind sagt »Keks« und gebärdet »haben«. Oft fangen die Kinder irgendwann an, das weitere Wort auch zu sprechen. Ganze Sätze bringt man Kindern bei, indem man die Silben der Wörter und die Wörter des Satzes vorspricht und sie das Kind nachsprechen lässt. Wichtig ist auch, den Wortschatz des Kindes zu vergrößern und mit ihm Begriffe wie Vokabeln zu üben. Hierbei geht es zunächst häufig um Substantive und Verben, während Eigenschaften, Präpositionen und Zahlen erst später dazukommen. Allerdings ist es sinnvoll, mit dem Kind solche Begriffe zu üben, die es interessieren und es motivieren.

4.6.2 Sprachverständnis

So schwierig wie die aktive Sprache ist oft auch das Verstehen von Worten und Sätzen. Die Kinder verstehen überwiegend aus dem si-

4.6 Wichtigste Lernziele im Kindergartenalter

tuativen Kontext. D. h., dass nicht die Worte die Information geben, sondern die Reize, die mit der Situation verbunden sind, also bspw. was das Kind sieht. Daher ist es wichtig, mit den Kindern auch das Verstehen von Sprache zu üben, also auf Aufforderung einen bestimmten Gegenstand zu geben oder zu holen, in einem Bilderbuch etwas zu zeigen oder etwas auf Aufforderung an einer bestimmten Stelle zu verstecken. Das Prinzip heißt ›üben, üben, üben‹ und zwar mit täglichen Wiederholungen von denselben Begriffen. Die Erfahrung zeigt, dass die Kinder häufig Dinge vergessen, die sie schon konnten, wenn sie nicht in ihren eigenen Motivationsbereich gehören, und daher sind regelmäßige und häufige Wiederholungen wichtig.

Wesentlich ist auch, dass die Kinder lernen, bestimmte Signalwörter zu verstehen, die eine hohe Alltagsrelevanz haben. Hierzu gehören »komm«, »Stopp«, »gib«, »wo bist du?«. Eltern berichten bspw., dass ihre Kinder plötzlich weglaufen und nicht aufzuhalten sind oder in einer Gefahrensituation nicht stehenbleiben. Den Vornamen sollte man in einer Gefahrensituation oder wenn man mit dem Kind schimpft nicht benutzen, da er sonst möglicherweise negativ besetzt wird. Man sollte das Signalwort benutzen, das in der Situation passt.

Praxistipp

Vornamen übt man, indem man ihn immer dann benutzt, wenn man die Aufmerksamkeit des Kindes erhalten möchte, um ihm etwas zu geben, Blickkontakt zu erhalten oder etwas Wichtiges zu ihm zu sagen. Das Kind muss lernen, dass dem Nennen des Namens etwas Angenehmes folgt.

Komm übt man, indem man das Kind zunächst nur ein paar Zentimeter von sich entfernt ruft, die Arme ausstreckt und das Kind überschwänglich lobt. Die Entfernung wird nach und nach größer. Das Prinzip ist: Das Kind muss erkennen, dass es sich lohnt, in die ausgebreiteten Arme zu laufen.

Stopp übt man, indem man ein Spiel daraus macht. Elternteil und Kind befinden sich in einem Raum, das Elternteil auf Höhe des Kindes. Das Kind geht weg, die Mutter/der Vater ruft stopp, hält es vorsichtig fest (z. B. an einem um den Bauch gewickelten Schal) und lobt es überschwänglich, wenn es stehenbleibt. Dieses ›Spiel‹ wird täglich vielfach in den Alltag integriert, bis das Kind zuverlässig stehenbleibt.

Gib braucht man, wenn das Kind bspw. etwas in den Mund stecken will, das nicht essbar ist, etwas abgeben soll, das jemand anderem gehört, oder einen Kreisel oder dergleichen als Belohnung bekommen hat, den der/die Erwachsene zurückhaben will. *Gib* übt man, indem man erst einmal mit Gegenständen anfängt, die für das Kind nicht wichtig sind. Den Becher, in den etwas eingefüllt werden soll, den Apfel, den der Vater für den Kuchen benötigt, das Spielzeugauto, das der Bruder für sein Spiel haben möchte. Wenn das Kind diese Dinge freiwillig abgibt, wird es zum Geben anderer Dinge aufgefordert. Es ist daran zu denken, es für jeden noch so kleinen Schritt zu loben.

Wo bist du? muss mit manchen Kindern geübt werden, weil sie Freude daran finden, sich zu verstecken und unauffindbar zu sein. Ihnen ist nicht klar, dass sie einen Laut von sich geben müssen, wenn sie sich versteckt haben.

Die Mutter von David erzählt auf dem Elternabend, wie sie »Wo bist du?« mit ihrem Sohn geübt hat. Sie habe mit ihm »Mäuschen piep« gespielt. Hierbei wird eine Person gesucht, und der Gesuchte muss »piep« sagen, damit er gefunden wird. Auch ohne Verstecken habe David das Spiel großen Spaß gemacht. Seitdem sei er überall und immer zu finden.

4.6.3 Wechselseitigkeit

Wenn ein autistisches Kind irgendwann ein gutes Sprachvermögen besitzt, werden andere Personen zwar gern als Zuhörer betrachtet, aber ein wirkliches Gespräch, in dem die Rollen von Erzähler*in und Zuhörer*in wechseln und beide Seiten aufeinander eingehen, findet meist nicht statt. Hier fehlen das Interesse an der anderen Person und die Fähigkeit, nachzufragen, an Gesagtes anzuknüpfen und Dingen auf den Grund zu gehen. Das autistische Kind bemerkt nicht, wenn der andere sich langweilt oder genervt ist. Es würde gern über seine ausgeprägten Spezialinteressen sprechen und versteht nicht, dass sie für sein Gegenüber nicht interessant sind. Wenn das Kind eine Frage hat, stellt es sie immer wieder, i.d.R. im selben Wortlaut. Es wartet die Antwort nicht ab, sondern stellt die Frage erneut.

Das betrifft auch die Kommunikation mit Gleichaltrigen. Das Kind kann nicht ›plaudern‹, also im wechselseitigen Gespräch über das Spiel sprechen, das gerade im Vordergrund steht, sondern es wiederholt immer dieselben Sätze und Formulierungen, teilt eigene Bedürfnisse mit oder gibt Informationen. Es benutzt auch keine oder selten spontane Gesten, um auf etwas zeigen, um Interesse auszudrücken, und verwendet keinen Blickkontakt, wenn es etwas zeigt.

4.6.4 Sozialverhalten und zwischenmenschliche Interaktion

Für das Kind mit Autismus bedeutet es eine große Anstrengung, mit anderen Kindern zusammen zu sein. Bei Erwachsenen kann es auf deren Unterstützung und Einfühlungsvermögen zählen. Es weiß, dass es bspw. in Ruhe gelassen wird, wenn ihm alles zu viel wird. Sie geben ihm das Spielzeug, wenn es dies unbedingt haben möchte. Sie dringen nicht in sein ›Territorium‹ ein, wenn es gerade aus Bauklötzen eine sehr lange Schlange durch den ganzen Gruppenraum gelegt hat, die es sehr glücklich macht. Die gleichaltrigen Kinder in der Kindergartengruppe haben jedoch ganz eigene Bedürfnisse. Sie wollen auch von den Klötzen haben oder rennen so über die Klötze-Schlange hinweg, dass die Steine sich in alle Richtungen verschieben. Jüngere Kinder müssen immer erst einmal lernen, auf andere Kinder zu achten, Rücksicht zu nehmen, abzuwarten und zu teilen. Sie sind daher in hohem Maße gefordert, wenn sie auf ein sehr spezielles anderes Kind Rücksicht nehmen und eigene Interessen in den Hintergrund stellen sollen. So verstehen sie dann auch nicht, wenn das autistische Kind einen Wutanfall bekommt und Dinge umherwirft, auf sie losgeht, beißt oder schreit. Sie wollen eigentlich nur ihr eigenes Spiel fortsetzen und suchen sich Spielpartner*innen, mit denen das gelingt, weil sie ähnliche Interessen haben.

Das hat mit der eingeschränkten oder fehlenden Theory of Mind (ToM) zu tun. Der Begriff der ToM bezeichnet die Fähigkeit, sich die Gefühle, Wünsche, Absichten oder Gedanken von anderen Menschen vorzustellen. Dazu gehört die Erkenntnis, dass diese sich von der eigenen Sichtweise, den eigenen Gefühlen und Gedanken maßgeblich unterscheiden können. Hierzu ist erforderlich, dass ein Mensch sich in die Lage oder Situation eines anderen Menschen hineinversetzen und dessen Sichtweise oder Standpunkt einnehmen kann.

Autistische Menschen haben große Probleme, sich in ihre Mitmenschen einzufühlen und einzudenken, dies ist ein Kernproblem der Störung. Sie nehmen nur die eigene Position ein und gehen davon aus, dass diese für andere Menschen verständlich und nachvollziehbar ist. Sie können die Gefühle anderer Menschen nicht verstehen und daher auch nicht verständnisvoll bzw. mitfühlend reagieren. Die Vorstellung davon, was ihr Verhalten bzw. ihre Aussagen bei anderen Menschen bewirken, fehlt ihnen gänzlich. Sie gehen davon aus, dass alles, was sie selbst wissen, erlebt haben, planen und empfinden genauso bei ihrem Gegenüber ist. Dadurch kommt es zu Schwierigkeiten im Sozialverhalten und bei der Gefühlsregulation.

Eine bekannte Erläuterung zum Verständnis der ToM ist der sog. »Smartiestest«. Hier wird dem Kind eine typische Smartiesrolle gezeigt und es wird gefragt, was sich hierin befindet. Das Kind antwortet mit »Smarties«. Es darf die Verpackung öffnen und zu seiner Überraschung holt es eine Perle heraus. Es wird nun gefragt, was denn wohl seine vor der Tür wartende Mutter auf die Frage nach dem

4.6 Wichtigste Lernziele im Kindergartenalter

Inhalt antworten wird. Ein gesundes Kind ab ca. vier Jahren weiß, dass die Mutter nicht über seinen Wissensstand verfügt und mit »Smarties« antworten wird. Das autistische Kind geht jedoch – häufig auch noch im Jugend- und Erwachsenenalter – davon aus, dass die Mutter dasselbe weiß (und denkt) wie es selbst und antwortet mit »Mama sagt, dass eine Perle da drin ist.«

Die Fähigkeit zur ToM entwickelt sich bei gesunden Kindern im Kindergartenalter erst allmählich. Bereits mit zwei Jahren kann ein Kleinkind anderen Menschen bestimmte Wünsche zuschreiben. Mit vier Jahren entwickeln sich die kognitiven Voraussetzungen dafür, die Überzeugung eines anderen Menschen zu verstehen und zu erschließen, z. B. dass er eine falsche Annahme über einen bestimmten Sachverhalt hat.

Das autistische Kind kann Konflikte zwischen anderen Kindern und die eigenen Konflikte mit den anderen Kindern nicht richtig wahrnehmen, d. h., es merkt zwar, wenn andere streiten. Der Grund hierfür erschließt sich ihm jedoch nicht, und es kann nicht zur Konfliktlösung beitragen. Eigene Konflikte mit den anderen Kindern versteht es nicht, es hat keinerlei Gespür dafür, wenn die anderen von ihm genervt sind oder Angst haben, sondern bewegt sich und agiert im Umfeld, so wie es ihm gefällt. Es hilft nicht, wenn der/die Erzieher*in es darauf aufmerksam macht dass ein anderes Kind oder auch sie selbst wütend oder traurig sind, da es das nicht versteht. Es kann auch keine Gefühle aus Gesichtsausdrücken oder Körperhaltungen entnehmen. Wenn jemand wütend oder traurig ist, erkennt es das möglicherweise daran, dass derjenige laut wird oder »das Gesicht ganz nass wird«, kann sich jedoch nicht in seinem Verhalten hierauf einstellen.

Die eigenen Gefühle zu spüren und in Worte (oder auch Gesten oder Symbole) zu fassen, ist ein ebenso großes Problem. Das Kind merkt, dass es Stress hat, weil es ihm zu laut ist, etwas nicht so ist wie sonst, das Wetter schlecht ist, sodass die Kinder nicht wie sonst auf den Spielplatz gehen dürfen, aber es kann seine Frustration und seine Irritation hierüber nicht in Worte fassen. Es spürt nur, dass etwas nicht in Ordnung ist. Häufig mündet das in extremen Verhaltensweisen des Kindes, d.h. maßlosem Schreien, plötzlichen Wutausbrüchen, apathischer Stimmung oder Verweigerung.

Es erreichte die Autismustherapeutin der verzweifelte Anruf einer Kita-Mitarbeiterin. Dabei ging es um die kleine Sophie, vier Jahre alt, die täglich starke Wutausbrüche bekam. Diese Wutausbrüche waren so intensiv, dass die Erzieherin ihr nur helfen konnte, wenn sie mit ihr in einen ruhigen Nebenraum ging. Trotzdem schrie Sophie dort manchmal ein oder zwei Stunden lang und weinte verzweifelt. Es schien keine Lösung zu geben. Nur wenn die Mutter kam und ihre Tochter mitnahm, beruhigte sie sich recht schnell, war dann aber den Nachmittag über sehr dünnhäutig und durch kleine Veränderungen oder Aufforderungen der Mutter erneut aus der Fassung zu bringen. »Wir müssen sie dann mit Samthandschuhen anfassen und ihr alles rechtmachen«, sagte die Mutter.

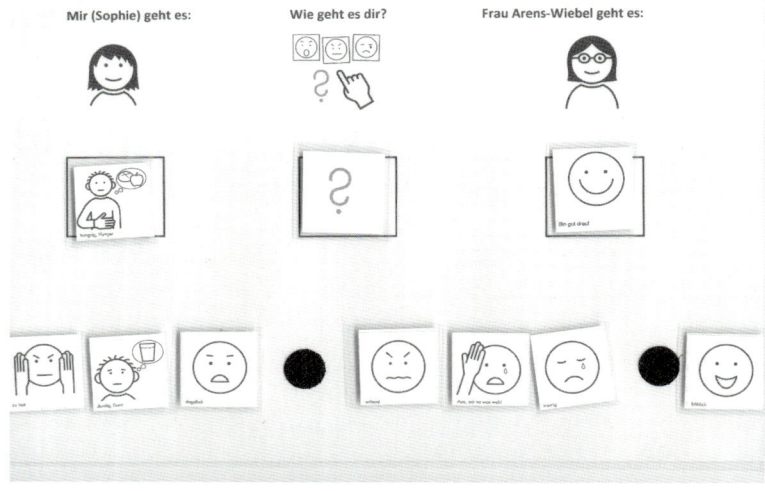

Abb. 4: Sophie zeigt Gefühle (und fragt die Therapeutin nach deren Gefühlen) (METACOM Symbole © Annette Kitzinger)

Anscheinend gab es an manchen Tagen Situationen im Kindergarten, die Sophie so zu schaffen machten, dass sie nur noch durch einen Overload reagieren konnte. Über Monate lernte Sophie in der Autismustherapie zu verbalisieren, wenn sie etwas nicht konnte oder partout nicht wollte. Es wurden symbolische einfache Darstellungen von Gefühlen zu Hilfe genommen, begonnen mit den Gefühlen fröhlich und wütend. Später kamen unter anderem ärgerlich, traurig und Schmerz dazu. Dadurch, dass Sophie solche Hilfsmittel angeboten wurden und sie mitteilen konnte, wenn es ihr nicht gut ging und was das Problem in dem Moment war, verbesserte sich ihr emotionaler Zustand ganz deutlich. Nach ein paar Monaten war sie in der Lage, auch ihr Gegenüber nach dessen Gefühl zu fragen (▶ Abb. 4). Diese Fähigkeiten wurden ins häusliche Umfeld sowie die Kita übertragen. Die starken Wutausbrüche reduzierten sich immer mehr und traten nach ein paar Monaten nahezu gar nicht mehr auf. Die Erzieher*innen waren sehr erleichtert, dass sie nun selbst in schwiergen Situationen mit Sophie zurechtkamen, denn eigentlich wollten sie nicht die Mutter anrufen müssen.

4.6.5 Entwicklung von Spielverhalten

Autistische Kinder haben eine ganz eigene Art zu spielen. Sie können sich sehr intensiv auf alles konzentrieren, was aus ihrer ganz besonderen Wahrnehmung heraus für sie wichtig ist. So verbringen sie viel Zeit mit dem Drehen von Gegenständen wie den Rädern des Spielzeugautos oder eines Kreisels, Rieseln von Sand, Perlen und Murmeln, Rühren in Gefäßen mit Klötzen oder Knöpfen oder dem Wedeln mit Kuscheltieren, Strohhalmen oder den Seiten von Bilderbüchern. Viele Kinder bleiben auf dieser Stufe des Spiels stehen, weswegen es schwirig ist, sie zu anderen Spielhandlungen zu bewegen. Wenn der/die Erzieher*in möchte, dass das Kind das Spielzeugauto schiebt, anstatt es nur umzudrehen und die Räder zu drehen, muss er/sie zunächst einmal seine Imitationsfähigkeit verbessern und ein Interesse an der Funktionalität des Spielzeugs erwecken. Dem Kind reicht es, an den Haaren der Puppe zu wedeln oder sie an den Haaren um die eigene Körperachse zu drehen. Dass es die Haare auch kämmen kann, die Puppe füttern oder ihre Bekleidung wechseln, ist für es nicht von Bedeutung. Angeleitet ist es zu diesen Aufgaben jedoch in der Lage, wenngleich es den Nutzen nicht sieht. Das Spielzeugtier zu nehmen und mit ihm gleichsam eine Handlung zu vollziehen wie »der Teddy geht spazieren« oder »das Schäfchen frisst das Gras« ist etwas, was eine geistige Abstraktionsfähigkeit verlangt und mit Fantasie und symbolischem Verständnis verknüpft ist. Rollenspiele und symbolische Spiele sind jedoch für autistische Kinder eine große Hürde, weil sie sich nicht in die Rolle des anderen hineinversetzen können.

Fantasievolles und symbolisches Spiel lassen sich nicht antrainieren. Gut zu vermitteln sind jedoch Spielhandlungen, die kognitive Fähigkeiten verlangen und für die logische Strukturen notwendig sind, wie Lotto, Farbwürfelspiele, Zuordnungsspiele und Spiele zum Nachbauen. Des Weiteren sind Spiele beliebt, bei denen Bewegungen und Effekte passieren. Wenn das autistische Kind in einer Einzelsituation lernen konnte, in welchem Ablauf und nach welchen Regeln ein bestimmtes Spiel gespielt wird, so kann es dieses Knowhow in einem anderen Kontext anwenden. Hier lassen sich dann auch Geschwisterkinder oder weitere Kinder aus der Kindergartengruppe mit einbeziehen.

4.6.6 Rituale und soziale Regeln im Tagesablauf

Regeln sind wichtige Marker im Leben eines jeden Kindes. Ohne Regeln würde jede*r das machen, was er/sie selbst will, und es wäre schwierig, gemeinsam zufrieden miteinander zu leben. Regeln werden meist von Eltern bzw. Erwachsenen vorgegeben, jedoch kann man größere Kinder in die Auswahl bzw. Gewichtung von Regeln mit einbeziehen. Regeln können in jeder Familie und in jeder Institution

4.6 Wichtigste Lernziele im Kindergartenalter

bzw. jeder Gruppe unterschiedlich sein. Sie sollten für verschiedene Lebensbereiche gelten.

Wenn bei Ihrem Kind Autismus diagnostiziert wurde bzw. Sie ein solches Kind in Ihrer Kitagruppe betreuen, kennen Sie das. Das Kind besteht von sich aus beharrlich auf die Einhaltung von bestimmten Abläufen und Zeiten. Es ist ihm wichtig, dass Rituale eingehalten werden, also was wann in welcher Reihenfolge erfolgt. Eltern und Erzieher*innen sollten diese Vorliebe ausnutzen und sie in die Visualisierung des Tagesablaufs und die Gestaltung von Regeln investieren. Hierbei ist zu bedenken, dass ganz kleine Kinder oder stark beeinträchtigte Kinder noch keine Pläne mit Fotos oder Symbolen verstehen. Für sie gibt es die Möglichkeit, einen Tagesablauf auch mit konkreten Gegenständen zu verdeutlichen und zu gestalten.

> Die kleine Sophie war drei Jahre alt, als die Eltern für sie die Autismusdiagnose bekamen. Sophie war immer ein sehr eigenwilliges Kind und beharrte auf bestimmten Ritualen. Nach eingehender Beratung besorgte ihre Mutter im Baumarkt Plastikboxen. Die Boxen befestigte sie in Augenhöhe an der Kinderzimmerwand. In der ersten Box befand sich ein Löffel – als Zeichen für das Frühstück im Schlafanzug. In der zweiten Box eine Windel und ein Waschlappen für die Körperpflege, danach eine Zahnpasta-Tube. Es folgte eine Box mit dem Symbol für Anziehen, nämlich Socken. Abends ordnete die Mutter die Gegenstände in den Boxen in nahezu umgekehrter Reihenfolge an, und in die letzte Box gehörte eine Taschenlampe als Zeichen für die Gute-Nacht-Geschichte in gedämpfter Beleuchtung. Irgendwann fing Sophie an, selbst die Reihenfolge der Handlungsschritte in den Boxen zu verändern, entwickelte also Flexibilität. Die Regel war jedoch immer, dass die Tätigkeiten in der Reihenfolge ausgeführt wurden, in der sich die Gegenstände in den Boxen befanden, auch wenn Sophie diese festgelegt hatte.

Regeln kann und sollte auch schon ein sehr junges Kind verstehen und sich an sie halten. Doch wie können Eltern oder Erzieher*innen

Regeln vermitteln und das Kind dazu bringen, sie zu beachten? Im Alltag in der Familie und zu Hause werden viele Regeln aufgestellt und ihre Einhaltung wird erwartet. So kommt es zu gemeinsamen Spielen, Mahlzeiten und Aktivitäten. Autistische Kinder benötigen Regeln, um in Familie und Institution Sicherheit, Strukturen und Verlässlichkeit zu erleben. Wenn ihnen von außen keine Regeln gegeben werden, stellen sie ihre eigenen Regeln auf bzw. versuchen ihren Willen durchzusetzen.

Es empfiehlt sich, dem Kind nicht ein ganzes Paket an Regeln abzuverlangen, sondern sie schrittweise einzuführen. Viele autistische Kinder haben Probleme, bei den Mahlzeiten mit anderen am Tisch zu sitzen. Stattdessen laufen sie in der Nähe des Esstisches umher und lassen sich immer mal ein Häppchen in den Mund stecken. Die Eltern lassen sich vielfach darauf ein, in der Sorge, das Kind könnte zu wenig essen. Die erste Regel lautet also: Wir sitzen beim Essen am Tisch. Das Kind bekommt einen Stuhl, auf dem es gut sitzen kann. Es bietet sich an, den Stuhl mit der Rückenlehne an eine Wand oder noch besser in eine Zimmerecke zu stellen, damit das Kind Begrenzung von außen erfährt. Begrenzung bedeutet hierbei auch Stabilität, und diese ist ebenfalls sehr wichtig. Das Kind sitzt auf einem rutschfesten Kissen, sodass es nicht unter den Tisch rutschen kann. Auf dem Tisch befindet sich nichts in Greifnähe. Kein Set, kein Teller, kein Becher, keine Utensilien eines anderen Familienmitglieds.

Der/die Erwachsene sagt zum Kind: »Heute essen wir zusammen am Tisch« und gibt ihm ein Stückchen Essen. Es bietet sich an, ein Lebensmittel auszuwählen, das das Kind sehr gern mag. Wenn es aus Protest das Essen wegwirft oder verweigert, wird das ignoriert. Stattdessen wird dem Kind nach einer kurzen Pause erneut Essen angeboten, möglicherweise ein anderes Lebensmittel, das es mag. Wenn es versucht, sich vom Stuhl zu winden, wird ihm wieder gesagt: »Heute essen wir am Tisch.« Wenn es sich so windet, dass es vom Stuhl zu rutschen droht, wird es aufgefordert zu gehen: »Du darfst aufstehen.« Es ist wichtig, dass ein/e Erwachsene*r ihm erlaubt zu gehen, denn es soll nicht ohne Erlaubnis aufstehen.

4.6 Wichtigste Lernziele im Kindergartenalter

Auf keinen Fall bekommt es danach Essen beim Umherlaufen gereicht. Wenn der Eindruck entsteht, dass es essen möchte, soll es sich wieder an den Tisch setzen. Wenn die Gefahr besteht, dass das Kind am Tisch zu unruhig ist und vom Stuhl zu fallen droht, sollte diese Prozedur am Kindertisch durchgeführt, später jedoch (zu Hause) am Esstisch weitergeführt werden. Keinesfalls sollte das Kind vor dem Fernseher ›geparkt‹ werden, um zu essen; es sollte auch nicht spielen dürfen während des Essens. Wenn das Kind am Tisch sitzt und isst, wird es dafür von den Erwachsenen überschwänglich gelobt. Das Lob wird im Laufe der Zeit, also wenn es immer zuverlässiger und irgendwann völlig selbstverständlich am Tisch sitzt, reduziert. Das Kind bekommt von dem Zeitpunkt an nichts mehr zu essen, wenn es nicht am Tisch sitzt. Das betrifft auch das Trinken. Kinder, die mit Bechern oder Flaschen durch die Wohnung rennen, lernen nicht zu trinken, wenn sie durstig sind, sondern nutzen das Trinkgefäß als Spielzeug. Es ist jedoch wichtig, zwischen einem Trinkgefäß und Spielzeug zu unterscheiden.

Eine weitere Regel: Wenn das Kind aus dem Auto steigt, soll es bei dem/der Erwachsenen bleiben und *warten*. Schon bevor das Auto geparkt wird, wird für das Kind die Regel wiederholt: »Wenn ich anhalte, *wartest* du bei Mama.« Es bietet sich an, das mit einem laminierten Symbol bzw. Foto zu verdeutlichen, also z. B. einem Kind an der Hand der Mutter. Wenn allerdings bspw. etwas aus dem Auto ausgeladen wird und die Mutter das Kind nicht anfassen kann, wird es schwierig. Dann sollte ein ›Platzhalter‹ eingesetzt werden. Das ist ein Gegenstand, der an die Stelle eines anderen tritt, wenn der erste nicht zur Verfügung steht. Bei den ersten Malen hält die Mutter ein kurzes Tau oder einen Einkaufskorb in der Hand und weist das Kind dazu an, es festzuhalten. Das eine Ende hält die Mutter fest, das andere das Kind. Es wird ihm beigebracht, dass dieses sichtbare Band zwischen Mutter und Kind bedeutet, bei ihr zu bleiben. Wenn es das schafft, wird es sehr gelobt. Wenn es darin ganz sicher ist, lässt die Mutter das Seil kurz aus der Hand und sagt dem Kind, »Du bleibst hier und hältst das Seil fest.« Auch dann wird das Kind gelobt. Wenn es das Seil fallen lässt und versucht wegzulaufen, wird es zurückgeholt und die Prozedur beginnt von neuem. Es ist wichtig, nicht zu schimpfen, sondern ruhig zu bleiben und solche Handlungen immer wieder mit dem Kind zu üben.

> **Praxistipp: Schimpfen bei einem autistischen Kind**
> Aufgrund der veränderten Wahrnehmung bspw. im Bereich des Hörens und der Körperwahrnehmung, der sozialen Einschränkungen und des fehlenden Einfühlungsvermögens sind für das autistische Kind Schimpfen, Schreien und Zerren eher positive Konsequenzen auf sein Verhalten. Es versteht nicht den Ernst der Situation, die Gründe, die Notwendigkeit und schon gar nicht die möglichen Gefahren, wenn es sich z. B. am Auto von den Eltern losreißt. Es empfiehlt sich daher in der Erziehung eines autistischen Kindes, ruhig und sachlich zu bleiben, auch wenn das manchmal eine große Herausforderung ist. Das Kind kann mit Gefühlen von Ärger oder Angst nichts anfangen, und es ist daher besser, ihm mit ruhigen Worten die Regel zu sagen, »Wenn ich anhalte, bleibst du bei Mama.« Es muss immer wieder auf die Regel verwiesen werden, und es ist gut, sie zur Visualisierung als Regelkarte bei sich zu haben und dem Kind im entscheidenden Moment in die Hand zu geben. Es wird dem Kind in ruhigem Ton gesagt, was es tun soll und nicht, was es nicht tun soll. Das wird in kurzen, knappen Worten (»bleib hier«, »warte«, »fass mich an«) und nicht in längeren Erklärungen gemacht.

Die Mutter von Florian, 13 Jahre alt, erzählt auf dem Elternabend, als es um Freizeitgestaltung und Umgang mit Geschwistern geht: »Und immer wieder, wenn wir als Familie einen Ausflug machen wollten z. B. in den Freizeitpark, kam es vor, dass Florian sich nicht anschnallen lassen wollte. Er schrie so lange, bis wir alle entnervt ausgestiegen sind und zu Hause blieben. Für seinen älteren Bruder war das damals eine Katastrophe!«

Was hätten sie anders machen können? Mit Florian üben, sich bei ganz kurzen Strecken zu einem Ziel, das er kennt, das also nichts Neues für ihn ist, anschnallen zu lassen. Ihn mit etwas belohnen, wenn er es geschafft hat. Das ab sofort regelmäßig, d.h. jeden Tag üben. Wenn es gut funktioniert, die Strecken verlängern. Wenn er sich später abschnallt, sofort am Straßenrand anhalten (wenn verkehrstechnisch möglich) und ihn darauf hinweisen, dass so nicht gefahren werden kann. Keinesfalls das Verhalten tolerieren, denn daraus würde er lernen, dass er nur lange genug schreien muss, bis er ohne Anschnallen unterwegs sein kann.

4.6.7 Entwicklung kognitiver Fähigkeiten

Die Intelligenz bzw. die intellektuellen Fähigkeiten von autistischen Kindern zu messen, ist eine große Herausforderung. Die Kinder verstehen die Testaufgaben eines Intelligenztests häufig nicht, wollen nicht mit einem unbekannten Menschen zusammenarbeiten, sind nicht motiviert und kommen mit der neuen Situation nicht zurecht (▶ Kap. 5.6.5). Häufig werden sie deshalb für geistig behindert bzw. beeinträchtigt gehalten.

Die kleine Sandra war drei Jahre alt, als sie in die autismusspezifische Frühförderung aufgenommen wurde. Sie war von Anfang an ein schwieriges Kind, das dazu neigte, sich selbst zu verletzen, die Mitarbeit bzw. das Zusammenspiel zu verweigern und zu schreien. Die Autismustherapeutinnen spielten mit ihr wie mit einem viel jüngeren Kind, da sie anspruchsvollere Aufgaben nicht zu verstehen schien. Im Laufe der Jahre nahmen die selbstverletzenden Verhaltensweisen von Sandra zu. Sie erhielt eine intensivtherapeutische Maßnahme und nach einiger Zeit lernte sie zu lesen, zu schreiben und zu rechnen. »Sie rechnet Quadratzahlen, liest lustige Kinderbücher und amüsiert sich sehr darüber«, erzählte die Mutter. Mit zwölf (sie lebte inzwischen in einer heilpädagogischen Einrichtung) schrieb sie der Mutter, dass es ihr so leidtue, dass sie den Eltern solche Sorgen machen würde. Sandra hat nie angefangen zu sprechen und im Kindergartenalter die Nutzung von gebärden-unterstützter Kommunikation weitgehend abgelehnt.

Es wird aus diesem Beispiel deutlich, dass die Kriterien für die Einschätzung der kognitiven Fähigkeiten bei Kindern mit Autismus anders definiert und angesetzt werden müssen. Es ist schwirig, ein wirklich objektives Ergebnis zu erhalten. Manchmal können die Kinder viel mehr, als man ihnen zutraut. Die Fähigkeiten haben häufig mit den speziellen Interessen und Bedürfnissen der Kinder zu tun.

Daran knüpft sich die Frage, was und wie viel die Kinder wirklich verstehen. Es besteht häufig die Vermutung, dass sie mehr verstehen, als das Umfeld denkt und als es ihnen zutraut. Und wenn sie nicht den wortwörtlichen Inhalt von Sätzen verstehen, so nehmen sie aus dem Tonfall, der Stimmlage, der Lautstärke und der Art des Gesagten wahr, ob es etwas Positives oder Negatives ist. Deshalb ist auch eine wichtige Regel, sich gut zu überlegen, was man in Anwesenheit des Kindes sagt.

> **Praxistipp**
> Sprechen Sie in Anwesenheit des Kindes nur positiv über es und seine Entwicklung. Loben Sie seine Fortschritte auch vor anderen Menschen. Sprechen Sie nicht über das, was Ihnen Sorgen macht oder was Sie stört. Das sollten Sie zu einer Gelegenheit machen, wo das Kind nicht dabei ist. Sie wissen nicht, was das Kind versteht und was es aus einzelnen Worten entnimmt. Auch wenn es Ihnen so vorkommt, als würde es gar nichts verstehen, können Sie sich nicht sicher sein, was es an Stimmung und einzelnen Begriffen aus Ihren Worten entnimmt, und was das in ihm möglicherweise auslöst.

Autistische Kinder vermitteln uns immer wieder den Eindruck, als seien sie nicht in der Lage oder auch nicht interessiert, neue, unbekannte Dinge zu lernen und sich kognitive Fähigkeiten anzueignen.

4.6 Wichtigste Lernziele im Kindergartenalter

Sie beschäftigen sich mit immer denselben Gegenständen und Themen.

> Colin zerreißt den ganzen Tag Papiertaschentücher in kleine Schnipsel. Hauke versucht alles in Drehbewegungen zu versetzen, mit dem es irgendwie möglich ist. Julia sammelt Flusen und Krümel, die sie in den Händen festhält und nicht mehr loslässt. Colin weiß ganz genau, wann die Eltern nicht in der Nähe sind und er weitere Taschentuchpackungen aus dem Vorratsraum stibitzen kann. Dafür muss er sich aus dem Esszimmer einen Stuhl organisieren und diesen vor dem entsprechenden Schrank positionieren – eine Handlung, die Handlungsplanung, vorausschauendes Denken und Aufmerksamkeit bedarf. Hauke wartet die Gelegenheit ab, dass ein Familienmitglied den Geschirrspüler ausräumt, auch wenn er sich weiter entfernt im Haus befindet. Er taucht dann ›wie aus dem Nichts‹ auf, um sich Teller und dergleichen zu organisieren, die er in Kreiselbewegungen versetzen kann. Julia sitzt mit den Fusseln in den Händen vorm Fernseher und fängt an, japanisch zu sprechen, weil sie mit Vorliebe japanische Comicserien schaut.

Durch die nahezu ununterbrochene Beschäftigung mit speziellen Vorlieben, also den stereotypen Betätigungen mit immer denselben Dingen, lernt ein Kind nichts Neues, ihm bleiben also wichtige Lernerfahrungen versagt. Auch wenn es durch seine speziellen Interessen und Vorlieben bestimmte kognitive Fähigkeiten erwirbt, reichen diese Talente und Geschicke nicht für die Zukunft aus. Das Kind wird mit sechs oder sieben Jahren eingeschult werden, und die Grundlagen für schulische Förderung müssen bereits im Kindergartenalter gelegt werden. Dafür ist notwendig, dem Kind frühzeitig Angebote zu machen, die seine kognitive Entwicklung betreffen. Hierzu gehören bspw.:

- Farben und Formen voneinander unterscheiden,
- Kategorien bilden,

4 Kindergartenzeit

- Imitation von Bewegungen, Spielhandlungen, Gesichtsausdrücken usw.,
- Erkennen von Bildern und Zuordnen von Bildern zu Gegenständen und umgekehrt,
- Aufforderungen verstehen,
- Dinge zu einem Gesamtbild zusammenfügen (wie bspw. bei einem Puzzle),
- Reihenfolgen bilden,
- sich Dinge merken.

Tab. 1: Förderziele für Toni zu Hause (drei Jahre alt)

Ziel	Konkreter Inhalt
Kommunizieren lernen	Gebärde für »haben« ausführen
Verstehen	Bezeichnungen für beliebte Lebensmittel verstehen (Brötchen, Milch, Fleischwurst, Saft, Apfel, Banane), mit realen Gegenständen und anhand von Fotos
Aufforderungen	auf »komm her« reagieren einfache Bewegung nachmachen (Arme hoch und klatschen)
Spielen	fünf Minuten mit Mutter oder Vater spielen, z. B. Magnete in Dose werfen, Perlen auffädeln, Turm bauen
Essen und trinken	Tasse mit beiden Händen festhalten Brotstückchen mit Gabel aufpieken
Ausziehen	die Strümpfe selbst von den Füßen ziehen
Anziehen	Arme und Beine hinstrecken Pullover und Schlafanzugoberteil über den Bauch ziehen Hose hochziehen
Verhalten	drei Minuten warten können, bis es losgeht sich im Auto nicht abschnallen

Ein Beispiel für eine konkrete Planung, die jedoch nicht nur die kognitive Förderung, sondern auch weitere Entwicklungsbereiche umfasst, findet sich oben in Tabelle 1 (▶ Tab. 1).

4.6.8 Fein- und Grobmotorik

Diese Fähigkeiten sind bei autistischen Kindern auf den ersten Blick gut ausgebildet. Allerdings verfügen die Kinder häufig nicht über die notwendigen Fähigkeiten zur Koordination von Bewegungsabläufen, bspw. eine Flasche nicht nur zu öffnen, sondern auch ihren Inhalt in ein Glas zu gießen, das Streichfett gleichmäßig auf dem Brot zu verteilen oder einen Gegenstand zu tragen und abzustellen. Hier hilft es nicht, dem Kind die Aufgaben abzunehmen, sondern hier heißt es üben.

> **Praxistipp**
> Um das Eingießen aus einer Flasche zu erlernen, empfiehlt es sich bspw., nicht gleich aus einer Glasflasche einzugießen, sondern mit einer kleinen Kanne anzufangen, die leicht zu greifen ist und über einen dicken Griff verfügt. Gut ist ein durchsichtiges Gefäß, bei dem das Kind erkennen kann, wie viel Flüssigkeit sich noch darin befindet. Das Kännchen ist anfangs nur zum Teil gefüllt. Als nächstes wird eine kleine Plastikflasche benutzt, die auch nur zur Hälfte befüllt ist, usw.

Damit das Kind auf schulische Inhalte vorbereitet wird, muss es nicht nur lernen am Tisch zu sitzen und zu tun, was ein/e Erwachsene*r zu ihm sagt. Wichtig sind auch grundlegende Fähigkeiten in der Feinmotorik und Auge-Hand-Koordination, die in der Schule von großer Bedeutung sind. Es ist gut, wenn das Kind einen Stift halten und einfache Malmuster ausführen kann. Vielleicht hat es auch schon gelernt, etwas auszumalen, zwei gleiche Dinge mit einem Strich zu verbinden, Dinge zu umranden, ein einfaches Labyrinth zu bewältigen. Auch Formen zu zeichnen wie einen Punkt, einen Strich, einen Kreis, ein Quadrat usw. ist von nutzen. Zur Feinmotorik gehören noch weitere Fähigkeiten wie bspw.:

- Verschlüsse öffnen und schließen,
- Pinzettengriff (also mit Daumen und Zeigefinder etwas zu greifen),
- Schneiden mit Schere und Messer,
- Fädeln,
- Formen bilden (wie beim Kneten),
- Zusammenfügen und Auseinandernehmen,
- Steckspiele und Puzzles.

Die grobmotorischen Fähigkeiten von Kindern im Autismus-Spektrum wirken auf den ersten Blick gut, denn das Kind klettert auf Möbel, kennt keine Angst und macht sich nichts daraus, hinzufallen und sich wehzutun. Auch hier fehlt es jedoch an der Feinabstimmung von Bewegungen und der Bewegungskoordination. Hierzu gehört bspw. wahrzunehmen, wenn auf dem Boden ein Hindernis liegt, die Treppe im Wechselschritt herauf- und herunterzulaufen, eine schiefe Ebene zu bewältigen oder einen Stuhl, den Autokindersitz oder ein Spielplatzgerät zu erklettern.

4.6.9 Förderung schulischer Kompetenzen

Für viele Situationen im Familien- und Gruppenalltag benötigt ein Kind grundlegende Fähigkeiten zur Aufmerksamkeit, zur Konzentration und zur Kooperation. Mit anderen Menschen in Ruhe zu essen, in einem Gruppenraum ruhig zu spielen, zu hören, was andere Menschen sagen, eine Aufgabe, die ein/e Erwachsene*r gestellt hat, zu erledigen oder sich eine Zeitlang selbst zu beschäftigen, sind wichtige Dinge, die ein Kind, das in die Schule kommt, gelernt haben sollte. Diese Fähigkeiten sind jedoch auch vorher schon in Familie und Kindergarten wichtig und müssen daher schon frühzeitig angebahnt werden.

4.6 Wichtigste Lernziele im Kindergartenalter

Als Roman eingeschult wurde, gaben seine neuen Lehrer ein sehr positives Feedback an die Autismustherapeuten. »Roman ist das einzige Kind in der Klasse, das sich hinsetzt, wenn man ihn dazu auffordert, sich mit einer Aufgabe ruhig beschäftigt, dabei Ausdauer zeigt und motiviert ist. Er wartet, bis sich ein Lehrer um ihn kümmert, steht vorher nicht auf, sondern bearbeitet seine Aufgabe. Dabei ist er gut gelaunt und freut sich über Anerkennung und Abwechslung.« Roman hatte schon mit zwei Jahren Autismustherapie mit sechs Therapieeinheiten pro Woche bekommen. Anfangs bedurfte es eines intensiven Trainings, da Roman keine Minute am Tisch saß und sämtliche Aufgaben und Anforderungen mit Schreien und Abwehr quittierte. Seine Aufmerksamkeitsspanne lag bei unter einer Minute. Durch stetes Üben, Motivierung durch motorische Einheiten sowie Einbeziehung der Mutter in jeden neuen Schritt und jede geplante Anforderung gelang es, Roman für das Lernen zu begeistern und Aufmerksamkeit und Konzentration zu üben. Die Menge an Therapieeinheiten konnte schrittweise reduziert werden. Als Roman neun Jahre alt war, wurde die Autismustherapie aufgrund der positiven Stabilisierung und der guten Integration in die Schule beendet.

> **Praxistipp**
> Um *Aufmerksamkeit und Konzentration* zu trainieren, wird wieder das Prinzip der kleinen Schritte angewandt.
>
> - Das Kind wird an den Tisch gesetzt und es wird ihm ein Spielzeug angeboten, das es toll findet. Es spielt für einen kurzen Moment damit, gibt es dem/der Erwachsenen zurück und wird dann aufgefordert, den Tisch sogleich wieder zu verlassen.
> - Nach einem kurzen Moment wird es wiedergeholt an den Tisch gesetzt und das Spiel beginnt von neuem.
> - Das wird immer wieder so oft wiederholt, bis das Kind ca. eine Minute am Tisch sitzen bleibt.

- Nun wird eine Aufgabe eingeführt. Das Kind soll bspw. einen Ring auf einen Stab stecken. Sobald es das gemacht hat, bekommt es kurz sein Lieblingsspielzeug, muss dann wieder abgeben und soll aufstehen.
- Nach einer kurzen Pause wird das Prozedere wiederholt. Häufig kommen die Kinder in dieser Phase selbstständig an den Tisch zurück, weil sie gern weitermachen wollen.
- Als erstes wird die Zeitspanne vergrößert, die das Kind am Tisch sitzen bleibt. Das geschieht durch Erweiterung der Aufgabe (z. B. alle Ringe auf den Stab stecken) oder eine weitere Aufgabe. Wichtig ist, das Kind kontinuierlich zu belohnen. Hier sollte das verbale Lob mit einer weiteren Belohnung wie einem beliebten Spielzeug gekoppelt werden.
- Spielsachen, die sich für das erste Trainieren von Aufmerksamkeit und Konzentration gut eignen, sind solche, bei denen etwas aufgesteckt, hineingeworfen, aufgefädelt oder gestapelt wird. Hier bieten sich bspw. Dosenaufgaben nach dem TEACCH-Ansatz (▶ Kap. 5.6.2), Schuhkartonaufgaben, Fädelspiele sowie stabil haftende Bausteine wie Duplosteine an.

4.6.10 Kooperationsfähigkeit

Die Kooperationsfähigkeit wird geübt, indem das Kind bestimmte Aufgaben bspw. im Haushalt bekommt und um Hilfe bei einfachen Tätigkeiten gebetet wird. Beim gemeinsamen Spiel oder bei Aufgaben, die man nur zusammen bewältigen kann, lässt sich ebenfalls Kooperation üben.

- Gesellschaftsspiele wie Looping Louie, Lotti Karotti, Affenalarm,
- wippen, kitzeln, Federball spielen,
- eine Aufgabe im Haushalt übernehmen, wie jeden Abend den Tisch zu decken,

4.6 Wichtigste Lernziele im Kindergartenalter

- jemandem helfen, eine Mahlzeit zuzubereiten (z.B. Gurken zerschneiden oder Quarkspeise rühren),
- gemeinsam etwas tragen (Wäschekorb), ein großes Wäschestück falten.

> Toni hatte große Mühe zu begreifen, was eigentlich das Würfeln bei einem Würfelspiel bedeutet. Er wählte nicht die obenliegende Farbe bei einem Farbwürfel aus, sondern setzte einfach irgendeine Figur oder entschied sich für die Farbe, auf die er schaute. Es wurde also ein Würfel hergestellt, mit dem er Dinge erwürfeln konnte, die er gern mochte, also Smarties, Salzstangen, Rosinen, Gummibärchen, Kräcker und Mini-Marshmallows (▶ Abb. 5). Je nachdem, welches Foto oben auf dem Würfel erschien, konnte er einen Snack essen. Das motivierte ihn so, dass er die Aufgabe verstand und auch bei Farbwürfeln das Prinzip anwenden konnte. Schwierig war dann, bei einem komplexen Spiel wie »Tempo kleine Schnecke« nicht den Überblick zu verlieren. Sechs Farben bzw. sechs verschieden farbige Schnecken sind schon eine große Herausforderung für einen kleinen Jungen. Es wurde daher ein Spielplan erstellt, auf dem nur zwei Farben, nämlich rot und blau vorkamen. Es spielten nur zwei Schnecken mit, und der Würfel war nur mit roten und blauen Feldern beklebt. So gelang es Toni, die Regeln und den Ablauf des Spiels erst einmal zu begreifen, bis es immer komplexer gestaltet werden konnte. Das Spiel konnte dann zu Hause mit der Familie und in der Kita gespielt werden.

4 Kindergartenzeit

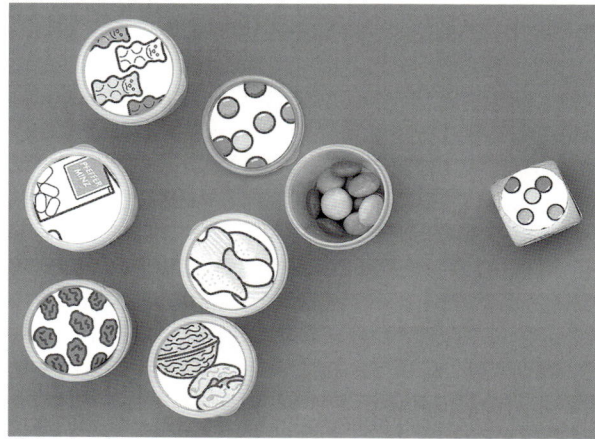

Abb. 5: Würfeln lernen mit Snacks

4.6.11 Selbstständigkeitsentwicklung

Essen und Trinken

Hierzu gehört alles, was die Selbsthilfefähigkeiten betrifft. Es gibt Kinder, die von sich aus alles selbst machen wollen und sich schon sehr früh nicht mehr helfen lassen. Der überwiegende Teil der autistischen Kinder hat allerdings kein Interesse daran, etwas allein zu machen. Die Kinder warten darauf, dass eine andere Person ihnen Essen gibt, sie also z. B. füttert, Brotstückchen anreicht oder das Essen klein schneidet. Sie wollen keinen Löffel festhalten und erst recht keine Lebensmittel anfassen, weil sie das sensorische Gefühl, d. h. die Oberflächenbeschaffenheit oder die Temperatur nicht ertragen können. Es sind häufig die Kinder, die im taktilen Bereich sehr empfindlich sind, die sich ungern waschen lassen, sich beim Zähneputzen wehren, die Nase nicht putzen lassen, beim Umziehen protestieren, Duschen, Haare waschen und Nägel schneiden nicht ertragen.

4.6 Wichtigste Lernziele im Kindergartenalter

> **Praxistipp**
> Wie kann man dem Kind beibringen allein zu essen? Häufig ist es einfacher für das Kind, wenn es mit einer Gabel kleine Essensstückchen aufpieken kann. Pieken Sie zunächst selbst das Stückchen auf und geben dem Kind die Gabel in die Hand. Wenn es nicht weiß, wie es sie zum Mund befördern kann, führen Sie vorsichtig seine Hand in Richtung des Mundes. Loben Sie das Kind. Fangen Sie mit Lebensmitteln an, die es mag – das können auch Obst- oder Keksstückchen sein. Das Kind soll auf positive Weise verstehen, dass es funktioniert. Wenn es lieber mit den Fingern isst, so lassen Sie das am Anfang zu. Spätestens, wenn es Joghurt oder dergleichen essen möchte, wird es den Vorteil eines Löffels erkennen. Füllen Sie breiige Lebensmittel in eine Schale um und belassen sie nicht in den kleinen und zu leichten Plastikgefäßen. Die Aufgabe erfordert Stabilität. Denken Sie daran, dass das Kind auf einem Stuhl mit Rücken- und Armlehnen sitzen und der Kontakt der Füße zu einem Fußbrett oder dem Boden bestehen sollte. Wenn das Kind Probleme hat, den Löffel allein zum Mund zu führen, unterstützen Sie es auch dabei mit geringer werdender Handführung.
>
> Beim selbstständigen Trinken verfahren Sie genauso. Gewöhnen Sie dem Kind frühzeitig ab, aus Babyflaschen zu trinken. Im Handel gibt es Trinkflaschen mit unterschiedlichen Verschlüssen, die dem Kind das Trinken erleichtern. Wichtig ist auch, Becher mit Strohhalmsystemen zu nutzen, denn das Kind soll sich auf unterschiedliche mundmotorische Anforderungen beim Trinken einstellen. Aus einem Becher ohne Deckel zu trinken ist dann die größte Herausforderung, hierfür ist ein Becher mit zwei Henkeln empfehlenswert, da das Kind ihn besser festhalten kann.

Körperpflege

Wie schon beschrieben, haben autistische Kinder häufig Probleme mit der Körperwahrnehmung. Daher wehren sie Berührungen an ihrem Körper ab, und die körperliche Pflege ist schwierig. Es ist zunächst wichtig herauszufinden, zu welchen Tageszeiten bzw. unter welchen Bedingungen das Kind bestimmte pflegerische Maßnahmen toleriert. Sitzt es gern in der Badewanne oder der Duschwanne? Dann kann man es vielleicht ablenken durch beliebte Spielsachen, Waschlappen und Schwämme, Gefäße oder Aufziehtiere. Um Haare zu waschen, ist ein Messbecher mit warmem Wasser besser als ein Duschkopf, manche Kinder mögen auch die sog. Regenduschen.

> **Praxistipp**
> Wenn das Kind das versteht, können Sie ihm auch eine sog. »Social Story« (nach Carol Gray) schreiben und vorlesen. Social Stories sind kurze Beschreibungen von einer speziellen Situation, einem Ereignis oder einer Aktivität. Sie enthalten die wichtigen Informationen, was in dieser Situation zu erwarten ist und warum das so ist. Man kann mit ihnen bspw. Selbsthilfefähigkeiten (wie im folgenden Beispiel) oder soziale Fähigkeiten (▶ Abb. 9, ▶ Abb. 18, Praxistipp in ▶ Kap. 5.4.2) erklären. Social Stories zeigen die Abfolge, die Regeln und machen Verhaltensvorschläge für Situationen, die zu Angst oder Unsicherheit führen können. Sie werden nach bestimmten Regeln verfasst.

»*Wie helfen mir Erwachsene ein Bad zu nehmen?*« Erwachsene helfen Kindern ein Bad zu nehmen. Mama oder Papa helfen mir ein Bad zu nehmen (▶ Tab. 2). Das geht so:

Tab. 2: Social Story »Baden«

Schritt 1	Mama oder Papa lassen Wasser in die Badewanne einlaufen.
Schritt 2	Kleidung ausziehen. Mama oder Papa helfen eventuell.
Schritt 3	Mama oder Papa helfen mir, sicher in die Wanne einzusteigen.
Schritt 4	Gewaschen werden.
Schritt 5	Manchmal ist es okay, in der Wanne zu spielen.

Tab. 2: Social Story »Baden« – Fortsetzung

Schritt 6	Haare nassmachen.
Schritt 7	Ein bisschen Shampoo auf die Hand geben.
Schritt 8	Mit dem Shampoo Schaum auf meinem Kopf machen.
Schritt 9	Wasser benutzen, um den Schaum auszuspülen.
Schritt 10	Mama oder Papa helfen mir, aus der Wanne auszusteigen.
Schritt 11	Den Körper mit einem Handtuch abrubbeln.
Schritt 12	Kleidung anziehen.

Diese Schritte werden dem Kind erzählt, aber auch auf entsprechenden Karten, mit Fotos oder Zeichnungen versehen dargestellt, um es auf das Baden vorzubereiten und später noch einmal darüber nachzudenken. Das schafft Routine und nimmt die Angst vor der Prozedur.

Zähneputzen ist auch häufig eine schwierige Angelegenheit. Die Kinder empfinden das Gefühl im Mund sowie das Festgehaltenwerden als äußerst unangenehm. Dennoch ist sehr wichtig, dabei zu bleiben. Bis ein Kind die zweite oder dritte Klasse besucht, also flüssig schreiben kann, ist es notwendig, dass Eltern nachputzen, bei autistischen Kindern kann das auch bis in die Pubertät hinein wichtig sein. Machen Sie ein selbstverständliches Ritual hieraus. Bei manchen Kindern ist es gut, eine elektrische Zahnbürste zu benutzen, da sie möglicherweise die Vibration mögen. Es ist auch empfehlenswert, verschiedene Zahnpasten auszuprobieren, denn es gibt immer wieder Kinder, die bspw. sehr scharfe Dinge bevorzugen, bei einer nach Erdbeeren schmeckende Zahncreme dagegen Ekelgefühle empfinden und umgekehrt. Gute Unterlagen und Tipps hierzu gibt es bei der Landesarbeitsgemeinschaft Jugendzahnpflege der unterschiedlichen Bundesländer.

4 Kindergartenzeit

Nase putzen

So häufig wie junge Kinder erkältet sind, wird das Putzen der Nase immer schwieriger, wenn das Kind jedes Mal beim Naseputzen panisch schreit und sich wehrt. Das Kind hat die Erfahrung gemacht, dass Naseputzen etwas Unangenehmes ist und fängt schon an zu schreien, wenn es das Taschentuch von Weitem sieht. Abhilfe kann schaffen, aus der negativen Erfahrung etwas Positives zu machen. Wie das funktioniert? Der/die Erwachsene nähert sich mit dem Taschentuch z.B. dem Bauch des Kindes, macht dabei Lachgeräusche und neckt das Kind. Er zieht das Taschentuch zurück, neckt und kitzelt es wieder und lacht dabei überschwänglich. So geht es eine Weile, bis er sich auch dem Gesicht und der Nase nähert, wobei er dem Kind den Eindruck vermittelt, das sei ein lustiges Spiel, das beiden großen Spaß macht. Das Kind kann jetzt gar nicht anders, als mitzulachen und sich über das Spielchen zu freuen und erwartet das Taschentuch an der Nase schon bald mit Vorfreude auf das Spiel.

Toilettenbenutzung

Wie andere Kinder auch kann ein autistisches Kind lernen, selbstständig die Toilette zu benutzen. Dabei ist erstrebenswert, dass es das bis zur Einschulung gelernt hat. Es gibt verschiedene Konzepte, wie den Kindern das Benutzen der Toilette vermittelt werden kann. Wichtig ist zuallererst, dass das Kind ohne Widerstand auf der Toilette sitzt. Die Erfahrung zeigt, dass sich autistische Kinder manchmal vehement dagegen wehren, dort Platz zu nehmen, wohl weil der Ort zu unbekannt ist, mit negativen Situationen oder Angst gekoppelt ist. Zunächst muss das Kind dort gern sitzen wollen. Man geht mit ihm zur Toilette und tut so, als wolle man es hinsetzen. Kurz bevor das der Fall ist, zieht man es ›entrüstet‹ von der Toilette weg z.B. mit den Worten: »Nein, hier sollst du dich doch nicht hinsetzen, komm mal schnell da wieder runter.« Das wird mehrere Male so gemacht. Das Kind wird davon abgehalten, auf der Toilette zu sitzen, das in Form eines lustigen Spiels. Eigentlich ist es eine paradoxe Aufforderung,

4.6 Wichtigste Lernziele im Kindergartenalter

denn das Ziel ist ja, dass das Kind sich auf die Toilette setzt. Irgendwann jedoch geben die Kinder sich sehr viel Mühe, sich genau dort hinzusetzen, weil sie das Gegenteil von dem tun wollen, was ein/e Erwachsene*r ihnen sagt. Dafür wird das Kind sofort belohnt, und es wird im Folgenden angestrebt, die Zeit zu verlängern. Das geschieht alles noch im bekleideten Zustand des Kindes.

Das Sitzen ohne Bekleidung auf der kalten Toilette kann in der folgenden Zeit allerdings ein Problem werden, da die Kinder manchmal sehr empfindlich auf bestimmte Temperaturen reagieren. Hier kann versucht werden, die Toilettenbrille mit einem akzeptablen Stoff zu beziehen, der jedoch nicht verrutschen darf, da das Kind dann möglicherweise verunsichert und irritiert wird und nicht mehr dort sitzen möchte.

Als nächstes sucht man sich einen Zeitraum aus, in dem Ferien sind und mindestens ein/e Erwachsene*r Zeit hat. Ein Teil des täglichen Spielens wird ab sofort in die Nähe der Toilette bzw. ins Badezimmer verlegt. Dort stehen ein Tischchen und ein Stuhl und dort befinden sich Spielsachen. Das Kind trägt nur noch einen Schlüpfer und eine Hose mit Gummizug, die es selbst ausziehen kann, d. h., es hat keine Windel um. Es bekommt so viel zu trinken, wie es möchte, und zwar auch zuckerhaltige Getränke, falls es sie bevorzugt. Es soll deutlich mehr trinken als sonst, und damit soll der Harndrang angeregt und spürbar gemacht werden. Außerdem ist der Trainingseffekt größer, wenn das Kind möglichst häufig zur Toilette muss. Nun wird es gut beobachtet, um sofort zu bemerken, wenn es Harndrang hat. Wenn das erkennbar ist, wird es umgehend zur Toilette begleitet und soll sich dort hinsetzen. Dafür ist notwendig, dass es allein auf die Toilette steigen kann, möglicherweise mithilfe eines Toilettentrainers mit Treppenstufe, Haltegriffen und kindgerechtem WC-Sitz. Wenn es in die Toilette uriniert, wird es sofort belohnt mit etwas, was ihm viel bedeutet. Das können ein Gummibärchen oder dergleichen, ein glitzerndes Spielzeug, ein Lied, das ein/e Erwachsene*r singt, usw. sein. Bei Kindern, die zu kurz auf der Toilette sitzenbleiben, um ihr Geschäft zu erledigen, bietet es sich an, ab einer bestimmten Zahl rückwärtszuzählen (dafür muss das Kind zählen können), einen sog.

Time Timer zu stellen oder eine Sanduhr zu benutzen. Das Kind sollte möglichst zwei bis drei Minuten dort sitzen und sich entspannen. Wenn es nichts gemacht hat, darf es von der Toilette heruntersteigen und erhält im Anschluss wieder eine große Menge eines Getränkes. Nun wird es nach 10 bis 15 Minuten wieder zur Toilette geführt. Ausflüge und Ähnliches können an diesen Tagen nicht stattfinden. Wenn man doch irgendwo hinmuss, bekommt das Kind eine Windel, aber das wird nicht weiter thematisiert.

> **Praxistipp**
> Beim Time Timer wird durch eine rote Scheibe dargestellt, wie viel Zeit etwas dauert und wieviel Zeit davon bereits abgelaufen ist. Das Kind braucht sich nicht auf eine herkömmliche Uhr zu konzentrieren und muss sie auch nicht verstehen. Es sieht und fühlt die Zeit verstreichen, während die rote Scheibe deutlich anzeigt, wieviel Zeit noch übrigbleibt.

Das Prinzip des Toilettentrainings ist, dass das Kind die Toilette selbstständig benutzen kann, wenn es muss. Es soll nicht davon abhängig sein, dass es geschickt wird. Es empfiehlt sich, einen Protokollbogen zu führen, in dem Zeit, Erfolg oder Malheur und Art der Ausscheidung vermerkt werden. Außerdem sollte unbedingt die Wohnung mit Plastikplanen geschützt werden, damit man sich nicht ärgert, wenn etwas danebengeht und das Programm deshalb möglicherweise frühzeitig abbricht. Die Erfahrung zeigt, dass die Kinder die selbstständige Toilettenbenutzung auf diese Art in 7 bis 14 Tagen lernen können. Wichtig ist, dass man sich Zeit nimmt und gelassen bleibt. Es gelingt nicht, wenn gleichzeitig viele andere Verpflichtungen bestehen oder gerade ein großer Stress in der Familie ist. Um sich selbst und das Kind nicht zu überfordern, ist es ratsam, die nächtliche Blasen- und Darmkontrolle nicht gleichzeitig anzugehen, auch bei gesunden Kindern gelingt das häufig erst später.

4.6 Wichtigste Lernziele im Kindergartenalter

> Roman ist ein Junge mit Autismus und kognitiver Beeinträchtigung. Als er sechseinhalb war und im Sommer die Einschulung anstand, wollte seine Mutter ihm unbedingt die Windeln abtrainieren. Auch wenn eine gewisse Skepsis bestand, ob er es aufgrund der schweren Beeinträchtigungen schaffen könnte, sauber und trocken zu werden, wurde die Mutter zu dem Programm angeleitet. Es dauerte keine 14 Tage, bis er trocken war. Eltern und Sohn waren dementsprechend stolz. Nach ein paar Wochen gab es einen Einbruch, plötzlich kotete Roman wieder ein. Die Mutter bekam den Rat, sehr deutlich und streng mit ihm zu sprechen und ihn am Saubermachen zu beteiligen. Danach war der Spuk vorbei, und es gab keine Malheurs mehr. Nach einer Weile musste das Thema gar nicht mehr angesprochen werden. Es war ganz selbstverständlich, dass Roman selbstständig die Toilette aufsuchte, auch in der Schule.

Es muss allerdings dazu gesagt werden, dass manche Kinder das selbstständige Benutzen der Toilette erst schaffen, wenn sie sich z.B. als junge Erwachsene selbst dazu entscheiden. Auch hier ist Geduld das wichtigste Gebot.

An- und Ausziehen

Kinder können sich meist erst ausziehen, bevor sie sich anzuziehen lernen. Es ist gut, das autistische Kind frühzeitig zu ermuntern, Kleidungsstücke selbst auszuziehen und ihm möglicherweise dabei zu helfen.

Praxistipp
Sinnvoll ist, dass das Kind den letzten Schritt, also z.B. die Socken von den Zehen zu ziehen, selbst ausführt und dann erst die davor notwendigen Handgriffe (die Socke am Fuß entlang schieben, vorher den Sockenbund zum Hacken herunter schieben) der Reihe nach ausführt. Das Kind lernt den Vorgang des Ausziehens also in

umgekehrter Reihenfolge und wird für die Ausführung des letzten bzw. vorletzten Schritts und damit für den Erfolg gelobt. Beim Anziehen ist das genauso. Das Kind zieht erst selbstständig den Bund der Hose hoch, die weiteren Schritte führen die Eltern aus. Als nächsten Schritt lernt es, die Hose über die Unterschenkel zu ziehen und den Bund hochzuziehen. Die vorherigen Schritte führen (noch) die Mutter oder der Vater aus. Dann steckt es die Beine in die Hosenbeine und zieht selbstständig die Hose bis nach oben usw. Oft muss man den Kindern die richtigen Handgriffe vermitteln, also bspw., wie sie die Hose am Bund fassen müssen, um die Füße dort hereinzubekommen. Eine spezielle Herausforderung ist noch, Kleidungsstücke richtig herum anzuziehen, hier empfiehlt es sich, immer wieder auf die eingenähten Etiketten zu verweisen und sie möglicherweise farbig zu markieren. Verschlüsse, d. h. Reißverschlüsse, Klettverschlüsse, Steckschnallen, Knöpfe, Schleifen etc. können die Eltern besonders gut üben, wenn das nicht am Kind selbst passiert, sondern an etwas, was sich vor dem Kind befindet. Im Handel gibt es Knopfbretter und Puppen mit verschiedenen Verschlusssystemen zu kaufen. Man kann aber auch einen alten Schuh auf ein Brett nageln, um daran Schleifen zu üben, die Knöpfe an der Bettwäsche schließen und die Schnalle einer Handtasche oder eines Rucksacks öffnen und schließen. Später muss die Fertigkeit noch auf das Anwenden am eigenen Körper des Kindes übertragen werden.

4.6.12 Förderung von Wahrnehmung und Wahrnehmungsverarbeitung

Autismus beinhaltet eine Störung der Wahrnehmungsverarbeitung. Sie führt dazu, dass die vielfältigen Reize aus der Umwelt zwar wahrgenommen werden, hierbei jedoch bestimmte Probleme auftreten. Zunächst kann eine Verlangsamung oder Beschleunigung in der Reizverarbeitung auftreten. Dann kommt es möglicherweise zu einer Hypersensibilität (Übersensibilität), d.h., dass das Kind Reize als zu hell, zu laut, zu kratzig, zu stark empfindet und deshalb versucht, sich dagegen abzuschotten oder sich darüber aufregt. Das führt bspw. dazu, dass es sich häufig die Ohren oder Augen zuhält, nicht angefasst werden möchte und selbst vieles nicht berührt. Es weigert sich zu schaukeln und zu balancieren, lehnt bestimmte Lebensmittel bzw. deren Konsistenz ab. Das Gegenteil davon ist Hyposensibilität (Untersensibilität), d.h., dass das Kind von vielen Reizen nicht genug bekommen kann, also immer mehr will, immer heller, immer lauter, immer stärker, immer fester. Es ist ständig auf der Suche nach dem speziellen ›Kick‹ und springt z.B. von hohen Möbelstücken, um sich Tiefenreize zu verschaffen, stellt Musik auf die volle Lautstärke, schaut in Lichter und liebt glitzernde und leuchtende Dinge. Es dreht sich wie ein Kreisel um sich selbst, kann vom Schaukeln und Hüpfen nicht genug bekommen und steckt z.B. alles Mögliche in den Mund, ob essbar oder nicht. Dabei fällt auf, dass es die Reize, die auf es einwirken, zwar wahrnimmt, sie jedoch nicht zu einem sinnvollen Ganzen zusammenfügen kann. Es hört bspw., was jemand zu ihm sagt, kann aber nicht gleichzeitig das Lächeln der Person oder die ausgestreckten Arme identifizieren. Es spielt mit dem Wasser in einer großen Schüssel, nimmt aber nicht gleichzeitig das Plätschern oder die Temperatur wahr und hört auch nicht die Mutter, die es zum Essen ruft. Bei manchen Kindern gibt es in dem einen Bereich eine Hypersensibilität, in einem anderen eine Hyposensibilität. Die Empfindlichkeit kann sich auch irgendwann verändern. Alles ist möglich.

Das Kind kann im Bereich der Wahrnehmung gefördert werden, indem ihm isolierte, d.h. auf einen Wahrnehmungsbereich bezogene Aufgaben angeboten werden. Hierbei geht es häufig um die Diskriminierung von Reizen, damit das Kind lernt, eine Verbindung zwischen dem Reiz und dessen Bedeutung herzustellen. Es hört bspw. auf einer Geräusche-DVD das Geräusch eines Föns, eines Rasenmähers oder einer niesenden Person und soll dieses Geräusch mit der passenden Abbildung verbinden. Es riecht verschiedene Düfte in einem Duftlotto und soll herausfinden, welches Dufterlebnis zu was für einem Bild passt. Es hört ein Geräusch im Raum und soll zeigen,

4 Kindergartenzeit

woher das kommt. Es fühlt in einem Fühlsäckchen verschiedene Dinge und soll ein bestimmtes Puzzleteil herausholen, das es gerade für das vor ihm liegenden Puzzle benötigt.

Wichtig ist einerseits, die Wahrnehmungsintegration zu fördern, andererseits im Zusammenleben mit dem Kind bzw. der Betreuung im Kindergarten immer wieder zu beobachten und zu analysieren, warum bestimmte Verhaltensweisen auftreten und was sie mit der Wahrnehmungsverarbeitungsstörung zu tun haben können.

- Andreas bleibt im Kindergarten schon im Eingang stehen und will nicht weitergehen – es wurde eine Herbstausstellung mit trockenen Blättern und Früchten aufgebaut.
- Jasmin reicht im Morgenkreis den Erzählstein nicht weiter – sie liebt die besondere Oberfläche dieses Steins und möchte ihn ausführlich befühlen.
- Sarah will nicht mit den anderen Mädchen am Frühstückstisch sitzen – es ist ihr zu unruhig zwischen den lebhaften Kindern.
- Hannes bekommt in der Adventszeit einen starken Wutanfall, als alle gemütlich bei Gebäck und Kinderpunsch zusammensitzen, er läuft schreiend aus dem Raum – die Geruchserlebnisse durch stark gewürzte Kekse und das aromatisierte Getränk sind zu viel für ihn.
- David weigert sich, das Kindergericht zu essen, das er sonst immer zu sich genommen hat – die Verpackung wurde von der Firma geändert.
- Emil schreit morgens, als die Mutter ihm den neuen Pullover anziehen möchte – der Pullover hat kratzige Innennähte und im Nacken ein Etikett.
- Melina will nicht in das neue Auto einsteigen, auf das ihr Vater so stolz ist – es hört sich anders an, der Geruch ist neu, alles sieht anders aus.

Wenn ein Kind durch einzelne Reize bzw. veränderte Informationen in der Umgebung derart irritiert ist, kann man sich vorstellen, wie die Wahrnehmungsverarbeitungsstörung insgesamt zu einer Erhöhung des Stressempfindens des Kindes führt. Schon kleine Veränderungen in der Umwelt sowie für andere Menschen nicht wahrnehmbare Reize bringen das Kind aus der Balance und versetzen es in einen Zustand von Unsicherheit, Angst und Stress. Da es das nicht äußern kann und auch keine Möglichkeit hat, die Bedingungen zu verändern, ist seine Reaktion erst einmal Abwehr bzw. Flucht. Das daraus resultierende Verhalten kann Schreien bis hin zu einem Wutanfall, Angreifen anderer Personen (hauen, beißen, kneifen etc.), Weglaufen, aber auch Verletzung der eigenen Person sein. Spätestens dann ist eine gründliche Exploration des kindlichen Verhaltens notwendig, um die Auslöser einer schwierigen Situation herauszufinden und den Stress für das Kind zu reduzieren.

4.7 Umgang mit autismusspezifischen Problemen

Kinder im Autismus-Spektrum stellen ihre Bezugspersonen zu Hause und in der Einrichtung vor große Probleme, weil sie Verhaltensweisen entwickeln, die für die Umwelt sehr anstrengend, beängstigend bzw. belastend sein können. Diese Verhaltensweisen entstehen aus der Situation der Kinder, sich nicht ausreichend mitteilen zu können, Wahrnehmungsreize nicht angemessen integrieren zu können, unter Veränderungsängsten zu leiden und soziale Situationen nicht richtig deuten zu können. Außerdem stoßen die stereotypen und ritualisierten Beschäftigungen mit Gegenständen oder Themen im Umfeld vielfach auf Unverständnis und verursachen Ratlosigkeit.

4.7.1 Echolalie/stereotype Fragen

Echolalie bedeutet, dass das Kind Dinge, die gesagt wurden, ständig wiederholt, entweder sofort oder auch nach Stunden oder Tagen (verzögerte Echolalie). Echolalie tritt auf, weil es leichter für das Kind ist , das zu sagen, was seine Bezugspersonen auch immer zu ihm sagen, also bspw.: »Möchtest du Saft?« Das Kind kennt nicht den Unterschied zwischen einer Frage und einer Antwort und sagt das, was es auch immer von seinem Gegenüber hört. Insbesondere bei Stress ist es einfacher, eine gewohnte Äußerung von sich zu geben als sich zu überlegen, was es anders sagen könnte. Die Kinder brauchen oft Zeit, sich eine Antwort zu überlegen und antworten mit dem, was sie immer wieder gehört haben. Des Weiteren gibt es Kinder, die das echohafte Wiederholen als eine Art Kontaktaufnahme oder auch einen ›Witz‹ ansehen und damit in Kommunikation mit ihren Mitmenschen sein möchten. Nicht zuletzt dienen echolalische Äußerungen der Beruhigung sowie der Stimulation.

Manche Kinder oder Jugendlichen wiederholen ständig dieselbe Frage, auf die sie immer eine Antwort erwarten. Es handelt sich um den permanenten Versuch, Rückversicherung zu bekommen, insbesondere in Situationen, in denen das Kind unsicher oder angestrengt ist. Die stereotypen Fragen dienen einerseits der Beruhigung und Bestätigung, andererseits stellen sie eine (meist nicht altersentsprechende) Kontaktaufnahme zur Umwelt dar. Verschiedene Umgangsweisen werden angeraten: wie das Navi im Auto immer wieder stereotyp antworten, ohne Gefühle von Genervt-Sein erkennen zu lassen; nur einmal antworten und im Anschluss darauf verweisen, dass man bereits eine Antwort gegeben hat; zurückfragen, was die Person denkt. Siehe nachfolgendes Praxisbeispiel.

> Toni ist inzwischen (2023) 18 Jahre alt und lebt seit kurzem in einer Wohnstätte. Manchmal ruft er mich an und wir sprechen miteinander. Mehrfach während des Telefonats fragt er: »Bin ich lieb«? Das verbindet er mit Situationen wie vorherigen Besuche in anderen Einrichtungen, die für ihn anstrengend waren und in denen

4.7 Umgang mit autismusspezifischen Problemen

es manchmal nicht so gut lief. So rückversichert er sich permanent, ob sein Verhalten in dem Moment okay ist. Dies hat aber sehr stereotypen Charakter. Daher frage ich ihn beim zweiten Fragen: »Was denkst du selbst – bist du gerade ›lieb‹ Verhältst du dich gerade okay?«

Inzwischen kann er diese Frage ziemlich gut beantworten und inzwischen gehen die Bezugspersonen alle so mit ihm um, also Eltern und Betreuer*innen, in der Hoffnung, dass die stereotypen Fragen irgendwann nicht mehr nötig sein werden.

> **Praxistipp**
> Um Echolalie abzubauen bzw. angemessene sprachliche Kommunikation und Bedürfnisäußerung aufzubauen, gibt es folgende Ratschläge:
>
> - dem Kind den Satz vorsprechen, der in der konkreten Situation richtig ist, bspw. »ich habe Hunger«,
> - ihm beibringen, »ich weiß nicht« zu sagen,
> - den Wortschatz erweitern (manchmal echolalieren Kinder, weil sie eine Antwort nicht kennen),
> - dem Kind Aussagen vorsagen und keine Fragen (»bitte helfen« statt »soll ich dir helfen?«),
> - nicht den Namen des Kindes am Satzende benutzen (»gute Nacht« statt »gute Nacht, Toni«),
> - geduldig bleiben, nicht schimpfen.

4.7.2 Spezialthemen

Toni liebt schon immer alles, was mit Installateurwesen zu tun hat. Schon als Fünfjähriger schraubte er unter der Küchenspüle die Rohre ab, weil er etwas ausprobieren wollte, und seine Mutter war sehr irritiert, als das Wasser aus der Spüle in die Küche lief. Er versuchte auch die Mechanik in den Toiletten zu erkunden und nahm Spülkästen auseinander. In seinem häuslichen Spielhaus besitzt er mehrere ›Spieltoiletten‹ und spielt mit ihnen (im Garten) ›Verstopfung‹. Inzwischen ist er perfekt beim Installieren und Reparieren von Spülkästen und Toiletten. Dieses Wissen hat er sich gänzlich eigenständig angeeignet. Sein zweites Lieblingsthema sind Glühbirnen und Lampen. Zu Hause und in der Nachbarschaft, aber auch bei Restaurant- oder Schwimmbadbesuchen hat er ein großes Geschick dabei entwickelt, Leuchten auszuschrauben, um die Leuchtmittel zu besitzen. Inzwischen verfügt er über eine ansehnliche Sammlung und weiß genau, wo oder von wem er welche Leuchte erhalten hat.

Einem autistischen Kind abzugewöhnen, sich für bestimmte Themen und Dinge zu begeistern und sich intensiv damit zu befassen, ist sehr schwierig. Für die Kinder bedeutet die Beschäftigung mit ihrem Spezialthema Entspannung, Befriedigung eines elementaren Bedürfnisses, Glück und Zufriedenheit. Solange hierdurch keine Selbst- oder Fremdgefährdung entsteht, ist es ratsam, dem Kind seine Sammelleidenschaft und sein übermäßiges Interesse zu lassen. Es ist allerdings wichtig, die Zeit zu begrenzen, d.h. z.B. während anderer Tätigkeiten (angeleitetes Spiel, Mahlzeit, Einkauf, Ergotherapiebehandlung, Motorikeinheit im Kindergarten) zu untersagen bzw. zu verhindern. Manchmal kann man die besonderen Fähigkeiten eines Kindes auch nutzen. Der leidenschaftliche Müllsammler sucht auf dem Kindergartengelände nach Müll, der ›Stöckchensammler‹ erstellt eine Kollektion für die nächste Bastelaktion.

4.7.3 Stereotypien

Stereotypien beeinträchtigen die Aufmerksamkeit des Kindes und behindern den Lern- und Entwicklungsprozess. Sie können auch von anderen Menschen als störend und unangenehm empfunden werden. Stereotypien beinhalten z.B. das Vor- und Zurückwerfen des Oberkörpers, Wedeln mit den Händen, andauerndes Klatschen, Hüpfen auf

4.7 Umgang mit autismusspezifischen Problemen

der Stelle, Summen und Brummen, Kreiseln von Gegenständen, permanentes Essen von Ungenießbarem u. v. m. Stereotypien bedeuten Beschäftigung und Entspannung. Wenn das Kind beunruhigt ist, verstärken sich die Stereotypien häufig. Es ist daher wichtig, in Momenten, wo die Stereotypien intensiver werden, zu analysieren, warum das so ist, und wenn möglich die Ursache zu verändern. Wenn das Kind eine Stereotypie ausführt, erkennen wir möglicherweise, dass es uns eigentlich etwas anderes sagen möchte (also »ich habe Stress« oder »das macht mir jetzt Freude«). Aufgrund der speziellen Wahrnehmungsverarbeitung kann es auch sein, dass das Kind die Stereotypie ausführt, weil es das Gefühl sich zu drehen oder auf der Stelle zu hüpfen als angenehm oder lustig empfindet. Es gibt Möglichkeiten, Stereotypien zu reduzieren. Die wichtigste Strategie ist, sie durch andere, akzeptablere Verhaltensweisen zu ersetzen. Das Elternteil bzw. der/die Pädagog*in zeigt dem Kind, was es anderes mit dem Gegenstand machen kann. Jeder Imitationsversuch wird belohnt. Das Kind lernt, dass etwas Positives erfolgt, wenn es die Handlung imitiert, und das erhöht seine Motivation, dieses Verhalten häufiger zu zeigen.

> Atakan sammelte sämtliche Spielzeugteile ein und hielt sie ganz fest in seinen Händen, sodass er nichts anderes mehr greifen konnte. Er lernte, das Spielzeug in Gefäße zu werfen. Dabei bedeutete es ihm viel zu wissen, dass er sie im Anschluss wieder daraus hervorholen durfte. Melina zerriss Papiertaschentücher in kleine Schnipsel. Sie erhielt Seidenpapierbögen, die sie zerreißen durfte. Die Papierschnipsel wurden zu großen, bunten Bildern aufgeklebt. Fabian versetzte jeden Ball oder jede Kugel in Drehbewegungen. Die Kugeln wurden in eine Kugelbahn gelegt, und er entwickelte Freude daran, das selbst zu tun. Dadurch, dass die Mutter die Gegenstände schnell wegnahm, bevor Fabian sie wiedererbreifen konnte, lernte er, eine Gebärde auszuführen (nämlich »haben«), um die Kugel wiederzubekommen. Das motivierte ihn ungemein.

Eltern und Pädagog*innen tun gut daran mit den Kindern zu üben, die Stereotypien in bestimmten Situationen zu unterdrücken. Gerade im Unterricht ist ein klopfendes, zischelndes Kind auch für die Mitschüler*innen eine große Belastung. Die Kinder können lernen, die stereotype Handlung eine Weile zu unterlassen, wenn sie rechtzeitig hierzu aufgefordert werden. Erforderlich dafür ist, dass an die Stelle etwas anderes tritt wie die Bearbeitung einer Aufgabe, sich auf die Hände setzen, um den Bewegungsreiz zu unterdrücken oder ein Kaugummi kauen, um nicht ständig Geräusche von sich zu geben.

4.7.4 Ungewöhnliche Essgewohnheiten

Es gibt viele autistische Kinder und Jugendliche mit Problemen beim Essen. Häufig ist die Nahrungsaufnahme schon von Anfang an gestört, spätestens beim Übergang vom Stillen oder der Flasche auf Breinahrung. Dass Kinder bestimmte Lebensmittel nicht mögen, ist ganz normal und nicht besorgniserregend. Bei autistischen Menschen besteht jedoch häufig eine massive Ablehnung gegenüber vielen Lebensmitteln, sodass sie nur ganz spezielle Nahrungsmittel zu sich nehmen. Das liegt an einer Überempfindlichkeit bzgl. Lebensmitteln mit bestimmten Gerüchen oder Konsistenz. Andere Kinder und Jugendliche haben Unterempfindlichkeiten im taktilen (fühlen), gustatorischen (schmecken) und olfaktorischen (riechen) Bereich und nehmen gerne sehr scharfe oder harte Lebensmittel zu sich. Andere wiederum essen, auch wenn ein Sättigungsgefühl schon längst erreicht sein sollte.

> **Praxistipp: Maßnahmen zur Veränderung des Essverhaltens**
>
>
> - Unter eine akzeptierte Speise eine ganz diskrete Menge einer neuen Geschmacksrichtung rühren und die Menge steigern,
> - eine ungeliebte Speise mit etwas Positivem anreichern (Ketchup oder Würzsoße zu Gemüsestückchen),

- jeden Bissen einer wenig geliebten Speise mit etwas Positivem belohnen,
- akzeptieren, dass das Kind kein Essen möchte, bei dem alles durcheinander auf dem Teller liegt,
- die Temperatur je nach Bedürfnis des Kindes wählen,
- die Speise pürieren: Viele Kinder mit Autismus nehmen gern Smoothies zu sich, wenn sie eine bevorzugte Geschmacksrichtung enthalten,
- nur zu den Mahlzeiten essen. Das garantiert, dass das Kind hungrig genug ist,
- die Essensmenge begrenzen, eine Gutscheinkarte für eine Portion nachnehmen erstellen,
- bei Kindern, die ständig Ungenießbares in den Mund stecken, darauf herumkauen und es möglicherweise sogar herunterschlucken, Alternativen anbieten wie Beißklötze oder -nudeln, elektrische Zahnbürsten, Süßholz, Tücher von unterschiedlicher Beschaffenheit, um dem Kind neue Wahrnehmungsreize zu vermitteln. Diese Utensilien gibt es im entsprechenden Fachhandel zu kaufen.

4.7.5 Schlafprobleme

Fast alle Eltern autistischer Kinder berichten von den Schlafproblemen ihrer Kinder. Diese schlafen schlecht ein, sind nachts plötzlich hellwach oder wachen morgens sehr früh auf. Das Schlafbedürfnis von Kindern ist grundsätzlich individuell. Bei autistischen Kindern ist es allerdings häufig auffallend reduziert im Vergleich zu Gleichaltrigen. Zunächst einmal sollten die Eltern sich absprechen, damit sie abwechselnd genügend Schlaf bekommen. Manchmal ist es gut, für eine Weile eine Matratze in das Kinderzimmer zu legen, um sich dort hinzulegen, wenn das Kind nachts wach wird. Auf jeden Fall sollte vermieden werden, nachts mit dem Kind zu spielen. Dem Kind sollten auch keine Spielsachen mit ins Bett gegeben werden. Um das Kind abends gut zum Einschlafen zu bringen, bietet sich ein festgelegtes Ritual an, das von Mutter und Vater gleichermaßen beherrscht wird. Es sollte keine Tobespiele enthalten, um das Kind nicht wach zu machen, sondern etwas Ruhiges wie bspw. eine Massage. Das Zimmer muss genügend dunkel sein und von akustischen Reizen verschont bleiben. Vielen Kindern hilft eine besonders schwere Zudecke, die ihnen die nötige Tiefenwahrnehmung und damit Entspannung verschafft. Wenn das Kind aufsteht, sollten die Eltern es ruhig ins Bett zurückbringen und es nicht durch erhöhte Aufmerksamkeit wie Schimpfen oder Festhalten belohnen. Wenn es notwendig ist, dass ein/e Erwachsene*r am Bett des Kindes sitzen bleibt, unterlässt er die Kommunikation mit dem Kind und beschäftigt sich bspw. mit der Lektüre eines Buchs. Jeden Abend rückt er ein paar Zentimeter weiter in Richtung Tür. Wenn das Kind allein im Bett liegen bleibt und nur durch Rufen auf sich aufmerksam macht, wird ihm nur gesagt, dass es allein schlafen kann und leise sein soll. Sein Verhalten sollte nicht belohnt werden, indem sich jetzt jemand zu ihm setzt.

Damit das Kind durchschläft, ist zunächst einmal ein strukturierter Tagesablauf wichtig, durch den das Kind seinen eigenen Rhythmus findet. Jede Tagesaktivität findet nach einem Plan statt, und jeder weiß, was wann passieren wird. So lernt das Kind auch, welche Abläufe abends zum Einschlafen genutzt werden, und kann sich daran beteiligen, sie zu initiieren. Wenn es nachts wach wird, kann es sein, dass vom Kind das Ritual des Einschlafens wieder eingefordert wird. Es ist daher sehr hilfreich, dem Kind beizubringen, dass es allein einschlafen kann.

4.7.6   Wutausbrüche und Verletzen des eigenen Körpers

Fast jedes Kind bekommt Wutausbrüche bzw. zeigt manchmal aggressive Verhaltensweisen. Bis zu einem gewissen Ausmaß ist dieses Verhalten also ›normal‹ und insofern nicht besorgniserregend. Bei autistischen Kindern kommen jedoch noch Aspekte hinzu, die eine Abgrenzung von üblichen Wutanfällen notwendig machen. Zum

4.7 Umgang mit autismusspezifischen Problemen

einen sind das solche Wutanfälle, die aus der reduzierten Möglichkeit einer gezielten Kommunikation herrühren. Das Kind möchte mit dem aggressiven Verhalten quasi etwas mitteilen, kann das aber nicht über Sprache oder eine alternative Kommunikationsform. Der Wutanfall ist der Ausdruck dafür, dass es

- sich überfordert fühlt,
- eine Situation nicht versteht,
- Hunger oder Durst hat,
- müde ist,
- Schmerzen hat,
- Angst hat,
- eine Veränderung nicht versteht,
- ein bestimmtes Prozedere nicht akzeptiert (der Besuch kommt nicht heute, sondern am nächsten Wochenende).

Diese Liste ließe sich beliebig fortsetzen. Das Kind ist in diesem Moment sehr aufgeregt, und durch Worte oder übliche Beruhigungsversuche lässt sich das Verhalten nicht beenden. Häufig erkennen Eltern bei ihrem Kind, was der Auslöser für das Verhalten ist, und können ihm helfen. Manchmal jedoch besteht kein sichtbarer Grund für die Eltern, warum das Kind sich so aufregt. In diesen Situationen hilft es nur ruhig zu bleiben und zu verhindern, dass das Kind sich oder andere verletzt. Keinesfalls sollte man sich dem Kind so zuwenden, dass es eine positive Reaktion auf sein wütendes Verhalten erfährt, indem man es streichelt, ihm gibt, was es eigentlich nicht haben soll, ihm eine Süßigkeit oder ähnliches reicht, um es abzulenken. Das Kind lernt dadurch, dass es durch sein Schreien und Toben eine Belohnung erhält und wird dieses Verhalten häufiger zeigen. Wenn die Bezugsperson ein unangemessenes Verhalten, dem bisher mit einer positiven Reaktion begegnet wurde, plötzlich ignoriert, ist zu erwarten, dass das Kind seine Wut und seine aggressiven Verhaltensweisen zunächst verstärkt, um irgendwie doch noch eine positive Reaktion des Gegenübers zu erhalten. Hier braucht die Bezugsperson starke Nerven, um standhaft zu bleiben. Von großer

4 Kindergartenzeit

Wichtigkeit ist, insbesondere dem aggressiven Kind Strategien zur Bedürfnisäußerung beizubringen, damit es auf akzeptiertem Weg seine Bedürfnisse bzw. sein Problem erklären kann und den Umweg des Problemverhaltens gar nicht erst gehen muss.

Manche autistischen Kinder zeigen unvermittelt unangemessene Verhaltensweisen, ohne dass das Gegenüber erkennen kann, warum das in diesem Moment passiert. Plötzlich greift das Kind in die Haare der anderen Person und kann nicht mehr loslassen. Das Kind schlägt unvermittelt mit seinem Kopf auf den Boden oder beißt in die Hand eines anderen Kindes. Solche impulsiven Aggressionen sind insofern schwierig zu behandeln, als sie ohne Ankündigung und ohne erkennbare Ursache auftreten. Die erste Regel ist, dem Kind nicht das zu verbieten, was es gerade tut, also »Hände aus den Haaren« oder »nicht auf den Boden schlagen«, sondern ein sog. ›inkompatibles‹ Verhalten zu verlangen wie »lege die Hände auf den Tisch«, »setze dich auf deinen Stuhl« oder »hole einen Becher aus der Küche«. Das problematische Verhalten soll nicht benannt werden, da die Sorge besteht, dass das Kind nur Bruchstücke des Satzes der Bezugsperson versteht. Dann würde es hören »Haare« und möglicherweise daraus entnehmen, sie noch fester zu halten.

Kinder, die immer wieder unvermittelt auf andere losgehen, sollte man auch davon abhalten, hiermit erfolgreich zu sein, indem man sie bspw. weit von den anderen wegsetzt, ihnen etwas zu tragen gibt, weil sie dann nicht schlagen können. Schwieriger wird es mit solchen Verhaltensweisen wie andere anzuspucken oder mit Dingen zu werfen. Diese Verhaltensweisen haben manchmal stereotypen, fast schon zwanghaft anmutenden Charakter.

> Arne hatte schon als kleiner Junge den Drang, Dinge durch die Gegend zu werfen. Er wischte unvermittelt über den Tisch und alles fiel herunter. Zu Hause warf er den Teller an die Wand, Gegenstände seiner älteren Schwester oder Utensilien der Eltern die Treppe herunter. Die Familie wusste sich keinen anderen Rat, als bestimmte Räume abzuschließen. Arne aß nur mit Plastikgeschirr, und die Familie konnte niemals mit ihm gleichzeitig essen. Seit er

mit 14 Jahren in eine Wohneinrichtung gekommen ist, wurde dort das gesamte Geschirr um ihn herum mit Bändern am Tisch befestigt, damit er es nicht mehr werfen kann. Sobald er allerdings die Gelegenheit hat, wirft er nach wie vor Dinge umher.

Bruno zerschlug als Schulkind alles, was zerbrechlich war. Blitzschnell schraubte er Glühbirnen aus Lampen und schleuderte sie gegen die Wand, bekam jeden Blumentopf in die Hand und zerstörte ihn im selben Moment, warf mit Flaschen, Geschirr usw. Die Eltern richteten für ihn einen Raum im Keller ein. Sie sammelten monatelang von allen Freunden und Nachbarn Leergut. Wenn Bruno das Verlangen überkam, Dinge zu zerstören, wurde er auf seinen Keller vertröstet. Er gab sich damit zufrieden, erst später etwas zerschlagen zu können, und wartete darauf in den Keller zu gehen. Dort kam er dann seinem Drang nach, bis er zufrieden war und ging freiwillig wieder in die Wohnung zurück. Auf diese Art und Weise wurde er im Verlauf von einigen Monaten immer ruhiger und entspannter im Umgang mit Zerbrechlichem und konnte das Werfen im Alltag gänzlich einstellen. Bruno ist inzwischen lange erwachsen und lebt in einer Wohneinrichtung für erwachsene Autisten in Niedersachsen. Er hat nie mehr das Bedürfnis verspürt, zerbrechliche Dinge zu zerstören, und man kann ihn bspw. in der Küche beschäftigen oder mit ihm ins Café gehen.

Dem Kind, wie beschrieben, die Möglichkeit zu geben, seinem Zwang an einer erlaubten Stelle und zu einer späteren Zeit nachzugehen, ist ein Lösungsvorschlag, um mit solchen extremen und von der Umwelt als aggressiv empfundenen Verhaltensweisen umzugehen. Ein weiterer Vorschlag ist, mit dem Kind sog. ›störungsfreie Zeiten‹ zu vereinbaren. Es soll also für zunächst zwei Minuten und dann für einen länger werdenden Zeitraum das unangemessene Verhalten wie bspw. Spucken unterbrechen. Wenn es das schafft, bekommt es dafür eine Belohnung. Wenn es ihm nicht gelingt oder das Verhalten stärker wird oder häufiger vorkommt, werden ihm bereits erhaltene Belohnungen wieder weggenommen. Dieses Vorgehen empfiehlt sich allerdings für Kinder, die bereits mit einem »Token«-Programm zurechtkommen.

Abb. 6: Tokenplan für ein kleines Kind (METACOM Symbole © Annette Kitzinger)

Ein Token-Programm bedeutet, dass das Kind eine bestimmte Menge Token sammeln muss, um eine Belohnung zu erhalten. Token können bspw. Münzen, Smileys, Spielchips oder Klötze sein. Für jede richtige Antwort, erledigte Aufgabe oder Zeit ohne Auftreten einer unerwünschten Verhaltensweise erhält das Kind ein Token. Wenn es eine bestimmte, vorher festgelegte Anzahl von Token erreicht hat, darf es sie gegen eine Süßigkeit, ein Getränk, ein Spielzeug, eine Aktivität oder Ähnliches eintauschen. Dafür ist wichtig, eine Vorlage zu erstellen, auf der das Kind sehen kann, wie viele Token es schon hat und wie viele weitere es benötigt, um die Belohnung zu bekommen. Auf diesem sog. »Tokenplan« kann für das Kind auch vermerkt werden, wofür es arbeitet oder sich anstrengt (▶ Abb. 6 und ▶ Abb. 7).

TOKENPLAN FÜR TONI

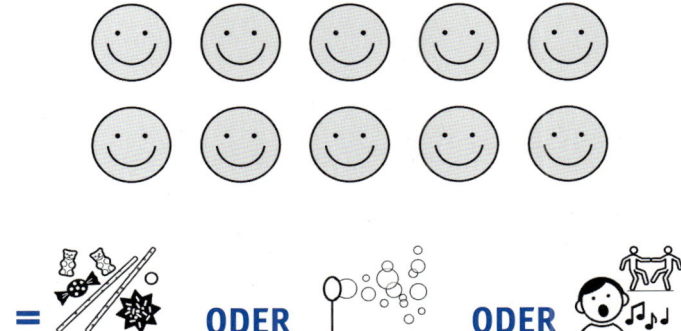

Abb. 7: Tokenplan für ein ›fortgeschrittenes‹ Kind (METACOM Symbole © Annette Kitzinger)

4.8 Was Pädagog*innen wissen müssen

Um positive Veränderungen beim Kind zu erreichen und mit schwierigen Verhaltensweisen umzugehen, ist insbesondere in der Kita, aber natürlich auch bei den Eltern notwendig, ›an einem Strang‹ zu ziehen. Es ist nicht hilfreich, wenn die eine Hälfte der Mitarbeiter*innen dem Kind gestattet, ständig die Socken auszuziehen, und die andere es dem Kind verbietet. Es hilft auch nichts, wenn die Eltern darauf bestehen, dass das Kind gebärdet, was es haben möchte, die Erzieher*innen in der Kita jedoch lieber mit dem Kind mit Symbolkarten zur Kommunikation arbeiten. Manchmal ist eine längere Diskussion notwendig, um zu einem einheitlichen Ergebnis zu gelangen. Diese lohnt sich allemal, das Kind wird profitieren.

Das Vorschulalter ist eine Zeit, wo die Basis für Entwicklung und Lernen gelegt wird. In dieser Entwicklungsphase sind die Kinder besonders aufnahmefähig. Außerdem ist es in dem Alter wichtig, mit den Kindern grundlegende Fähigkeiten zu üben, um die Entstehung und Eskalierung problematischen, autismusspezifischen Verhaltens zu vermeiden bzw. zu reduzieren. Hierzu gehören Fähigkeiten wie auf Aufforderungen zu reagieren, sich an Regeln zu halten, aufmerksam und konzentriert zu spielen, mit anderen Kindern zurechtzukommen u. v. m. Außerdem muss frühzeitig an der Verbesserung der Kommunikationsdefizite sowie der Wahrnehmungsverarbeitungsstörung gearbeitet werden, weil sie die Hauptprobleme der Autismus-Spektrum-Störung darstellen.

Aus den vorangegangenen Ausführungen lassen sich (beispielhaft) die folgenden Förderziele für Kinder im Vorschulalter ableiten (▶ Tab. 3). Sie müssen jedoch unbedingt individualisiert werden.

Tab. 3: Förderinhalte im Vorschulalter

Förderbereich	Mögliche Inhalte
Interaktion	• Spielzeug angemessen benutzen • auf eine Aufforderung oder ein Verbot reagieren • warten können • sich einlassen auf gemeinsame Spielsequenzen mit Kindern und Erwachsenen • Spielvorschläge des Gegenübers tolerieren
Sprechen und Kommunikation	• über ein geeignetes Kommunikationsmittel entscheiden und Kommunikation aufbauen • mit kommunikativen Fähigkeiten Problemverhalten verhindern • Verständnis von Worten und Aufforderungen verbessern • Blickkontakt aufbauen

4.8 Was Pädagog*innen wissen müssen

Tab. 3: Förderinhalte im Vorschulalter – Fortsetzung

Förderbereich	Mögliche Inhalte
Verbesserung der Wahrnehmung und der Kognition	• Akzeptanz, Sensibilität und bessere Verarbeitung von Sinnesreizen • Wahrnehmungsreize erkennen und voneinander unterscheiden • lernen Dinge zuzuordnen oder zu differenzieren nach ihrer Funktion oder Beschaffenheit, ihrem Aussehen bzw. ihren Eigenschaften • Steigerung der kognitiven Fähigkeiten • Entwicklung von Freude an Motorik und Verbesserung der Körperkoordination • Verbesserung der Feinmotorik
Abbau von Problemverhalten	• Reduzierung von aggressivem oder selbststimulierendem Verhalten • tolerieren von Veränderungen in der Umgebung oder im Tagesablauf • Abbau von stereotypen und störenden Verhaltensweisen (z. B. schreien oder laut klopfen)
Lernbereitschaft	• in einer Spielsituation bei der anderen Person bleiben • bei einem Spielangebot kooperieren • Regeln akzeptieren • etwas Neues ausprobieren • Aufmerksamkeit und Ausdauer zeigen
Selbstständigkeit/ Körperpflege	• aus einem Becher trinken • allein Essen in den Mund stecken • Löffel und Gabel benutzen • trocken und sauber werden • Zähne- und Naseputzen tolerieren • beim Aus- und Anziehen helfen • etwas allein schaffen

5 Schulzeit

5.1 Organisation der Schulzeit

5.1.1 Einschulung

Immer wieder kommt vor der geplanten Einschulung die Frage auf, ob man das Kind noch für ein Jahr vom Schulbesuch zurückstellen lassen sollte oder nicht. Eltern haben die Sorge, dass ihr Kind von der Veränderung, den vielen neuen Menschen, Örtlichkeiten, Regeln und Anforderungen überfordert sein könnte. Sie hoffen, dass das Kind durch ein weiteres Kindergartenjahr weiter gefestigt bzw. sich entwickeln wird und dann alles viel einfacher sein wird. V.a. soziale Fähigkeiten sollte es lernen, um gut integriert werden zu können.

Zu diesem Thema gibt es ganz unterschiedliche und teilweise gegensätzliche Meinungen. Fakt ist, dass die Förderung kommunikativer und sozialer Fähigkeiten mit der Einschulung keinesfalls abgeschlossen ist. Es geht hierbei um einen Prozess, der in der frühen Kindheit initiiert wird und sich lebenslang fortsetzt. Insofern sind diese Fähigkeiten nichts, was das Kind im Kindergarten erlernt und dann beherrscht, sondern sie bleiben Thema. Es ist fraglich, ob der Kindergarten der geeignete Ort ist, sie noch weiter auszubauen. Die Rückstellung von der Schulpflicht ist auch an die Erwartung geknüpft, dass das Kind im Verlauf eines weiteren Kindergartenjahres die Entwicklungsrückstände größtenteils aufholen wird. Im Einzelfall jedoch garantiert ein weiteres Besuchsjahr im Kindergarten nicht automatisch die erhoffte Schulfähigkeit. Häufig sind andere, gezieltere Maßnahmen notwendig, um Entwicklungsrückstände auszugleichen.

Die Schule bietet viele Strukturen und Anlässe, zu kommunizieren und mit anderen Kindern zusammen zu sein – dies meist in einer

5.1 Organisation der Schulzeit

kleinen Lerngruppe und nicht in einer großen Kindergartengruppe. Verhaltensauffälligkeiten können in der Schule wie auch in der Kita zu krisenhaften Situationen beitragen, allerdings ist nicht davon auszugehen, dass ein weiteres Kindergartenjahr hier grundlegend helfen wird. Wenn Eltern eine Rückstellung beantragen möchten, sollten sie das im Kindergarten und mit Therapeut*innen besprechen und sich Empfehlungen geben lassen. In jedem Fall entscheidet die Schulleitung der zukünftigen Schule bzw. das Schulamt über den Antrag der Eltern auf eine Rückstellung und die der/die Schularzt*ärztin des Gesundheitsamts spricht eine Empfehlung aus. Außerdem ist zu beachten, dass die Regelung einer möglichen Rückstellung von Bundesland zu Bundesland unterschiedlich ist.

Die Eltern melden ihr Kind zur Einschulung an der zuständigen Grundschule an. Bei Vorliegen von Autismus wird i.d.R. auf Erwirken der Eltern oder des/der Schulleiter*in der zuständigen Schule der Antrag auf Ermittlung eines sonderpädagogischen Förderbedarfs gestellt. An der folgenden Gutachtenerstellung durch die Schule und die Sonderpädagog*innen sind neben den Eltern im Einzelfall der Kindergarten, die Frühförderstelle und/oder das Therapiezentrum sowie das Gesundheitsamt und ggf. weitere Institutionen beteiligt. Idealerweise sollten vorrangig die Eltern eine Entscheidung über den Besuch einer allgemeinen Schule oder einer Förderschule treffen. Die ausgewählte Schule hat alle notwendigen Maßnahmen für eine inklusive Beschulung zu veranlassen. In die meisten Länderschulgesetze wurde mittlerweile aufgenommen, dass vorrangig das Elternwahlrecht gilt; eine Zuweisung an die Förderschule gegen den Willen der Eltern sollte nicht mehr möglich sein.

Das Schulrecht ist Ländersache, sodass in den Bundesländern unterschiedliche Regelungen zu Schulformen und zur sonderpädagogischen Förderung existieren. Kinder mit Autismus haben, so wie alle Kinder mit einer Behinderung, ein Anrecht darauf, vorrangig eine Regelschule zu besuchen. Die Beurteilung, ob der Besuch einer allgemeinen Schule dem behinderten Kind eine angemessene Schulbildung vermittelt, wird i.d.R. in einem dialogischen Verfahren zwischen Eltern und Schule erstellt.

Für ein autistisches Kind liegt in jeder großen Veränderung ein gewisses Risiko. Niemand weiß vorher, wie das Kind mit all dem Neuen zurechtkommen wird und ob es eventuell Rückschritte machen wird. Werden die neuen Bedingungen es fördern und fordern oder überfordern? Das wichtigste Prinzip ist auch hier wieder, dass eine Veränderung vorbereitet werden muss. Das Kind am Einschulungstag an die Hand zu nehmen und ohne Vorbereitung in die neue Klasse zu bringen, wäre kontraproduktiv. Es geht vielmehr darum, dass die Eltern selbst vorbereitet und insbesondere informiert sind und das Kind hierin angemessen einbeziehen. Häufig besuchen Kindergartenkinder noch während des letzten Kindergartenhalbjahres die Schule, um sie einmal angeschaut zu haben und die Angst zu verlieren. Für ein autistisches Kind reicht ein einmaliger Besuch an einem neuen Ort bzw. in einer unbekannten Umgebung nicht aus.

> **Praxistipp**
> Wenn die Eltern sich für eine Schule entschieden haben, sollten sie das Kind vorbereiten indem sie
>
> - den Schulweg regelmäßig mit dem Kind zusammen gehen und ihm erklären, dass es bald in die Schule kommt,
> - mit der Schulleitung besprechen, dass sie dem Kind in der nächsten Zeit die Räume zeigen möchten und fragen, in welchem Rahmen das möglich ist,
> - Bilder vom Schulweg und der neuen Umgebung anfertigen und regelmäßig mit dem Kind anschauen,
> - herausfinden, wer der/die Klassenlehrer*in sein wird und dem Kind diese/n dann vorstellen,
> - Klassenraum, Sitzplatz, Garderobenplatz anschauen und kennzeichnen (möglicherweise mit dem Symbol, das das Kind aus der Kita kennt), wenn das vor der Einschulung möglich ist,
> - einen Rückzugsort in Absprache mit der Schule bestimmen,

5.1 Organisation der Schulzeit

- die Notwendigkeit eines/einer Schulassistent*in (Integrationskraft/Inklusionshelfer*in) erörtern und ihn/sie ggf. beantragen,
- die Inklusionskraft, wenn möglich, vor dem Schulbeginn kennenlernen und mit dem Kind und seinen Eigenheiten bekannt machen,
- im Idealfall die Inklusionskraft auch mit dem/der Autismustherapeut*in bekannt machen und gemeinsam erste Hilfen erarbeiten,
- eine Ansprechperson für Krisen benennen,
- falls das Kind mit einem Fahrdienst in die neue Schule gefahren wird, ihm den zukünftigen Bus zeigen, mit dem Busunternehmen absprechen, dass es schon einmal einsteigen darf. So kann es sich mit der neuen Umgebung, den unbekannten Geräuschen und den sonstigen Wahrnehmungseindrücken beschäftigen und die Scheu verlieren,
- mit ihm zusammen einen Schulranzen kaufen, den es sich selbst aussuchen darf,
- einen Kalender erstellen, mit dessen Hilfe das Kind die Tage bis zur Einschulung einschätzen kann, bspw., indem es bspw. von einem langen Band jeden Tag ein markiertes Stück abschneidet, so lange, bis der erste Schultag gekommen ist,
- das Kind rechtzeitig an den neuen zeitlichen Rhythmus gewöhnen, damit es ohne Stress morgens aus dem Haus kommt,
- in die Schultüte Dinge tun, die für das Kind großartig sind, also bspw. kleine Kreisel, Luftballons oder Seifenblasen und bevorzugte Süßigkeiten oder Knabberzeug,
- die Feierlichkeiten am ersten Schultag auf ein Minimum begrenzen, um das Kind nicht mit zu vielen Personen, Reizen und daraus resultierender Unruhe zu überfordern,
- das Kind am ersten Schultag nach der Einschulung begleiten und es möglicherweise auch in der ersten Woche selbst in die Schule bringen und abholen.

Die genannten Punkte stellen die ideale Vorbereitung dar. Es ist jedoch durchaus möglich, dass die Eltern dem Kind nicht die neue Schule zeigen können, weil das nicht in den Ablauf der Schule passt, dass der/die Klassenlehrer*in erst am ersten Schultag bekannt ist, und der Klassenraum erst sehr kurzfristig festgelegt wird. Dann gilt es zu improvisieren und durch intensive Strukturierung der ersten Zeit in der Schule das Beste aus der Situation zu machen.

5.1.2   Gestaltung von ›Übergängen‹

Gesunde Kinder haben eine innere Vorstellung von dem, was die Einschulung und Schule an sich bedeuten. Sie verstehen, wenn Eltern oder Erzieher*innen davon erzählen und entwickeln Vorfreude und Neugierde. Sie reagieren möglicherweise verunsichert, wenn sie nicht wissen, wer ihr/ihre Lehrer*in sein wird und was genau in der Schule passieren wird. Die meisten Kinder jedoch freuen sich auf die neue Herausforderung und darauf, dass sie ›groß‹ und selbstständig sind. Gesunden Kindern helfen dabei auch die Fähigkeiten zur aktiven Beteiligung an Gruppenbildungsprozessen, zu Anpassungsleistungen, Flexibilität und Situationsverständnis. Die Kinder gewöhnen sich schnell an die neuen Strukturen und sind dazu in der Lage, nach einer Eingewöhnungszeit selbst zu planen und zu organisieren und in einem gewissen Maß selbstständig zu handeln.

Im Gegensatz dazu empfindet das autistische Kind bei Veränderungen und Übergängen, also wenn nichts mehr so ist, wie es einmal war, häufig große Verunsicherung, weil das Bedürfnis nach Ruhe, Kontinuität und Ordnung nicht mehr erfüllt wird. Diese Verwirrung entsteht aus der reduzierten Fähigkeit zur *Theory of Mind (ToM),* den eingeschränkten *Exekutiven Funktionen* und der Schwäche in der *Zentralen Kohärenz.* Was bedeutet das im Einzelnen?

Ein Mangel in der Fähigkeit zur *ToM* (▶ Kap. 4.6.4) führt dazu, dass das Kind Probleme hat, soziale Situationen zu verstehen, sich angemessen zu verhalten, also bspw. zu tun, was jemand zu ihm sagt, Rücksicht zu nehmen, abzuwarten und mit anderen zu interagieren.

Es versteht nur ganz direkte Ansprache, eindeutige und in kurzen Worten formulierte Aufträge. Mit der sozialen, emotionalen und kommunikativen Vielfalt ist es stark gefordert und benötigt viel mehr Zeit, sich hieran zu gewöhnen. Es kann nicht nachvollziehen, welche Gefühle ein anderer Mensch in einer bestimmten Situation hat und sich daher in seinem Verhalten auch nicht hierauf einstellen. Es sieht nur sich selbst und seine eigene Wahrnehmung in dem Moment.

- In der ersten Klasse nach den Herbstferien hat Tonis Lehrerin im Klassenraum die Tische umgestellt, damit insbesondere Toni sich besser konzentrieren kann. Als er den Raum morgens betritt, fängt er sofort an zu schreien und versucht, Stühle umzuwerfen. Er versteht nicht, was passiert ist. Es gelingt auch nicht, es ihm zu erklären. Er ist richtig verzweifelt.
- Zeynep (6) hat einen ganz eigenen Willen. Sie verweigert ihre Mitarbeit und läuft gestikulierend und schimpfend durch den Klassenraum. Die anderen Kinder bitten sie leise zu sein, weil sie sich so nicht konzentrieren können. Zeynep verändert ihr Verhalten daraufhin gar nicht. Sie versteht nicht, dass die Mitschüler*innen sich von ihrem Verhalten gestört fühlen.
- Ein Mädchen ist auf dem Schulhof gestürzt und hat eine blutende Wunde am Bein. Eine Lehrerin spricht mit ihm und tröstet sie. Arne (7) steht daneben und versucht die Wunde zu berühren. Blut übt eine hohe Faszination auf ihn aus. Er versucht nicht, die Mitschülerin zu trösten oder ihr zu helfen. Er versteht nicht, warum die Mitschülerin weint. Blut ist doch schließlich etwas Interessantes und Positives.

Die *Exekutiven Funktionen* beinhalten die Fähigkeit, Dinge vorauszuplanen, zeitlich und inhaltlich zu strukturieren und flexibel mit Situationen umzugehen. Menschen mit Autismus leben i.d.R. in der Gegenwart bzw. im Moment. Sie machen sich keine Gedanken darüber, was war oder wie etwas werden wird. Das betrifft zumindest die Kinder mit stärkeren intellektuellen Beeinträchtigungen. Wenn es ihnen gelingt, die Situationsstruktur, den Tagesablauf und auch längere Zeiträume zu reflektieren, und sie den Wunsch nach eigener Ordnung und Gestaltung bekunden, ist das schon eine hohe kognitive Leistung, der Eltern und Pädagog*innen unbedingt Aufmerksamkeit schenken sollten. Allerdings fehlt es den Kindern an Flexibilität, sodass sie sich gegen Veränderungen bzw. Abänderungen der Struktur auflehnen und sie nicht oder nur eingeschränkt dulden.

- Christin (11) schreit, sobald die Klasse in einen anderen Raum muss oder ein Vertretungslehrer den Klassenraum betrit. Wenn dann jemand zu ihr hingeht, um sie zu beruhigen, erstarrt sie und braucht mindestens zehn Minuten, um aus der Krise wieder herauszukommen.
- Can (12) fragt dutzende Male nach, wann etwas Bestimmtes stattfindet. Das betrifft v. a. Unterrichtseinheiten, die er sehr gern macht, wie bspw. schwimmen.
- Bei Manuel (10) darf keine Veränderung im Unterrichtsverlauf stattfinden. Wenn plötzlich Deutsch gegen Mathematik getauscht wird, weigert er sich, an diesem Tag überhaupt noch irgendetwas mitzumachen.

Die Probleme in der sog. *Zentralen Kohärenz* führen dazu, dass das Kind insbesondere im Bereich der sensorischen Wahrnehmung bruchstückhafte oder detaillierte Informationen aufnimmt. Es nimmt bspw. bestimmte Geräusche wahr, die anderen gar nicht auffallen, es reagiert empfindlich auf das Licht, es beschäftigt sich nur mit Dingen, die ihm persönlich sehr viel Freude machen, und blendet alles andere aus.

- Frederic (8) stürmt jeden Morgen ins Klassenzimmer und versucht, mit einer einzigen Bewegung sämtliche Gegenstände vom Lehrerpult zu wischen.
- Bircan (6) sieht sofort, wenn ein Kind etwas zu essen auf dem Pult liegen hat, und steckt es sich blitzschnell in den Mund.

5.1 Organisation der Schulzeit

> ♦ Anna (9) gibt den ganzen Unterrichtstag fast ununterbrochen Geräusche von sich und hält sich die Ohren zu, wenn die Stimme des Lehrers lauter wird.

Um erfolgreiche Übergänge zu schaffen, empfiehlt es sich, zunächst einmal die individuellen Belange des Kindes zu beachten, um es auf die neue Situation vorzubereiten. Als nächste Maßnahme ist wichtig, dass alle Beteiligten, also Eltern, Pädagog*innen der Kita, zukünftige Lehrpersonen und (möglicherweise) die persönliche Schulassistenz miteinander kommunizieren und sich in einen sachlichen und informativen Austausch begeben. Hierzu gehört auch, dass die pädagogischen Inhalte abgestimmt werden und der bestmögliche und förderlichste Umgang mit dem Kind besprochen wird. Hier können die Eltern wertvolle Hinweise geben, die durch die fachlichen Informationen von Frühförder*innen Autismustherapeut*innen und anderen Therapeut*innen ergänzt werden. Berichte, Förderpläne und geeignete Materialien sollten weitergegeben werden. Um eine solche Kooperation aufzubauen, bietet es sich an, einen Runden Tisch zu initiieren, bei dem alle wichtigen Bezugspersonen anwesend sind. Der Runde Tisch erfüllt die Funktion, dass gegenseitiges Vertrauen entstehen kann, Informationen weitergegeben werden, Ziele gemeinsam abgestimmt und erforderliche Maßnahmen und Hilfen festgelegt werden. Es ist wichtig, den Runden Tisch prophylaktisch zu initiieren, also bevor es zu Problemen kommt. Beteiligt werden sollten neben Eltern/Erziehungsberechtigten Vertreter*innen der abgebenden und der aufnehmenden Einrichtung, möglicherweise auch Vertreter*innen des Jugendamts und der medizinischen Fachdienste.

> Als Anna in die Schule kommt, ist es für die Eltern selbstverständlich, dass sie ihr das persönliche Kommunikationsbuch mitgeben, mit dessen Hilfe sie ihre Bedürfnisse darstellt. Sie schreiben auch mit ein paar Sätzen auf, was man tun kann, wenn Anna anfängt zu schreien, welche Dinge für sie eine ›Katastrophe‹ bedeuten (z.B. Gummistiefel anziehen, etwas anderes als Wasser trinken, an einem neuen Platz sitzen). Alle wissen, dass sich Annas Frus-

> trationstoleranz irgendwann erhöhen kann, sodass sie bestimmte Dinge zulässt, aber im Moment sehen es alle als am wichtigsten an, dass Anna gut und entspannt in der Schule ankommt.

Als Vorbereitung für den Übergang ist es wichtig, dass Lehrkräfte und pädagogische Mitarbeiter*innen und wenn möglich auch die Schulassistenz im Bereich Autismus und im Umgang mit den betroffenen Kindern geschult sind. Sie sollten wissen, was für ein Kind in die Klasse kommt, wie sie es am besten unterstützen können, wie sie Krisen vermeiden oder damit umgehen können und wie dieses Kind am besten lernen wird.

5.1.3 Begleitung des Neuanfangs

Am Anfang bietet es sich an, die Schulzeit zunächst zu verkürzen, bspw. auf die halbe Zeit oder Unterricht nur beim Klassenlehrer*in oder dem/der Sonderpädagog*in. Es ist hilfreich, wenn sehr regelmäßig ein Mitteilungsheft geführt und hin und her gegeben wird, um die Stimmung des Kindes zu Hause und in der Schule darzustellen und sich über besondere Vorkommnisse positiver und negativer Art auszutauschen.

Von Anfang an werden in der Klasse Regeln aufgestellt, die für alle Kinder gelten. Insbesondere dem autistischen Kind sollten sie in Form von Bildkarten verdeutlicht werden. Hier ist es sehr wichtig, dass die Pädagog*innen in der Schule, Eltern und mögliche Therapeut*innen zusammenarbeiten. Wenn das Kind bspw. in eine Krise kommt, d.h. aggressiv wird, sich verweigert oder Dinge zerstören will und daher nicht mehr mit den anderen Kindern im Klassenraum bleiben kann, muss im Vorhinein geklärt werden, was dann passiert. Wer ist zuständig und was für Maßnahmen werden ergriffen? Wer kümmert sich, wenn Änderungen im pädagogischen Umgang notwendig sind, Lernziele verändert oder auch reduziert oder gesteigert werden sollten?

> **Praxistipp: Ferien**
> Ein großes Problem können die Ferien darstellen. Das Kind ist jetzt gewohnt, an jedem Wochentag in die Schule zu gehen und am Wochenende zu Hause zu sein – schon das ist manchmal ein Problem, und Samstagsmorgens steht es am Fenster und wartet auf den Schulbus. Und jetzt stehen z.B. sechs Wochen Sommerferien bevor. Wichtig ist, dass die Eltern diese Zeit gut vorbereiten. Zunächst einmal bietet sich ein ›Countdown‹ an, d.h., die Tage bis zu den Ferien werden auf einem einfachen Kalender notiert. Die Eltern können auch ein Band aufhängen, das mit Tagen markieren und jeden Tag einen ›Tag‹ abschneiden. Genauso sollte mit der Dauer der Ferienzeit verfahren werden. Sinnvoll ist außerdem eine Tagesstruktur aufzubauen, damit das Kind seine Sicherheiten und Vorhersehbarkeiten behält. Wenn Ausflüge oder Reisen anstehen, sollten sie rechtzeitig angekündigt und visualisiert werden (Zeitraum, Ziel, Teilnehmer*innen, Ausflüge, Art der An- und Abreise).

5.2 Die Rollen von Lehrer*innen, Sonderpädagog*innen und Schulassistenzen

In Deutschland gibt es ganz unterschiedliche Bedingungen in den Schulen der einzelnen Bundesländer. Es ist daher notwendig, dass Eltern sich bei der Schulbehörde in ihrer Stadt, ihrem Landkreis bzw. ihrem Bundesland erkundigen, wie der Weg ist, die richtige Schule zu finden, was zu tun ist, wenn es Probleme gibt. Es ist auch eine gute Möglichkeit, beim Kinder- und Jugendärztlichen Dienst des Gesundheitsamts nachzufragen. Darüber hinaus gibt es schulpsychologische Beratungs- und Unterstützungszentren, die häufig auch mit dem Thema Autismus Erfahrungen haben.

5 Schulzeit

Von vornherein sollten Lehrer*innen und Pädagog*innen wissen, welches Kind in ihre Klasse kommt und welche besonderen Bedarfe oder Verhaltensbesonderheiten bei ihm bestehen. Die Erfahrung zeigt, dass eine positive und erfolgreiche Beschulung sehr stark von der Klassenlehrerin oder dem Klassenlehrer abhängt. Wenn er/sie offen dafür ist, für das spezielle Kind individuelle Möglichkeiten anzubieten und sich um eine gute Vernetzung von Schule, Elternhaus und Therapeut*innen bemüht, ist schon ein wichtiger Schritt getan. Für die Lehrer*innen ist das individuelle Eingehen auf jedes Kind jedoch auch eine große Herausforderung, weil in jeder Klasse mehrere Kinder mit besonderen Problemen und Bedürfnissen sind.

Daher kann manchmal ein/e Schulbegleiter*in (bzw. Integrationshelfer*in, Schulassistenz) die Beschulung des autistischen Kindes überhaupt erst ermöglichen. Der/die Schulbegleiter*in ist zuständig für die Integration des Kindes in die Klassengemeinschaft. Hierbei fungiert er/sie als Vermittler zwischen Lehrer*innen und dem/der Schüler*in sowie zwischen den Schüler*innen untereinander. Er ist ein/e ›Übersetzer*in‹ für schwierige Situationen, den Unterrichtsstoff, unklare Strukturen bzw. komplexe Unterrichtssituationen. Zwischen Lehrer*innen und Assistenzkraft sollte ein partnerschaftliches Miteinander bestehen, Konkurrenzgedanken oder Neid sind nicht angebracht. Der/die Schulbegleiter*in soll es dem Kind ermöglichen, trotz der Beeinträchtigung dem Unterricht zu folgen, und Mobbing bzw. Ausgrenzung verhindern. Außerdem soll der/die Schulbegleiter*in den/die Lehrer*in entlasten, indem er/sie den/die Schüler*in nach draußen bringt, wenn er/sie nicht mehr tragbar im Unterricht ist, die Pausen begleitet und in sozialen Situationen vermittelt. Schulbegleiter*innen werden nicht nur in Regelschulen eingesetzt, sondern auch in Förderschulen, wenn der/die autistische Schüler*in sonst nicht beschulbar wäre bzw. eine zu große Belastung für die Klasse darstellen würde.

5.2 Die Rollen von Lehrer*innen, Sonderpädagog*innen und Schulassistenzen

Was Lehrer*innen bei Problemen tun können

Ein autistisches Kind in der Klasse zu haben, ist eine besondere Herausforderung. Für dieses Kind benötigen Pädagog*innen ein hohes Maß an methodischen und didaktischen Ideen, die weit über den üblichen Rahmen hinausgehen. Vom ersten Tag an braucht das Kind eindeutige Regeln, Pläne, einen ruhigen Arbeitsplatz, viel Hilfe und Unterstützung. Es wird immer ›anders‹ sein als seine Klassenkamerad*innen und sich nur ansatzweise in den Klassenverband integrieren lassen. Manches Mal werden Lehrer*innen und pädagogische Fachkräfte zweifeln, ob sie alles richtigmachen, und hinterfragen, warum es Probleme gibt. Das ist i.d.R. dem Autismus-Spektrum geschuldet und liegt nicht an mangelnder Kompetenz oder einem Fehlverhalten der Lehrer*innen. Wenn die Situation zu schwierig wird, und sich alle Beteiligten nicht mehr erklären können, warum das so ist, ist es empfehlenswert, eine autismusspezifische Beratung oder Supervision zu veranlassen bzw. den schulpsychologischen Dienst einzubeziehen. Allerdings bestehen hier, wie auch an vielen anderen Stellen lange Wartelisten, weil der Bedarf immens ist. Die Lehrer*innen können sich auch an ein Autismus-Therapiezentrum wenden, insbesondere dann, wenn das Kind dort in Therapie ist. Fortbildungen zur Thematik können ebenfalls eine große Unterstützung darstellen.

Einsatz von Regeln

In jeder Klasse gibt es Regeln, die allen Kindern vermittelt werden und die allen Kindern bekannt sein sollen. Die Schüler*innen bleiben auf dem Platz sitzen, melden sich, sind leise, machen, was der/die Lehrer*in sagt, warten, sind freundlich zu den Mitschüler*innen. Die Regeln werden für die Kinder meist visualisiert und hängen sichtbar an der Wand im Klassenzimmer. Für das autistische Kind ist erforderlich, dass sich die Regeln immer in seiner Nähe befinden, also bspw. auf dem Tisch. Manchmal ist auch sinnvoll, dass die Regel, die in diesem Moment wichtig ist (also bspw. leise sein), dem Kind in der

entsprechenden Situation als einzelne Regel präsentiert wird
(▶ Abb. 8). Oft ist das am wirkungsvollsten, wenn dabei nicht gesprochen wird, sondern der/die Erwachsene nur auf die Regel deutet. Autistische Kinder haben Probleme, mehrere Wahrnehmungsreize gleichzeitig zu verarbeiten und das Verstehen wird ihnen erleichtert, wenn sie nur mit einem Sinneskanal informiert werden. Wenn die Regeln beachtet werden, kann das Kind eine Belohnung eintauschen.

Abb. 8: Regeln für Jeremy (METACOM Symbole © Annette Kitzinger)

5.2 Die Rollen von Lehrer*innen, Sonderpädagog*innen und Schulassistenzen

Aufklärung von Mitschüler*innen

Spätestens dann, wenn die Schüler*innen Fragen bzgl. des/der autistischen Mitschüler*in stellen, ist es Zeit, ihnen diese zu beantworten und ggf. Autismus zu erklären. Hier ist allerdings ein sensibles Vorgehen gefragt. Zunächst sollte mit den Eltern des/der betroffenen Schüler*in gesprochen werden, ob sie einer Klassenaufklärung zustimmen. Wenn nicht, darf die Diagnose den Mitschüler*innen (und damit deren Eltern) nicht genannt werden. In jedem Fall sollten den Mitschüler*innen Hilfen an die Hand gegeben werden, den/die autistische/n Mitschüler*in besser zu verstehen und mit ihm/ihr zurechtzukommen. Einfacher ist das, wenn dabei Autismus in dem Alter der Kinder angemessener Darstellung erklärt wird und entsprechendes Aufklärungsmaterial genutzt werden kann.

Insbesondere in der Phase der Pubertät werden besondere Verhaltensweisen zunehmend in Frage gestellt, denn nun werden Verhaltensregeln in der Peergroup (also in der Gruppe der Gleichaltrigen) definiert und Anderssein wird intensiver wahrgenommen. In dieser Phase kommt es auch immer wieder zu Mobbing und Ausgrenzung von Kindern, die sich anders verhalten. In der Förderschule wird es nicht nötig sein, das Thema Autismus im Einzelnen zu thematisieren, abgesehen von der Frage, warum der/die autistische Mitschüler*in ein bestimmtes Verhalten zeigt und wie Mitschüler*innen damit umgehen können.

Wenn möglich bzw. gewünscht, sollte bei der Aufklärung zu Autismus eine Autismusfachkraft einbezogen werden, die vorher mit dem/der Klassenlehrer*in das Prozedere bespricht und ihn/sie während der Aufklärungsstunde pädagogisch unterstützt. Für Schüler*innen ist es sehr wichtig, nicht nur theoretische Ausführungen zu hören, sondern Autismus bzw. die Folgen der Wahrnehmungsbeeinträchtigung selbst durch entsprechende praktische Übungen zu erfahren. Das sind Übungen wie

- Geschmacksproben mit verbundenen Augen identifizieren,
- durch eine ›Umkehrbrille‹ blickend auf einem Band gehen (dabei wird die Welt auf den Kopf gestellt),
- mit links (plus mit Creme beschmierter Brille) schreiben,
- nur mit Spiegelbild-Kontrolle etwas tun/malen,
- durch ein Fernglas blickend einen Parcours gehen,
- mit dicken Handschuhen einen Faden in eine Nadel einfädeln/ Schleife binden,
- hinter jemandem sitzend denjenigen füttern oder schminken,
- zu zweit mit je einer Hand eine Schleife binden.

Im Anschluss berichten die Schüler*innen, wie es ihnen dabei gegangen ist. Ziel ist, dass sie ein Verständnis für die besondere Wahrnehmungsverarbeitung des/der autistischen Mitschüler*in entwickeln. In einem nächsten Schritt erarbeiten sie Ideen, was die Grundprobleme des/der autistischen Mitschüler*in sind (Erfordernis von Struktur, Gefahr von Reizüberflutung, Bedürfnis nach Ruhe, wortwörtliche Sprache usw.) und wie sie ihn möglicherweise unterstützen können. Zu der Thematik gibt es zahlreiche Bücher und Filme, mit denen Mitschüler*innen Autismus nahegebracht und erklärt werden kann.

5.3 Die häusliche Situation im Zusammenleben mit einem autistischen Schulkind

Im Laufe der Jahre berichten die Eltern autistischer Kinder häufig, dass sie die Entwicklungsfortschritte und die Veränderungen ihres Kindes deutlich spüren würden. Aus einem kleinen Kind, das zu unerklärlichen Verhaltensweisen neigte, wenig steuerbar und kaum durch Worte zu erreichen war und das versunken in seinen Stereo-

5.3 Die häusliche Situation im Zusammenleben mit einem autistischen Schulkind

typien zu sein schien, wird ein Kind, das mehr am Familienleben teilnimmt. Es versteht vieles, kann sich zunehmend an Regeln halten, wird selbstständiger und selbstbewusster. Die Eltern erleben das als Entlastung, merken aber auch, dass durch die Entwicklungsfortschritte neue Probleme auftreten können. Das Kind verfügt über mehr Möglichkeiten, seine Ziele zu verfolgen, und erkennt seine eigenen Interessen und Bedürfnisse. Um sie durchzusetzen, wendet es manchmal ungewöhnliche und kreative Strategien an. Die Eltern müssen aufpassen, dass sie diejenigen sind, die ›das Heft in der Hand behalten‹, also dem Kind Regeln und Gesetzmäßigkeiten aufgeben. Nicht das Kind darf der ›Chef‹ sein, sondern die Eltern.

> Als Toni in die Schule gekommen ist, hat sich auch seine Faszination für Glühbirnen entwickelt. Geradezu zwanghaft versuchte er, an die begehrten Objekte zu gelangen, und entwickelte richtiggehend Strategien, auf alle möglichen Arten und Weisen Glühbirnen zu bekommen. Als er im Sommer seine Großmutter besuchte, saß sie in der Sonne auf dem Gartenstuhl, und Toni ging davon aus, dass sie nicht durchschaute, was er sich für einen Plan zurechtgelegt hatte. Er wollte von der Garageneinfahrt des Nachbargrundstücks eine besondere Glühbirne ›erobern‹. Sie befand sich in der Decke der nachbarlichen Garageneinfahrt. Sie war für Toni ohne Hilfsmittel nicht erreichbar. So schob er alle paar Minuten eine große Mülltonne immer weiter in Richtung Nachbargrundstück und wähnte sich hierbei in Sicherheit, da er nicht bemerkte, dass die Großmutter ihn beobachtete. Zentimeterweise arbeitete er sich vor, immer die Großmutter im Blick behaltend. Zwischendurch tat er ganz unbeteiligt, spielte an einer anderen Stelle, schaute im Garten umher. Schließlich befand sich das Müllgefäß unter der Glühbirne, und Toni hatte sich bereits einen Stuhl organisiert, um darauf zu klettern. Zu seiner größten Enttäuschung schaltete sich jetzt die Großmutter ein und verbot ihm, seinen Plan erfolgreich zu beenden. Was für eine kognitive und exekutive Höchstleistung hatte er vollbracht. Und das, weil Glühbirnen für ihn schon damals Objekte des höchsten Glücks waren.

5 Schulzeit

Um die häusliche Situation gut zu gestalten und dafür zu sorgen, dass das Zusammenleben in der Familie entspannt oder geordnet verlaufen kann, ist es sinnvoll und notwendig, Regeln im familiären Umfeld zu installieren. Ein jüngeres Kind muss sich zwar auch an Regeln halten, versteht sie jedoch noch nicht und kann sie nicht nachvollziehen. Dem Schulkind sind Regeln einfacher zu vermitteln, wenngleich es konsequenten und geduldigen Vorgehens bedarf, sie zu entwickeln, einzuführen, umzusetzen und sich daran zu halten.

Praxistipp: Begründungen für Familienregeln
Regeln vermitteln Sicherheit und Geborgenheit, strukturieren und ordnen den Alltag. Sie erleichtern die Anforderungen des Tages und entlasten Eltern und Kinder. Sie schaffen Entspannungs- und Ruhezeiten, reduzieren Ängste und helfen Krisen zu bewältigen. Sie nützen den Kindern, weil sie Halt bedeuten und Lernen ermöglichen.

Regeln zum Umgang miteinander

Diese Regeln beinhalten, wie die Familienmitglieder miteinander umgehen. Positive Umgangsweisen werden festgelegt (wir sprechen ruhig und freundlich miteinander, teilen, beherzigen das Ruhebedürfnis des anderen, fragen, wenn wir etwas wollen, sind leise usw.) und Verbotenes aufgezählt (den anderen schlagen, schreien, etwas wegnehmen, kaputt machen, stören u. v. m.). Es ist sehr wichtig, diese Regeln nicht nur zu sagen und daran zu erinnern, sondern sie auch zu visualisieren (► Abb. 9), sodass sie jedes Familienmitglied jederzeit nachschauen kann.

Regelung der Aufgaben und Pflichten im Haushalt

Für jedes Familienmitglied gibt es Aufgaben, bspw. die eigenen Dinge wegzuräumen, eine Tätigkeit im Haushalt zu übernehmen, bestimmte Aktivitäten gemeinsam zu tun (Abendbrot vorbereiten). Diese

5.3 Die häusliche Situation im Zusammenleben mit einem autistischen Schulkind

Abb. 9: Social Story »Wie es mit Schimpfen ist in unserer Familie« (METACOM Symbole © Annette Kitzinger)

Pflichten sind an die Fähigkeiten bzw. das Alter der jeweiligen Person angepasst. Aufgaben im Tagesablauf machen sie sichtbarer und plausibler für das Kind. Sie geben ihm Selbstbewusstsein, weil ihm zugetraut wird, eine Leistung zu erbringen. Hierdurch entsteht Inklusion in der Familie, denn jeder, auch das beeinträchtigte Kind, muss etwas zum erfolgreichen Familienleben beitragen. Die Tagesstruktur beschäftigt das Kind und gibt ihm Möglichkeiten zur individuellen oder kreativen Gestaltung. Manchmal bevorzugen die Kinder spezielle Materialien oder Situationen und haben viel Freude an der Aufgabe.

> Atakan liebt Wasser. Er nutzt jede Gelegenheit, an den Wasserhahn zu gehen und Wasser über seine Hände laufen zu lassen. Gerne benutzt er dabei Schwämme und möglichst viel Seifenschaum. Seine Aufgabe ist es, einmal in der Woche im Gäste-WC das Waschbecken und den Spiegel zu putzen. Mit Handführung lernt er, wie man einen Putzlappen auswringt. Die Mutter führt seine Hand, wenn er über Spiegel und Waschbecken wischt und zeigt ihm so wie er es machen soll. Er macht es gern, und sie freut sich, ihn loben zu können.

Regeln in bestimmten Situationen

Eltern sollten Grundregeln aufstellen. Das Kind soll auf das hören, was Erwachsene zu ihm sagen. Es muss bspw. bei den Eltern bleiben und darf nicht weglaufen. Beim Autofahren muss es sitzen und angeschnallt bleiben. Es darf erst aussteigen, wenn die Eltern es hierzu auffordern. Es darf fremde Menschen nicht einfach anfassen, anderen Menschen nichts wegnehmen. Es soll fragen, wenn es etwas möchte. Das sind beispielhafte Grundregeln, die bei unterschiedlichen Gelegenheiten bzw. Aktivitäten zum Einsatz kommen und die daher so besonders wichtig sind.

Regeln in Bezug auf andere Menschen, Freund*innen und Familie

Wenn das Geschwisterkind von einem autistischen Kind Besuch von einem/einer Freund*in oder Klassenkamerad*in hat, möchte es mit dem/der Freund*in spielen und nicht permanent von der autistischen Schwester oder dem autistischen Bruder gestört werden.

5.3 Die häusliche Situation im Zusammenleben mit einem autistischen Schulkind

Vielleicht ist es dazu bereit, für einen begrenzten Zeitraum auch das autistische Geschwisterkind dabeizuhaben. Es möchte jedoch auch allein sein mit seinem Besuch. Wie nun kann es verhindern, dass der autistische Bruder bzw. die Schwester ins Zimmer kommt? Vielleicht werden die Eltern sich intensiver um das autistische Kind kümmern und versuchen, es zu beschäftigen. Der Reiz, Schwester/Bruder immer wieder zu stören, ist jedoch groß, v. a., weil das Kind Aufmerksamkeit erhält, wenn es immer wieder vor die Tür geschickt wird.

Es empfiehlt sich daher, rechtzeitig mit dem autistischen Kind zu üben, bestimmte Regeln in Form von Begrenzungen und visuellen Barrieren einzuhalten. Als Material bieten sich ein Baustellenband oder ein breites, am besten rotes, Geschenkband an. Das Kind lernt, dass es diese Linie nicht übertreten darf, wenn Eltern oder Geschwister das wollen. Umgekehrt kann das autistische Kind selbst auch verlangen, dass bei ihm eine solche Grenze akzeptiert wird. Wenn es bspw. eine Reihe von Autos aufgebaut hat und die sich hinter einem solchen Band befinden, darf keiner sie wegräumen oder zerstören.

Es ist auch wichtig, dass dem Kind klar ist, wie lange der Besuch dauern wird und wann die Sperrung des Zimmers wieder aufgehoben wird. Dazu ist es bspw. gut, einen Plan zu haben, auf dem vermittelt wird, wie lange etwas dauert und was danach kommt. Außerdem ist erforderlich, dass das Kind belohnt wird, wenn es sich an die Regeln hält.

Vermittlung von Regeln

Ein autistisches Kind befolgt Regeln häufig nicht, wenn sie ihm nur gesagt werden. So wie bei vielen anderen Anforderungen muss es auch hier lernen, wie es eine Regel beachten kann. Es wird in kleinen Schritten und mit Belohnung gearbeitet, um dem Kind das Einhalten von Regeln beizubringen.

5 Schulzeit

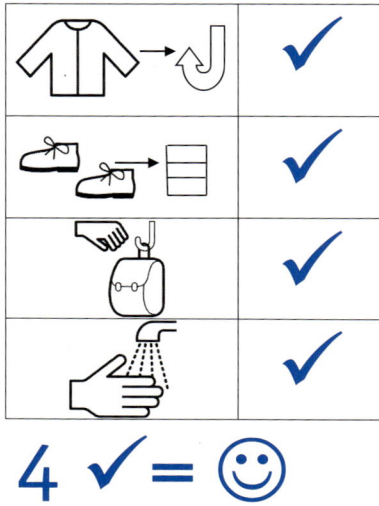

Abb. 10: Aufgabenplan nach der Heimkehr von der Schule (METACOM Symbole © Annette Kitzinger)

Arne soll lernen, fünf Minuten am Tisch zu sitzen, ohne unangemessenes Verhalten zu zeigen. Zunächst lernt er, in Anwesenheit eines/einer Erwachsenen für diese Zeitspanne einer Beschäftigung nachzugehen. Es handelt sich dabei um eine Tätigkeit, die er gern macht. Auf dem Tisch befindet sich eine laminierte Karte, auf der die Symbole »sitzen« und »arbeiten« abgebildet sind. Arne wird erklärt, was er zu tun hat. Ihm wird die Belohnung dafür gezeigt, wenn er das schafft. Außerdem hat er freie Sicht auf einen Time Timer (▶ Kap. 4.6.11), der ihm verdeutlicht, wann die fünf Minuten herum sind. Alle Dinge, die er erreichen und mit denen er werfen könnte, werden aus seinem Umkreis entfernt. Wenn er die Aufgabe bewältigt, wird er gelobt, dass er sitzengeblieben ist und gearbeitet hat, und erhält seine Belohnung. Er erfährt also, dass etwas Posi-

5.3 Die häusliche Situation im Zusammenleben mit einem autistischen Schulkind

tives geschieht, wenn er sich an die Regel hält. Wenn er die erste Regel gut beherrscht, wird eine weitere Regel hinzugenommen.

Elli soll ihre Jacke aufhängen, die Schuhe ins Schuhregal stellen, die Schultasche in ihr Zimmer bringen und sich die Hände waschen, wenn sie aus der Schule nach Hause kommt. Sie hat einen eigenen Haken für ihre Jacke, der mit ihrem Foto gekennzeichnet ist. Ebenso klebt am Schuhregal ein entsprechendes Bild. Für die Schultasche befindet sich in ihrem Zimmer ein Haken am Schreibtisch, und darüber hängt das Foto der Schultasche. Elli muss vier Aufgaben bewältigen, wenn sie nach Hause kommt. Da sie an vieles denken muss, haben die Eltern für sie einen Plan gemacht (▶ Abb. 10).

Elli kauft ein

Wofür möchtest du einkaufen, Elli?

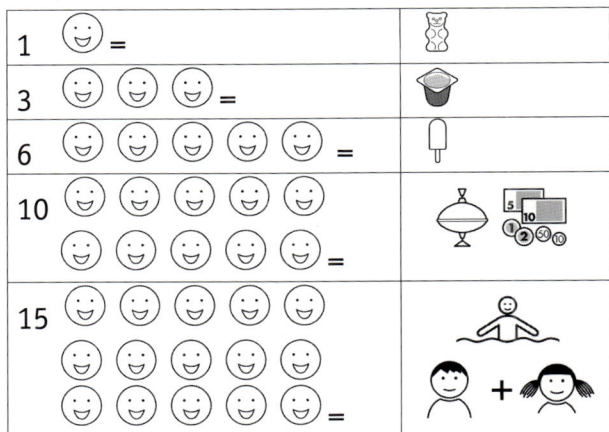

Abb. 11: Eintausch von Vergünstigungen (METACOM Symbole © Annette Kitzinger)

> Er besteht aus einem Klettband und hängt im Hauseingang. Auf dem Plan befinden sich die Symbole einer Jacke am Haken, von Schuhen auf einem Regal, einer Schultasche, die aufgehängt ist, sowie vom Händewaschen. Neben jedem Symbol befindet sich ein Kästchen, das Elli mit einem Kärtchen mit aufgeklebtem Häkchen überkleben kann. Unten auf dem Plan ist ein gelbes Smiley abgebildet. Wenn Elli alle Aufgaben selbstständig erledig hat, darf sie das gelbe Smiley auf eine ›Preisliste‹ kleben. Auf dieser befinden sich Felder, auf die Smileys geklebt werden können. Elli kann sich überlegen, wofür sie sparen möchte. Sie kann bspw. für drei Smileys einen Fruchtjoghurt oder für fünf Smileys ein Eis eintauschen. Wenn sie möchte, kann sie auch noch mehr Smileys sammeln und für größere Bedürfnisse einsetzen, also einen Kreisel kaufen oder mit dem Vater zum Schwimmen fahren (▶ Abb. 11). Ggf. können die Belohnungen verändert werden, wenn sie keinen Anreiz mehr für Elli bedeuten.

5.4 Entwicklungsziele in der Schulzeit

Grundsätzlich bleiben die bisherigen Ziele bestehen – diese betreffen insbesondere das Training von Kommunikation, Sprachverständnis, Wechselseitigkeit, Sozialverhalten und Kooperation, Spielverhalten, Regelverständnis, Kognition, Feinmotorik und Wahrnehmungsförderung. Die Fokussierung auf bestimmte Bereiche verändert sich jedoch und wird angepasst an die Fortschritte, speziellen Bedarfe bzw. möglichen Problembereiche.

5.4.1 Selbstständigkeit

Fast jedes autistische Kind wird selbstständiger und unabhängiger von den Eltern. Die Entwicklungsmöglichkeiten der Kinder sind jedoch sehr individuell und nicht miteinander vergleichbar. Es gibt autistische Kinder, die ihr Leben lang komplett auf Eltern und Betreuer*innen angewiesen sind, andere wiederum gehen zumindest teilweise ihre eigenen Wege, und es ist die schwierige Aufgabe der Eltern, sie loszulassen. In welchem Maße selbstständige Handlungen sinnvoll und erstrebenswert sind und inwieweit sie gelingen, hängt maßgeblich von den intellektuellen Fähigkeiten des Kindes ab sowie von der Intensität stereotypen und zwanghaften Verhaltens. Ein Kind, das sich nicht in problematische Situationen hineinversetzen und diese nicht reflektieren kann, ist nicht zu eigenständigen Handlungen außerhalb des Hauses in der Lage. Es könnte sich im Notfall keine Hilfe holen, nicht mit anderen Menschen kommunizieren, würde sich möglicherweise verlaufen und sich in einer schwierigen Situation nicht schützen können. Viele autistische Kinder verfügen über kein Gefahrenbewusstsein und es fehlt ihnen die Fähigkeit zur Theory of Mind, d.h. sich in eine andere Person hineinzuversetzen, die sich Sorgen macht, wenn etwas passiert (▶ Kap. 4.6.4).

Auf der anderen Seite gibt es autistische Kinder, die gern selbstständig sein wollen und denen es wichtig ist, dass die Eltern ihnen etwas zutrauen. Das ist auch dem Umstand geschuldet, dass sie anfangen, sich mit anderen Kindern zu vergleichen und die gleichen Freiheiten genießen möchten.

> Toni wollte mit elf Jahren unbedingt allein mit dem Fahrrad von zu Hause wegfahren. Da die Familie am Rand eines kleinen Orts wohnt, war keine erhebliche Gefahr durch den Straßenverkehr gegeben. Dennoch stellten sich Tonis Eltern bange Fragen wie: Wie weit wird er von zu Hause wegfahren? Wird er zurückfinden? Was ist, wenn ihm etwas passiert oder wenn er ein Problem hat? Was ist, wenn er Erwachsenen begegnet, die von ihm etwas verlangen, was er nicht möchte?

> **Praxistipp**
> Diese Situation wurde intensiv vorbesprochen und geplant. Folgende Punkte wurden als die wichtigsten dokumentiert:
>
> 1. Toni muss lernen selbst zu telefonieren. Er muss wissen, in welchen Situationen er anrufen sollte. Diese Situationen werden möglichst einzeln vorbesprochen. Das notwegige Verhalten wird festgelegt und geübt (wenn der Fahrradreifen kaputt ist, rufe ich Mama an). Manche Situationen muss Toni selbst bewältigen (wenn ein Hund auf mich zugelaufen kommt, halte ich an, steige vom Fahrrad, sodass das Fahrrad zwischen dem Hund und mir ist, und versuche ruhig zu bleiben).
> 2. Wenn das Telefon klingelt, weil die Mutter z.B. fragen möchte, wo Toni sich gerade befindet, sollte er dazu in der Lage sein, den Anruf anzunehmen. Er muss wissen, dass er immer ans Telefon gehen muss, wenn Mutter oder Vater anrufen.
> 3. Bei manchen Kindern empfiehlt es sich, einen Peilsender an der Bekleidung des Kindes zu befestigen, damit die Bezugspersonen immer wissen, wo sich das Kind befindet.
> 4. Toni muss einen Zeitpunkt mitgeteilt bekommen, wann er sich wieder zu Hause einzufinden hat. Durch ein akustisches Signal erhält er die Erinnerung, dass er jetzt zurückfahren muss.
> 5. Wenn es gut funktioniert hat und Toni sich an alle Regeln gehalten hat, wird er gelobt und darf bei nächster Gelegenheit wieder losfahren.
> 6. Mit Toni wird grundsätzlich besprochen, dass sein Körper ihm gehört und dass er »nein« sagen darf und muss, wenn andere Menschen etwas von ihm wollen. Das wird auch mit ihm im Rollenspiel geübt.

Mit 12 Jahren wollte Toni unter allen Umständen allein zum Dorfbäcker fahren, der sich auf der anderen Seite der befahrenen Dorfstraße befindet. Die Erfahrung war jedoch, dass er in der Bäckerei manchmal unangemessenes Verhalten zeigte, d.h. etwas

5.4 Entwicklungsziele in der Schulzeit

Unpassendes oder Unhöfliches zu einem/einer Erwachsenen sagte, sich vordrängelte oder Geräusche von sich gab. Toni war ganz unglücklich, dass die Eltern ihm diesen selbstständigen Bäckereibesuch bisher nicht gestatteten, und fragte jedes Wochenende wieder, wann er denn nun allein zum Bäcker gehen dürfe.

Praxistipp: Selbstständigkeit

- Das Überqueren der Straße üben: Bei kleineren Straßen mit den Verkehrsregeln beginnen. Wenn das Kind dort sehr sicher mit den Regeln ist, gemeinsam mit ihm an der großen Straße üben. Sich zunehmend ein paar Meter entfernt von ihm hinstellen, bis man sich sicher sein kann, dass er auf den Verkehr achtet, bevor es die Straße überquert.
- Mit dem Kind im Rollenspiel üben, wie man sich bspw. in der Bäckerei benimmt, also »Guten Tag« sagen, warten, laut und deutlich die Wünsche formulieren, die Tüte entgegennehmen, sich bedanken, beim Herausgehen »Auf Wiedersehen« sagen. Wenn das Kind diese Schritte beherrscht, in der Bäckerei vor Ort üben. Vorher mit der Bäckereifachverkäuferin sprechen und sie bitten, angemessen zu reagieren. Des Weiteren sollte man sie bitten, Probleme zurückzumelden. Ihr erklären, warum das so wichtig ist.
- Das Kind zunächst durch das Fenster beobachten, sich dann immer weiter weg positionieren. Es mit einem Mobiltelefon ausstaffieren, wenn es allein unterwegs ist. Wenn der selbstständige Einkauf erfolgreich war (und das wird auch noch einmal bei der Verkäuferin erfragt), darf das Kind sich beim nächsten Mal etwas besonders Leckeres aussuchen.

Als Toni 13 ist, erlauben die Eltern ihm nach langer Vorbereitung, den Bäckereibesuch. Er bekommt Geld mit und geht am ersten Tag zu Fuß zum Bäcker. Die Mutter hat am Tag vorher seinen Besuch in der Bäckerei angekündigt. Als Toni die Bäckerei verlassen hat, ruft

> die Bäckersfrau seine Mutter an mit der Nachricht, alles sei gut gelaufen. Toni kommt stolz und glücklich nach Hause. Am nächsten Tag darf er mit dem Fahrrad fahren. Er möchte auch noch zum Buchladen im Dorf gehen, um für die Mutter ein Geschenk zu kaufen. Auch das schafft er. Für die Eltern von Toni war es ein riesengroßer Schritt, ihn gehen zu lassen und zu versuchen, ihm zu vertrauen. Auch sie sind stolz und erleichtert, dass dieser Schritt möglich war und Toni wieder heil zu Hause angekommen ist. Die nächste Zeit wird den Eltern noch einiges abverlangen, wenn Toni immer mehr an seiner Autonomie ›arbeitet‹.

5.4.2 Soziale Fähigkeiten und Beziehungen

Freundschaften aufbauen, halten und pflegen ist ein sehr weitentferntes Ziel für ein Kind mit frühkindlichem Autismus. Wichtige Voraussetzungen für Freundschaft sind, dass ein Kind ein anderes Kind wahrnimmt und etwas mit ihm zu tun haben möchte. Häufig geschieht der Kontakt über ein gemeinsames Interesse bzw. eine gemeinsame Handlung.

> Leonie (6) und Marvin (8) laufen im Motorikraum des Therapiezentrums die Rampe hoch und runter. Beide haben dabei spürbar Freude. Wenn sie sich an einer Stelle begegnen, verharren sie kurz, dann läuft wieder jeder auf seine Art weiter, gibt brummende oder quiekende Laute von sich. Als die Therapeutin mit Leonie den Raum verlässt, zeigt Marvin keine Enttäuschung, schaut nicht hinter Leonie her, sondern setzt sein stereotypes Hin- und Herlaufen genauso fort wie zuvor. Wenn die Lehrerin zu Marvin sagt, dass er in der Schule beim Gang zum Kunstraum ein anderes Kind anfassen soll, macht er das. Er sitzt auch im Unterricht neben Mitschüler*innen, wartet im Turnunterricht, bis er an der Reihe ist und verteilt an seinem Geburtstag Süßigkeiten an die anderen Kinder. Er nimmt aber ansonsten keinen Kontakt zu ihnen auf, und man hat nicht den Eindruck, als würde ihm etwas fehlen. Um

Bedürfnisse erfüllt zu bekommen, wendet er sich grundsätzlich an Erwachsene.

Andere autistische Kinder äußern durchaus, dass sie gern eine/n Freund*in hätten. Wenn das Kind miterlebt, wie bspw. das Geschwisterkind Besuch empfängt und mit diesem fröhlich im Kinderzimmer verschwindet, reagiert es durchaus neidisch und äußert den Wunsch nach einem/einer eigenen Freund*in. Verabredet sich dann jedoch ein anderes Kind mit anderer Behinderung oder ein Nachbarskind bzw. ein entfernteres Familienmitglied mit ihm, scheitert die Begegnung häufig an dem selbstbezogenen und eigentümlichen Verhalten des autistischen Kindes. Ein jüngeres oder gleichaltriges Kind fühlt sich meist überfordert, ein älteres erkennt sehr schnell, dass es schwierig ist, weil der/die Spielpartner*in herumquiekt, laut wird, Spielzeug oder Aktivitäten nicht teilen möchte, unvermittelt weggeht oder alles bestimmen will. Zu einem zufriedenen gemeinsamen Spiel kommt es oft nicht.

So wie die Kinder Familienangehörige oder Lehrer*innen provozieren, versuchen sie auch, andere Kinder zu ärgern, indem sie absichtlich etwas sagen, was der/die andere nicht hören möchte, etwas wegnehmen, zerstören, Geräusche machen oder ähnliches. Es ist sehr wichtig, hier schon frühzeitig entgegenzuwirken, da für die Integration in jedwede Eichrichtung (Lernen, Arbeiten, Wohnen) ein angemessenes Sozialverhalten von bedeutender Wichtigkeit ist.

Ein weiterer kritischer Punkt ist, dass ein Kind mit Autismus i.d.R. nicht dazu in der Lage ist, so wie andere Kinder Rollenspiele oder auch symbolische Spielhandlungen durchzuführen, was andere Kinder in dem Alter meist können. Dazu kommt noch, dass bspw. bei einem gemeinsamen Gesellschaftsspiel die Regeln nicht beachtet und unangemessene Verhaltensweisen gezeigt werden, sodass das gemeinsame Spiel für das Besuchskind anstrengend ist. Es wendet sich lieber den Eltern oder dem Geschwisterkind zu und das Kind mit Autismus versteht nicht, warum das passiert.

Welche Möglichkeiten gibt es, um einem Kind mit Autismus zu vermitteln, mit anderen Kindern zurechtzukommen? Wichtig ist, dass man nicht davon ausgeht, dass die Kinder es allein schaffen, gut miteinander zu spielen. Es gibt zu viele Hürden, um sich darauf verlassen zu können. Sowohl das betroffene Kind als auch der/die Spielpartner*in brauchen Unterstützung durch eine/n Erwachsene*n, um gut miteinander auszukommen. Wenn wir betrachten, wie die Geschwister mit ihrem autistischen Geschwisterkind spielen, fällt auf, dass der überwiegende Inhalt der gemeinsamen Beschäftigung das Eingehen des gesunden Geschwisters auf die Interessen und Bedürfnisse des Kindes mit Autismus ist. Das autistische Kind springt auf dem Trampolin und freut sich, wenn der große Bruder mit ihm zusammen springt. Die ältere Schwester soll es durchkitzeln, ihm Türme bauen, eine große Murmelbahn konstruieren, mit ins Schwimmbad fahren. Umgekehrt passiert es nicht, dass das autistische Kind auf die Wünsche des gesunden Geschwisters eingeht und bspw. ein Spiel mitspielt, zusammen mit Lego baut oder mit dem Kaufladen spielt.

Zum besten Zusammenspiel kommt es mit einem Besuchskind, das es sich auf das autistische Kind einstellt und sich nach dessen Bedürfnissen und Interessen richtet. Das mag mit einem Nachbarskind, Cousine oder Cousin sowie einem/einer Mitschüler*in ohne Beeinträchtigung möglich sein. Etwas anderes ist es, wenn das Besuchskind selbst eine Behinderung hat, was insbesondere bei der Beschulung in einer Förderschule der Fall ist. Das behinderte Besuchskind hat kognitive und/oder körperliche Beeinträchtigungen und ihm fehlen wahrscheinlich die Möglichkeiten, sich in Spiel und Kommunikation auf das autistische Kind einzustellen. Hier sind die Eltern gefragt. Sie sollten sich bei den Eltern des anderen Kindes informieren, welche Interessen es hat, wo Probleme auftreten können und wie lange man ihm einen Besuch zumuten kann. Es erscheint sinnvoll, die ersten Treffen begleitet durch ein Elternteil des Besuchskindes durchzuführen. So lernt man die besonderen Bedarfe kennen und kann sich abgucken, wie Mutter oder Vater auf ein Problem reagieren.

Gut vorbereitet, weil die gemeinsamen Interessen der beiden Kinder in den Fokus gerückt werden, kann man den ersten unbegleiteten Besuch ›wagen‹. Beide Kinder baden bspw. im bereitgestellten Pool, rennen im Garten umher, spielen mit einer großen Dose Murmeln. Ein/e Erwachsene*r spielt zusammen mit den Kindern ein einfaches Gesellschaftsspiel, backt mit ihnen Kekse oder geht auf den Spielplatz. Sinnvoll ist, die Besuchsdauer zunächst auf eine überschaubare Zeit zu begrenzen, damit es für die beteiligten Kinder nicht zu anstrengend wird.

Manche Kinder wollen auch keinen Besuch, weil sie befürchten, dass das andere Kind ihre Spielsachen durcheinanderbringt oder etwas anderes spielen möchte als sie selbst.

> **Praxistipp**
> Hier bietet es sich an, für das Kind eine ganz einfache Social Story zu verfassen. Ein Beispiel: Manchmal kommt ein Freund zu mir zum Spielen nach Hause. Ich möchte nicht, dass er mit bestimmten Sachen von mir spielt, die für mich besonders wichtig sind. Es ist o.k., wenn ich sie wegräume, bevor er kommt. Es ist freundlich, ein paar Spielsachen auszuwählen, mit denen wir dann spielen können. Dabei können mir Mama oder Papa helfen. Wenn mein Freund nach Hause geht, bleiben meine Spielsachen bei mir. Mama und Papa helfen mir, nach dem Besuch meine Sachen wieder aufzuräumen.

Eine gute Möglichkeit ist auch, die Kinder zum Sport zu motivieren, bspw. Sportarten, die gut zu zweit funktionieren, wie Tischtennis oder Badminton. Kinder mit Autismus bevorzugen häufig sportliche Betätigungen, die ihre Sinne besonders ansprechen wie Trampolinspringen (starke Stimulation der Tiefenwahrnehmung) oder schwimmen (Stimulation der taktilen Wahrnehmung und des Gleichgewichts). Sie mögen auch Sportarten, die ihren besonderen Interessen entsprechen, wie Fußball oder Laufen. Allerdings ist damit zu rechnen, dass es mühselig für das Kind ist, bei Sportarten mitzumachen, die eine gute Interaktion mit den Mitspieler*innen erfordern (Mannschaftsspiele). Der Vorteil von solchen Gruppen ist jedoch, dass das Kind in einem Kreis von anderen Kindern dazu angeregt wird, sich sozial und loyal zu verhalten und sich an Regeln zu halten.

5.5 Situation der Familie, Eltern und Geschwister

Mit einem autistischen Kind zusammenzuleben und es viele Lebensjahre zu begleiten, wird von den meisten Familien als große Herausforderung gesehen. Die Eltern beteuern, dass sie ihr Kind lieben und nicht hergeben möchten. Sie möchten es auch nicht anders haben, sondern sie schätzen es so wie es ist. Sie sagen aber auch, dass das Zusammenleben sehr anstrengend und kräftezehrend ist, und sie sich manchmal selbst fragen, woher sie die Kraft nehmen sollen, immer so weiterzumachen. Sie bewegen sich in einem Auf und Ab, da sich gute und schwierige Zeiten häufig abwechseln. Es macht sie traurig, was sie schon alles durchmachen mussten, und sie geraten immer wieder in einen Zustand von Erschöpfung oder auch Ratlosigkeit. Dazu gehört die Angst um die Zukunft, auch weil sie befürchten, durch eine tragische Situation möglicherweise eines Tages nicht mehr für das Kind da sein zu können. Ein wichtiger Rat für Eltern ist, sich um psychotherapeutische Unterstützung zu kümmern, wenn sie sich zunehmend ausgelaugt und gefordert fühlen, um einen Ausgleich zu der schwierigen Alltagssituation zu bekommen. Auch wenn der/die Psychotherapeut*in kein/e Expert*in für Autismus ist, kann er/sie zuhören, die Eltern zu Achtsamkeit und Ausgleich ermuntern und für sie da sein. Empfehlenswert ist auch der Austausch mit anderen Eltern bei speziellen Elternabenden und -stammtischen.

Auch die Geschwister autistischer Kinder befinden sich in einer ganz besonderen Situation. Ein behindertes Geschwisterkind zu haben, das die Eltern in hohem Maße fordert und bei den Eltern Besorgnis und Anspannung auslöst, bedeutet für das gesunde Ge-

5.5 Situation der Familie, Eltern und Geschwister

schwisterkind eine große Konkurrenz. Es entstehen Gefühle von Neid, Wut und Verzweiflung. Eigene Freund*innen zögern, das (gesunde) Kind zu besuchen, weil das autistische Kind sich auffällig verhält oder versucht, den/die Freund*in für sich zu beanspruchen. Oft empfindet das Geschwisterkind die Situation als anstrengend, manchmal peinlich. Es muss Rücksicht nehmen, abgeben (auch wenn es das eigentlich nicht möchte), warten, ertragen (z. B. Wutausbrüche), zurückstecken, verzichten und letztendlich akzeptieren, dass sich das Familienleben überwiegend um die autistische Schwester/den Bruder dreht. Das zu akzeptieren und zu verstehen ist eine große Aufgabe, wohlgemerkt für ein Kind, das vielleicht jünger ist als das autistische Geschwisterkind. Manchmal haben es die jüngeren Geschwister allerdings insofern leichter, als sie in die Situation hineinwachsen und es nicht anders kennen. Dennoch wird ihnen auch irgendwann bewusst, dass sie den autistischen Bruder/die Schwester inzwischen überholt haben und eigentlich ›die Älteren‹ sind.

Es ist wichtig, die Geschwister des autistischen Kindes über die Situation aufzuklären, ihnen also zu vermitteln, was Autismus bedeutet und zu welchen Problemen diese Beeinträchtigung führt. Die Kinder müssen ehrlich und sachlich erfahren, wie Autismus entsteht und was die Familie tun kann, um gut damit zu leben. Es ist davon abzuraten, den nicht betroffenen Geschwisterkindern zu viel Verantwortung zu übertragen, weil sie das überfordern würde. Sie sind durch die vielen Sorgen, das schwierige Verhalten und das häufige Zurückstecken schon sehr beansprucht und brauchen ihren Schutz und ihre Nischen. Häufig haben die Geschwister einen besonderen, unvoreingenommenen und geschickten Umgang mit dem autistischen Geschwisterkind, sie sind begehrte Spielpartner*innen und können die Eltern so manchmal entlasten. Was indes sehr wichtig ist, ist ein Ausgleich, d. h., die Balance zwischen Verantwortung und Kindsein zu bewahren. Das Geschwisterkind muss in Gespräche über die schwierige Situation behutsam miteinbezogen werden, mit seinen Sorgen und Nöten Gehör finden und fest verabredete, verlässliche Zeit mit einem Elternteil verbringen können. Gerade der familiäre Zusammenhalt, die Stärke und das Engagement der Angehörigen tragen entscheidend zur Entwicklung und Förderung des autistischen Kindes bei.

In Therapiesettings bietet es sich an, die Geschwisterkinder z. B. in den Ferien mit in Therapiesitzungen zu nehmen und als Kommunikations- und Spielpartner mit einzubeziehen. Häufig bringen sie attraktive Ideen und eine besondere Art des Umgangs mit dem autistischen Geschwisterkind mit und der/die Therapeut*in kann wertvolle Erfahrungen sammeln. Für Geschwister ist es manchmal auch ein gutes Erlebnis, selbst von dem/der Therapeut*in eingeladen zu werden, ohne dass das autistische Geschwisterkind dabei ist. Endlich kann das Kind etwas von sich selbst erzählen, über das berichten, was ihm Kummer bereitet, sich gemeinsam über Erfolge freuen, Fragen stellen, vielleicht auch etwas zum Thema ›Eltern‹ sagen. Inzwischen gibt es viele Bücher zum Thema Autismus für Kinder und Jugendliche sowie Kinder- und Jugendromane, in denen Autismus ein zentrales Thema ist. An manchen Therapiestandorten existieren Gruppenangebote speziell für Geschwisterkinder, in denen sie auch einmal zu Wort kommen und lernen, gemeinsam mit der besonderen Situation zu leben.

> Tonis ältere Schwester Sarah berichtet aus der Erinnerung, wie belastend und stressig für sie das Leben mit dem autistischen Bruder war und auch heute noch ist. V. a. hat sie immer unter dem impulsiven und lauten Wesen von Toni gelitten, der sich oft nicht an Regeln hält und es nicht akzeptiert, wenn jemand »nein« sagt. »Wenn ich Besuch von meiner Freundin bekomme, will mein Bruder immer dabei sein. Wir wollen aber unsere Ruhe haben, quatschen, Musik hören, lernen oder Filme gucken. Dann versucht meine Mutter, meinen Bruder davon abzuhalten, in mein Zimmer zu stürmen. Ich weiß, wie anstrengend das für meine Mutter ist, und es tut mir auch leid. Aber manchmal brauche ich meine Ruhe und dann bin ich dankbar, dass sie mir hilft. Trotzdem darf mein Bruder fast immer für einen kurzen Besuch zu mir und meiner Freundin kommen.« Als die Schwester jünger war, hat sie manchmal sehr heftig und frustriert auf Tonis Verhalten reagiert

und war außer sich vor Zorn. Immer erlebte sie jedoch auch sehr liebevolle, geschwisterliche Momente, in denen sie mit ihm gespielt hat, ihm etwas gezeigt oder auf ihn aufgepasst hat. Sie sagt, dass sie ihn so liebhat, wie er ist, und dass sie niemals auf ihn verzichten würde. Für Sarah war aber auch wichtig, eine ›Gebrauchsanweisung‹ (▶ Abb. 12) zu bekommen, wie sie mit ihrem Bruder umgehen kann, wenn er aggressiv wird und sie möglicherweise gerade mit ihm allein ist oder die Eltern nicht in der Nähe sind.

Wenn Toni schreit und haut und tritt

1.	2.	3.	4.	5.	6.	7.	8.
„Sei leise."	„Nicht schreien."	„Arme an den Körper."	„Füße auf den Boden."	„Nicht schlagen."	„Nicht treten."	„Geh in dein Zimmer."	Ins eigene Zimmer gehen. Tür schließen.

Abb. 12: ›Gebrauchsanweisung‹ für Sarah für ihren Bruder (METACOM Symbole © Annette Kitzinger)

5.5.1 Urlaub und Auszeit

Gerade die Geschwisterkinder, aber auch die Eltern der autistischen Kinder brauchen gelegentlich eine Pause, bspw. in Form eines Urlaubs. Es sind Ferien, die Klassenkamerad*innen, Nachbar*innen und Verwandten planen ebenfalls wegzufahren, und es gibt Ideen, wo es schön sein könnte und die Familie eine Auszeit machen könnte. Gleichzeitig stellen sich die Eltern die Frage, wie es im Urlaub mit dem autistischen Kind mit seinen Veränderungsängsten, seinen besonderen Bedürfnissen und Eigenarten, aber auch Verhaltensbesonderheiten sein wird. Auf welche Art sollte in den Urlaub gefahren werden und was für eine Unterkunft sollte gesucht werden? Wenn ein autistisches Kind noch jung ist, können sich die Eltern oft gar nicht vorstellen, von zu Hause wegzufahren. Zu schwierig ist schon der

Alltag zu Hause, da er häufig von unvorhersehbaren Situationen, unbedingt einzuhaltenden Routinen, Schlafmangel, Unsicherheit und Sorgen überschattet wird. Die Eltern sind froh, wenn sie jeden Tag überstehen und wenn die Tage irgendwann einfacher werden. In dieser Phase bietet es sich an, dass nur ein Elternteil mit dem nicht betroffenen Geschwisterkind einen kurzen Urlaub macht oder die Eltern abwechselnd Ausflüge und Aktivitäten mit ihnen einplanen. Für ein autistisches Kind mit starken Ängsten und dem Bedarf nach einem ritualisierten Alltag kann es sehr schwierig sein, wegzufahren und woanders zu schlafen, und es würde Stress bedeuten, das trotzdem von ihm zu verlangen.

Es ist daher wichtig, Ortswechsel mit dem Kind rechtzeitig zu üben. Es übernachtet bspw. bei den Großeltern, der Tante oder in der Familie eines/einer Freund*in, zunächst begleitet durch ein Elternteil oder das Geschwisterkind. Wenn das erfolgreich ist, wird versucht, dass es allein dort schläft. Morgens nach dem Aufwachen wird es jedoch früh abgeholt, damit seine Erinnerung an die Übernachtung eine positive ist. Dann weiß es, dass es sich darauf verlassen kann, dass die Eltern es wieder mitnehmen. Bei Kindern, für die das nicht akzeptabel ist, bittet man eine vertraute Person, nach Hause zu kommen und auf das Kind aufzupassen, wenn die Eltern nicht da sind. Allerdings erfordert es für die Eltern ein großes Vertrauen, sich darauf einzulassen, wenn es kein Verwandter ist, der sich um das Kind kümmert. Aufgrund der Behinderung und v.a. der eingeschränkten oder fehlenden Ausdrucksmöglichkeiten nehmen die Eltern es als besonders verletzlich wahr und haben manchmal sehr große Angst, es in andere (›fremde‹) Hände zu geben. Dabei ist es wichtig, dass die Eltern auch ihren eigenen Bedürfnissen und Interessen nachgehen und bspw. abends zusammen einen Restaurantbesuch planen oder gemeinsam ins Kino gehen.

Manche Eltern sind mutig. Sie setzen sich mit dem Kind ins Flugzeug und fliegen zwei Stunden in südliche Gefilde, verbringen dort die Tage in einer familienfreundlichen Ferienanlage und kommen entspannt und mit positiven Erlebnissen zurück. Wie das gelungen ist? Eltern berichten, dass sie für den Flug eine Menge Dinge mitgenommen haben, die das Kind bevorzugt, nämlich bspw. Süßigkeiten und besondere Spielsachen. Außerdem haben sie eine Ferienanlage mit Spielplatz, Planschbecken und Pool gewählt, und das Kind sei glücklich gewesen, sich dort den ganzen Tag aufzuhalten. Anscheinend habe es auch gespürt, dass die ganze Familie zufrieden und entspannter gewesen sei und den Alltag für eine Weile hinter sich gelassen hat.

> Als Toni vier Jahre alt war, flog die Familie zum ersten Mal zusammen in den Süden. Zu diesem Zeitpunkt befand er sich in seiner ›Knopfphase‹, d.h. er liebte es, Knöpfe abzureißen. In Vorbereitung des Urlaubs nähte seine Mutter Dutzende von Knöpfen auf einen alten Stoffschal, die er während des Flugs anfassen und abreißen konnte. Im Flugzeug war er dadurch sehr beschäftigt, er sei aber durchaus durch sein ständiges Fragen und seine Geräusche (damals quiekte er häufig laut) aufgefallen. Allerdings hätten auch andere Kinder im Flugzeug geweint oder seien laut gewesen. In der Ferienanlage sei es gut auszuhalten gewesen. Nur die Mahlzeiten in Gesellschaft seien extrem schwierig gewesen, da er nicht habe warten können, geschrien habe, wenn er nicht gleich etwas zu essen bekam, Sachen angefasst und wieder auf die Platten geworfen habe und am Tisch auch wieder Geräusche von sich gegeben habe. Die Familie sei sich einig gewesen, dass beim nächsten Mal ein Urlaub in einer Ferienwohnung mit Selbstversorgung zu bevorzugen sei.

Beim älter werdenden Kind werden häufig besondere Ereignisse wie ein Urlaub einfacher und entspannter und auch zur Selbstverständlichkeit, sodass die Familie sich manchmal fragt, warum sie zunächst solche Bedenken hatte. Das hat insbesondere damit zu tun, dass die Kinder Sprache und damit Erklärungen besser verstehen, innere Vorstellungen davon besitzen, was Urlaub und die damit einhergehenden Veränderungen mit sich bringen und v.a. die ›Auszeit‹ mit der Familie durchaus genießen können.

5.5.2 Kurmaßnahmen

Über Rentenversicherungsträger oder die Krankenkasse kann eine Eltern-Kind-Kur beantragt werden. Es gibt inzwischen mehrere Kureinrichtungen, die Angebote für Familien mit autistischen Kindern vorhalten. Der Vorteil einer Kur ist, dass die Kinder teilweise betreut werden, sodass das Elternteil bestimmte Anwendungen, Gesprächsangebote oder Aktivitäten wahrnehmen kann, ohne sich um das autistische Kind kümmern zu müssen. Für die Kinder einschließlich Geschwisterkindern gibt es spezielle Beschäftigungs- und Betreuungsangebote, bei denen sie professionell und umfassend betreut werden. Es werden für die autistischen Kinder auch spezielle kleine Gruppen bspw. mit dem Ziel einer Verbesserung des Sozialverhaltens angeboten. Eltern berichten von unterschiedlichen Erfahrungen in Kurmaßnahmen. Insbesondere die Tatsache, nachts immer allein für das Kind verantwortlich zu sein und außerdem alle pflegerischen bzw. betreuenden Maßnahmen außerhalb der Betreuungsmaßnahmen ohne Unterstützung durch den/die Partner*in ausführen zu müssen, wird oft als anstrengend empfunden. Allerdings gibt es i.d.R. vor Ort eine pädagogische Beratung und bestimmte Hilfsangebote, die auch als Nachsorge für zu Hause gedacht sind.

5.5.3 Kurzzeit- und Verhinderungspflege

Bei den meisten Kindern mit frühkindlichem Autismus wird ein Pflegegrad anerkannt, der auch zu dem Anspruch auf Kurzzeitpflege und Verhinderungspflege führt. Das bedeutet, dass die Eltern das Kind in eine Betreuungseinrichtung (stationäre Kurzzeitpflege) geben oder es zu Hause von einem/einer Verwandten oder Bekannten betreuen lassen können, wofür die Pflegekasse die Kosten erstattet. Der Antrag auf einen Pflegegrad wird bei der Krankenkasse gestellt.

Es gibt deutschlandweit Wohnstätten, die ein Angebot für Kurzzeitpflege vorhalten. Das sind i.d.R. stationäre Wohneinrichtungen, die neben stationärem Wohnen auch Kurzzeitpflege anbieten, also Plätze bzw. Räume hierfür bereithalten. Das Kind kann insgesamt für vier Wochen im Jahr dort wohnen. Diese Zeit kann auch in kürzere Episoden aufgeteilt werden, bspw. Ferienzeiten oder Wochenenden. Die Plätze sind üblicherweise sehr begehrt, und es empfiehlt sich, sehr frühzeitig anzufragen und Termine zu buchen. Vereinzelt gibt es auch Träger, die Angebote nur für Kurzzeitpflege vorhalten, insbesondere gibt es hier intensiv begleitete Ferienangebote mit individueller Betreuung für schwierigere Kinder.

Wichtig ist, die Inanspruchnahme einer Kurzzeitpflege am Wochenende oder in den Ferien gut vorzubereiten, damit alle ein gutes Gefühl dabei haben. Zunächst einmal gilt es, eine geeignete Einrichtung zu finden. Es hat sich bewährt, zwei bis drei Angebote anzusehen, um das Kind vertrauensvoll in die Hände anderer geben zu können.

> **Praxistipp**
> Wichtige Fragen, die Eltern sich stellen sollten:
>
> - Haben die Mitarbeiter*innen der Einrichtung Erfahrungen mit autistischen Bewohner*innen?
> - Gibt es ein Raumkonzept, bei dem das Kind ein Einzelzimmer bekommt? Ist es immer dasselbe Zimmer in derselben Wohngruppe (bei größeren Einrichtungen)?
> - Wie sieht die Freizeitgestaltung aus? Kann das Kind eigenen Interessen nachgehen und eigenes Spielzeug (auch elektronisches) mitbringen?
> - Gibt es eine Nachtwache?
> - Wie ist der Personalschlüssel?
> - Wie ist das Sicherheitskonzept, d.h. kann das Kind aus der Gruppe unbemerkt weglaufen? Sich vom Gelände entfernen? Ist dort eine befahrene Straße, ein See oder dergleichen?
> - Kann das Kind zum Probewohnen für eine Übernachtung kommen?

- Wie ist der Ablauf, wenn das Kind während des Aufenthalts krank wird?
- Welche schulischen Möglichkeiten bestehen vor Ort, wenn das Kind bspw. wegen einer Notlage (Krankheit der Eltern oder eines Geschwisters) aufgenommen werden muss?
- Lässt sich die Einrichtung auf persönliche Absprachen (bspw. mit einem mehrstündigen Aufenthalt zunächst ohne Übernachtung) ein?
- Welchen Eindruck haben die Eltern von der Stimmung, den Strukturen, der Ordnung und Sauberkeit?
- Wirken die Mitarbeiter*innen zufrieden und verhält sich die Einrichtungsleitung freundlich und interessiert?

Ein wichtiges Indiz ist auch, was die Eltern wahrnehmen, wenn sie das Kind nach einem Aufenthalt wieder abholen. Das betrifft die Stimmung und das Verhalten des Kindes an den darauffolgenden Tagen und den Pflegezustand.

Sicherlich lässt sich nicht alles auf die Einrichtung an sich schieben, wenn es nicht so gut läuft. Die Veränderungssituation bedeutet in jedem Fall für das Kind eine gewisse Anstrengung. Eltern merken jedoch intuitiv und i. d. R. folgerichtig, ob die Zeit für das Kind gut war oder nicht. Wichtig ist, einen längeren Aufenthalt schrittweise vorzubereiten, d. h. z. B. mit einem mehrstündigen Tagesaufenthalt anzufangen, dann mit einer Übernachtung fortzufahren und erst danach mehrtägige Aufenthalte abzusprechen. Des Weiteren sollte das Kind gut vorbereitet werden, bspw. mit Fotos bzw. Plänen, und genau wissen, wann es wieder nach Hause kommt. Die Maßnahme ist in der Vorbereitung unbedingt positiv darzustellen, um die Motivation des Kindes und seine Neugierde und Freude zu wecken und zu erhalten.

Eltern sollten bedenken, dass es in jeder Familie Situationen geben kann, wo etwas geschieht, was nicht planbar war. Jemand hat einen Unfall oder wird krank, einem Geschwisterkind passiert etwas, und es gibt in dem Moment niemanden aus der Familie oder dem sozialen

Umfeld, der sich um das autistische Kind kümmern kann. In diesem Moment ist ein vorbereiteter und inzwischen selbstverständlicher Aufenthalt in der Kurzzeit- bzw. Verhinderungspflege eine gute Lösung. Genauso wichtig ist zu regeln, wer sich um das Kind kümmern wird, wenn beiden Eltern etwas zustößt und eine Unterbringung für das Kind gefunden werden muss. Es ist besser, diesen Notfall frühzeitig vorzubereiten.

5.6 Therapeutische Unterstützung

Von Autismus betroffene Kinder und Jugendliche benötigen i. d. R. eine therapeutische Unterstützung, um dem Kind elementare Fähigkeiten wie Kommunikation, Sozialverhalten und Kognition zu ermöglichen und die großen Entwicklungsdefizite zu reduzieren. Es gibt diverse Therapieangebote, die von den Eltern sorgfältig geprüft werden sollten. Vom wissenschaftlichen Standpunkt her sowie aus der Erfahrung von Autismustherapeut*innen ist bei den meisten Kindern und Jugendlichen eine intensive Therapie über mehrere Jahre indiziert, die nicht nur individuelle Lern- und Entwicklungsziele beim Kind verfolgt, sondern die Familie und das Umfeld umfassend unterstützt und berät. Eine solche komplexe Therapie kann bspw. durch eins der Autismus-Therapiezentren erfolgen, die nahezu bundesweit in größeren Städten vertreten sind, gelegentlich auch im ländlichen Bereich. Eine Adressliste hierzu findet sich bei Autismus Deutschland e. V. (www.autismus.de).

> **Praxistipp**
> Um zu entscheiden, was für ein Therapieangebot für das eigene Kind das richtige ist, sollten Eltern nach folgenden Kriterien reflektieren:

- *Die Therapie muss zur Familie passen.* Es ist wichtig, dass man sich mit den vorgeschlagenen Methoden, organisatorischen Bedingungen (Zeit, Frequenz, Ort) und Zielen identifizieren kann. Auch die zugrundeliegende Haltung des/der Therapeut*innen bzw. der jeweiligen Methode sollte der ›Familienphilosophie‹ entsprechen.
- *Gegenseitige Sympathie und Vertrauen* sind dabei elementare Voraussetzungen. In Bezug auf den/die Therapeut*innen im Autismus-Therapiezentrum oder in freier Praxis müssen sich die Eltern vorstellen können, mit diesem Menschen über eine längere Zeit zusammenzuarbeiten.
- *Die Therapie orientiert sich am aktuellen Entwicklungsstand.* Inhalte und Ziele werden individuell angepasst, es werden nicht nur Defizite ausgeglichen, sondern auch die Stärken gefördert und Ideen entwickelt, wie Kind und Umfeld Bewältigungsstrategien entwickeln und damit die Lebensqualität verbessern können.
- *Eine geeignete Therapie muss flexibel und anpassbar sein.* Jede*r hat besondere Stärken, Schwächen, Interessen, und auch die Motivations- und Lernprobleme sind unterschiedlich. Deshalb muss jedes Therapiekonzept auf den individuellen Menschen abgestimmt werden, unabhängig von der Methode. So unterschiedlich das Störungsbild sein kann, so flexibel muss das therapeutische Vorgehen sein.
- Vor der *Anwendung der Therapie wird nicht gewarnt*, so wie es bei bestimmten Außenseitertherapien der Fall ist.
- Es wird kein *Zwang* durch die Methode ausgeübt, weder im physischen noch im psychischen Sinne.
- Angehörige werden in *Therapiestunden mit einbezogen*, können hospitieren und werden bei Bedarf angeleitet.
- Der/die Therapeut*in hat eine *fundierte Ausbildung* im Bereich Autismus und kann diese nachweisen. Er/sie arbeitet nach Möglichkeit im Team und hat die Bereitschaft zum Austausch mit Fachkolleg*innen, zur Fortbildung und Supervision.

> • In *Krisensituationen* kann der/die Therapeut*in weiterhelfen und lässt Eltern und Kind nicht allein.

Bisher hat noch kein einzelnes Therapieverfahren befriedigende Ansätze für alle Bereiche dieser sehr komplexen Störung geliefert. Es herrscht vielmehr in Fachkreisen die Meinung, dass ein *multimodales Therapieangebot* gewählt werden sollte. Es wird also nicht mit einer einzelnen Methode gearbeitet, sondern mehrere Ansätze werden – individuell auf das jeweilige autistische Kind angepasst – miteinander in Verbindung gebracht. Je nach Entwicklungsphase kann hier variiert werden.

Zentral in der Autismus-Therapie sind Ansätze, die speziell für Menschen mit Autismus bzw. Kommunikationsbeeinträchtigungen entwickelt wurden und sich in der Arbeit mit autistischen Menschen und ihren Familien besonders bewährt haben. Hierzu zählen autismusspezifische verhaltenstherapeutische Methoden (z. B. ABA, AVT), die TEACCH-Methode, PECS oder Kommunikation mit Gebärden sowie die Unterstützte Kommunikation (UK). Als hilfreich und indiziert gelten auch Elemente der Wahrnehmungsförderung, Sozialtraining, kognitive Förderung, die Affolter® und die Marte Meo-Methode® sowie musiktherapeutische und tiergestützte Ansätze. Als zentrales Element therapeutischer Maßnahmen gilt die Aufnahme bzw. Bildung einer therapeutischen Beziehung, die insbesondere zum Interesse des Kindes an Interaktion und damit Kommunikation führen soll. Hier bietet für Kinder im Frühförderalter der Ansatz ESDM (Early Start Denver Model) überzeugende Hilfen. In Deutschland wird die Methode inzwischen an mehreren Standorten angeboten.

Über diese Methoden, ihre Beschreibung, die Vor- oder Nachteile, den praktischen Nutzen bzw. die zu erwartenden Veränderungen bei Kind und Familie ist bereits an vielen Stellen geschrieben worden. Auch Autismustherapeut*innen mit überwiegend langjähriger Erfahrung haben sich der Thematik gewidmet und Anwendung sowie Effizienz diskutiert und auch kritisch reflektiert, insbesondere über anschauliche Fallbeispiele (Rittmann, Rickert-Bolg 2017). An dieser

Stelle soll daher betont werden, dass die konkrete Auswahl einer oder mehrerer Methoden vom Einzelfall abhängt, dass sich jedoch bestimmte Methoden besonders bewährt haben, und zwar diejenigen, die an dem Erklärungsmodell von Autismus und nicht nur an den Defiziten ansetzen.

5.6.1 Verhaltenstherapeutische Methoden

Bei der Methode der Verhaltenstherapie geht es um bestimmte Prinzipien, die sich im Umgang mit autistischen Menschen als sinnvoll und wirksam herausgestellt haben. Hierzu gehören die Vorbereitung von Maßnahmen durch eine gezielte Verhaltensbeobachtung, das Lernen in kleinen Schritten, Erwecken von Motivation durch wirksame Verstärker (Belohnungen), klare und einfache Anweisungen und Aufgaben, eindeutige Rückmeldungen sowie der Einsatz von (auszuschleichenden) Hilfen. Diese Prinzipien bilden die Grundlage für Autismustherapie an sich und finden schon lange in Autismus-Therapiezentren und privaten Praxen Beachtung. Es gibt jedoch Anbieter*innen, die speziell mit der Methode der Verhaltenstherapie werben und ihr eigene Bezeichnungen gegeben haben. ABA (Applied Behavior Analysis) und AVT (Autismusspezifische Verhaltenstherapie) gehören dazu, sie sind zwei sehr ähnliche Methoden zur Veränderung von Problemen und zur Entwicklung von Fähigkeiten. Nach einer gezielten und intensiven Beobachtung des Entwicklungsstands und der Interessen des Kindes sowie der Faktoren, die es möglicherweise am Lernen hindern, wird ein individueller Therapieplan aufgestellt. Die Therapie erfolgt i. d. R. möglichst stundenintensiv (20–40 Stunden pro Woche) in Teams von Eltern und häuslichen Co-Therapeut*innen. Die zu erlernenden Fähigkeiten des Kindes werden in Teilziele zerlegt, die in kurzen Einheiten geübt werden. Hierzu gehören kleine Hilfestellungen (sog. Prompts), die jedoch wieder ausgeschlichen werden sollen. Für erwünschtes Verhalten erhält das Kind eine Belohnung, unerwünschtes Verhalten wird ignoriert.

»Eine starke Erwachsenenzentrierung in der Interaktion wird von manchen Fachleuten (...) jedoch auch kritisch gesehen: Ein klassisch-verhaltenstherapeutisches Setting sei ein für die Kindesentwicklung atypisches Lernsetting, in dem der Erwachsene die Initiative ergreift und Instruktionen gibt und das Kind reagiert; die Motivation der Kinder sei in solchen Situationen stark darauf ausgerichtet, äußere Verstärker zu erreichen und weniger darauf, eigene, soziale Bedürfnisse zu verfolgen.« (Rittmann & Rickert-Bolg 2017)

Das Anwenden verhaltenstherapeutischer Verfahren wird in Internetforen und zwischen Fachleuten immer wieder heftig kritisiert mit dem Vorwurf, es ginge um eine Art ›Dressur‹. Interessierte Eltern tun gut daran, sich gründlich zu informieren und insbesondere zu reflektieren, ob sie sich der Intensität der geforderten eigenen Mitarbeit, dem Organisationsaufwand sowie der finanziellen Belastung gewachsen fühlen.

5.6.2 TEACCH-Methode

TEACCH steht für *Treatment and Education of Autistic and Related Communication Handicapped Children* (dt. Behandlung und pädagogische Förderung autistischer und in ähnlicher Weise kommunikationsbehinderter Kinder). Diese Methode ist 1972 in den USA (Schopler) entstanden und seit Jahren in Deutschland sehr etabliert. Es geht darum, den Kindern Hilfen zu geben, die sie darauf vorbereiten, wie lange etwas dauern wird (Zeit), wie viele Aufgaben zu bewältigen sind (Aktivitäten) und an welchem Platz oder in welchem Raum (Ort) etwas Bestimmtes stattfindet. Es geht also darum, dem Kind Hilfen zu geben, wie es sich und die Umwelt strukturieren und damit besser verstehen kann. Ziel ist die Anpassung des Lebens- und Lernumfelds an die individuellen Bedürfnisse, sodass sich die Umwelt weniger verwirrend, sondern im Gegenteil bedeutungsvoller darstellt.

Der Hauptgedanke liegt dabei auf der Visualisierung dessen, was wann, wo und wie zu tun ist. Daher wird die Zeit bzw. Dauer durch bspw. einen Time Timer, die Reihenfolge durch einen Plan, der Ort

5 Schulzeit

Abb. 13: Arbeitsmappe Autos

durch eine Beschilderung, ein Symbol, eine Farbe oder dergleichen dargestellt. Das Kind bekommt bspw. folgende Fragen beantwortet: *Was* ist zu tun? *Wie viel* ist zu tun? *In welcher Reihenfolge* ist es zu tun? *Wann* bin ich fertig? *Was* kommt danach? Das Gestalten der Umwelt autistischer Kinder mithilfe der TEACCH-Methode ist inzwischen sehr populär und hat sich sowohl in Familien als auch in Einrichtungen (Kitas, Schulen, Tagesstätten, Wohnstätten) sehr bewährt. Auch in einzeltherapeutischen Settings, also beim Aufbau von Spiel, Konzentration, Ausdauer, Handgeschick, Kognition etc. haben sich Aufgaben nach TEACCH wie Arbeitsmappen (▶ Abb. 13), Arbeitsdosen und Schuhkartonaufgaben (Solzbacher 2011) oder Memoryspiele (▶ Abb. 14) etabliert.

5.6 Therapeutische Unterstützung

Abb. 14: Memoryspiel – für jedes Pärchen gibt es zur Belohnung etwas zu naschen! (METACOM Symbole © Annette Kitzinger)

5.6.3 Methoden der Kommunikationsförderung

Ein Kind mit einer Kommunikationsstörung braucht Anleitung und Unterstützung, wie es mit anderen Menschen in Kontakt und Beziehung treten kann. Dabei hilft ihm, wenn ihm das Kommunikationsinstrument (also Gebärdensprache, Bildkartenkommunikation oder sprachliche Äußerungen) auf eine Art und Weise vermittelt wird, bei der es Erfolgserlebnisse hat und es in kleinsten Schritten erfährt, was es tun muss, damit es bspw. einen gewünschten Gegenstand erhält. Dieses Vorgehen impliziert die Ansätze der UK, der Verhaltensmodifikation, aber auch der Beziehungstherapie.

PECS

PECS ist die Abkürzung für Picture Exchange Communication System. PECS ist ein Bildaustauschprogramm, bei dem der betreffenden

Person ermöglicht wird, Kommunikation im sozialen Kontext zu verstehen und zu initiieren (▶ Abb. 15). Das Kind lernt, einer anderen Person ein Bild zu geben, um einen gewünschten Gegenstand bzw. eine Handlung (schaukeln, helfen etc.) zu erhalten. Dabei wird in mehreren Phasen vorgegangen, die vom Anreichen der Karte, Herbringen der Karte an den/die Kommunikationspartner*in, Differenzierung der Karte (die richtige Karte geben), Satzstruktur (»ich möchte...«), Antwort auf »was möchtest du?« bis zu komplexen Kommunikationsstrukturen wie »was machst du da?«, »wie geht es dir?« reichen. Erfahrungsgemäß regt die Verwendung des Systems Kinder zum eigenen Sprechen an, da das Kind die Erfahrung macht, wie Kommunikation funktionieren kann und welche Vorteile sich hieraus ergeben. Wichtig ist, dass, bevor PECS begonnen wird, darüber Klarheit besteht, ob das Kind Symbole verstehen kann oder zunächst reale Fotos eingesetzt werden sollten. Um Symbole zu verstehen, braucht ein Kind ein gewisses abstraktes Denkvermögen, nämlich die Erkenntnis, dass bspw. der gezeichnete Keks mit den Zacken auch ein runder Keks oder eine Kekswaffel sein kann.

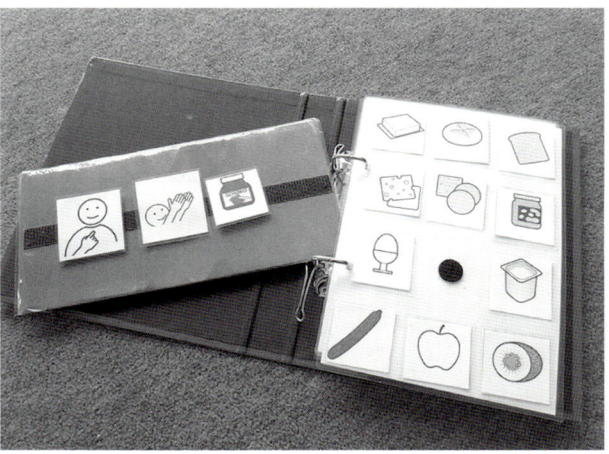

Abb. 15: PECS-Kommunikationsbuch: »Ich möchte Schokocreme« (METACOM Symbole © Annette Kitzinger)

Bei PECS muss die Prozedur intensiv geübt werden, das gelingt anfangs am besten mit zwei Personen (eine führt das Kind von hinten, sodass es die Karte gibt, die andere reicht ihm das Gewünschte an und sitzt ihm als Kommunikationspartnerin gegenüber). Die besondere Hürde ist, dass das Kind zwei Karten unterscheiden muss, um den gewünschten Gegenstand zu bekommen. Hier ist häufig Geduld gefragt.

Einsatz von Gebärden

Die erste Gebärde, die viele autistische Kinder erlernen und bevorzugt nutzen, ist die für ›haben‹. Das Kind schlägt mit der flachen Hand auf seine Brust (eigentlich die Gebärde für ›mögen‹). Dafür bekommt es den Gegenstand, den es haben möchte. Zunächst benötigt das Kind i. d. R. Hilfestellung beim Ausführen der Gebärde, da die Imitationsfähigkeit ungenügend entwickelt ist. Die Hilfe muss ausgeschlichen werden. Häufig ist dann das erste Wort, das das betreffende Kind irgendwann spricht, ›haben‹. Es gibt verschiedene Gebärdenverzeichnisse bzw. Systeme wie die Deutsche Gebärdensprachen (DGS), in kindgerechter Form: »Tommys Gebärdenwelt« und vereinfachte Gebärden wie GuK (Gebärden-unterstützte Kommunikation, Wilken 2019; Verband evangelischer Einrichtungen 1982). In Fachkreisen gibt es Diskussionen, ob die vereinfachten Gebärden oder die regulären Gebärden zu nutzen sind, hier ist empfehlenswert, sich mit den Therapeut*innen oder Pädagog*innen in Autismus-Therapiezentren oder der Schule abzustimmen. Wichtig ist beim Einsatz von Gebärden, sie im Alltag unterstützend zur Sprache zu nutzen, dem Kind Begriffe beizubringen, die es motivieren. Individuelle Gebärden, die das Kind für sich selbst entwickelt hat, sollten zugelassen werden. Die Gebärden sollten vom gesamten Umfeld des Kindes genutzt werden und müssen einheitlich sein. Dazu ist sinnvoll bzw. unumgänglich, einen individuellen Gebärden-Katalog für das Kind zu erstellen, der insbesondere auch bei Übergängen (Kindergarten in die Schule usw.) eine große Hilfe ist.

Unterstützte Kommunikation (UK)

UK ist für Kinder gedacht, die sich wegen einer motorischen Behinderung nicht verbal ausdrücken können. Die UK dient dann als Sprache an sich. Des Weiteren soll sie eine Unterstützung für Menschen sein, deren Lautsprache reduziert ist, bspw. weil die Artikulation stark eingeschränkt ist. Die dritte Gruppe der Nutzer*innen ist die der Betroffenen, die UK als eine Art Ersatzsprache nutzen, weil für sie die Lautsprache als Kommunikationsmedium zu komplex ist. Zu dieser dritten Gruppe zählen die meisten autistischen Kinder. In der UK gibt es nicht-elektronische Hilfsmittel wie Gebärden, Bilder oder auch Realgegenstände. Es existieren mehrere Bildsysteme, die auch in elektronischen Kommunikationsgeräten verwendet werden, wie METACOM, Boardmaker und Symbolstix. Des Weiteren gibt es die elektronischen Kommunikationshilfen, die von einem einfachen bunten Knopf ›Big Mack‹ bis zu einem komplexen Sprachcomputer reichen. Mit den Geräten erfährt das Kind in einem ersten Schritt, dass es durch das Drücken des großen Knopfes kommunizieren, d.h. z.B. im Stuhlkreis etwas beitragen oder Aufmerksamkeit auf sich lenken kann. Es ist bei einem solchen Gerät möglich, kleine Texte, Lieder oder ähnliches aufzunehmen, die das Kind dann durch Tastendruck abspielen kann. Bei den immer komplexeren Geräten kann es auf verschiedenen Ebenen über sich erzählen, Bedürfnisse äußern, Fragen stellen. Da viele autistische Kinder technische Geräte sehr schätzen, nutzen sie Sprachcomputer häufig motiviert und geschickt und erlangen eine hohe Fertigkeit hiermit. Für jeden Geschmack bzw. für jeden Bedarf gibt es mögliche Angebote und es gibt Firmen, die Familien sehr gezielt und individuell bei der Auswahl eines geeigneten Geräts beraten und unterstützen. Die Kosten übernimmt die gesetzliche Krankenkasse. Inzwischen ist auch die Nutzung von Smartphones bzw. Tablets möglich, auf denen entsprechende Kommunikationsprogramme installiert werden können.

ESDM (Early Start Denver Model)

Beim ESDM geht es um die Verbesserung der Imitationsfähigkeit, die als Grundvoraussetzung für die Weiterentwicklung des Kindes und für den Erwerb von aktiver verbaler Sprache gilt. Weitere Lernziele sind Verbesserung des Blickkontakts, Erwerb der Zeigegeste, die Fähigkeit, um Hilfe bitten zu können, und individuell mit den Eltern vereinbarte Ziele. Diese Ziele stehen im Mittelpunkt der therapeutischen Intervention. Die Basis der Maßnahme bilden die Interessen und Vorlieben des Kindes. Die Eltern werden dazu angeleitet, möglichst viele Alltagssituation für einen beziehungsvollen und kommunikativen Austausch zu nutzen, sie sollen ›Spielpartner*in‹ des Kindes werden. Die Förderung wird durch eine umfassende Erhebung des Entwicklungsstandes des Kindes eingeleitet und die Fortschritte werden regelmäßig überprüft. Als Intensität werden 20 Stunden pro Woche angegeben. Die Methode wird insbesondere bei jüngeren Kindern von ca. zwei bis fünf Jahren eingesetzt.

5.6.4 Sozialtraining

Auf die sozialen Probleme bezogen benötigt das Kind Unterstützung im Kontakt mit anderen Kindern oder Erwachsenen. Es ist notwendig, dass ein autistisches Kind ein Training zur Verbesserung des Sozialverhaltens erhält. Das kann ein niederschwelliges Angebot sein wie zu lernen, um Hilfe zu bitten, zu teilen, zu warten oder jemanden anzuschauen. Dies wird mit dem Kind konkret in den Therapiestunden oder im Kindergarten- bzw. Schulalltag geübt und in den familiären Alltag übertragen. Es wird auch trainiert, abwechselnd etwas zu tun, zusammen ein Spiel zu spielen und die Regeln zu beachten. Die Fähigkeiten werden im Zusammenspiel mit einem anderen Kind bzw. in einer Kleingruppe genutzt. Es gibt verschiedene Trainings für soziale Kompetenz, sie sind jedoch vom Niveau her überwiegend auf die Arbeit mit autistischen Menschen mit guten kognitiven Voraussetzungen ausgerichtet (Beispiele: Matzies-Köhler 2010; Häußler, Happel

2016; Cholemkery, Freitag 2014). Für Schüler*innen mit frühkindlichem Autismus sind diese Gruppentrainings überwiegend nicht geeignet, für sie müssen individuelle Übungsprogramme erstellt werden. Die Übungen sind eher im einzeltherapeutischen Setting oder in einer kleinen Gruppe (bis zu vier Gruppenmitglieder) zu bearbeiten. Inhaltlich könnte es bspw. um folgende Bereiche gehen:

- Förderung der Eigen- und Fremdwahrnehmung (wer bin ich, wie nehmen mich andere Menschen wahr?),
- Förderung der Ich-Identität (was sind meine Fähigkeiten und Interessen? Was kann ich nicht so gut?),
- Umgang mit Regeln und Absprachen (individuelle Regeln, visualisiert, Rückmeldung auf das Beachten von Regeln, prompte Konsequenzen auf Regelverstöße),
- Förderung der Interaktionsfähigkeit (gemeinsames Spiel, auf den anderen hören, warten, abgeben, teilen usw.),
- Förderung der Kooperationsfähigkeit (mit anderen gemeinsam etwas machen, einen Plan entwickeln, einen Ausflug vorbereiten und durchführen, gemeinsam etwas bauen oder schaffen),
- Förderung des Konfliktverhaltens/Frustrationstoleranz (aushalten können, wenn es ein Problem gibt, mit einer Herausforderung bspw. im Unterricht zurechtkommen, sich vertragen, anstatt zu streiten),
- Förderung der Empathie (eigene Gefühle erkennen und benennen können, mit negativen Gefühlen umgehen lernen, Gefühle anderer erkennen und adäquat darauf reagieren, also bspw. trösten, beruhigen, an Freude teilhaben).

5.6.5 Wahrnehmungsförderung

Im Bereich der Wahrnehmung und Wahrnehmungsverarbeitung besteht häufig großer Unterstützungsbedarf. Autistische Kinder haben Probleme, Wahrnehmungsreize zu lokalisieren und zu differenzieren, sie zu ertragen und angemessen hierauf zu reagieren. Viele Reize, die

5.6 Therapeutische Unterstützung

aus der Umgebung auf sie einwirken, werden als bedrohlich erlebt. Hier ist als Beispiel die taktile Wahrnehmung zu nennen. Ein Kind mit einer taktilen Überempfindlichkeit toleriert bspw. bestimmte Kleidungsstücke nicht, weil sie kratzen, zu eng sind, Etiketten oder hervorstehende Nähte enthalten, zu warm oder zu dünn sind. Das Kind hat nicht die Möglichkeit zu differenzieren, woher ein als unangenehm empfundenes Gefühl kommt, es kann das Tragen des Kleidungsstücks nicht aushalten und weigert sich, es anzuziehen. In einem therapeutischen Setting wird versucht, auf die andersartige Wahrnehmung des Kindes einzugehen, d.h., es erhält Angebote zum Kennenlernen neuer oder besonderer Reize und es darf sie ausprobieren (mit Rasierschaum schmieren, verschiedenartige Pinsel und Bürsten benutzen, unterschiedliche Stoffe und Oberflächen ertasten). Es lernt, wie sich etwas anfühlt, das es nicht kennt, und darf selbst entscheiden, welche Berührung es am Körper mag und welche nicht.

Häufig werden insbesondere taktile Reize mit denen der intensiveren Berührung in tiefere Schichten des Körpers wie Muskeln, Gelenke und Sehnen gekoppelt, da dadurch die Integration der Wahrnehmungsreize besser gelingt. Diese Form der Wahrnehmungstherapie, die Elemente aus der Sensorischen Integrationstherapie enthält, wird in Ergotherapiepraxen, aber auch in Autismus-Therapiezentren verwendet. Ein wichtiges Element der Sensorischen Integrationstherapie ist die Stimulation im Gleichgewichtsbereich, d.h. das Angebot von verschiedenen Schaukelbewegungen, Drehen, Rollen und Balanceübungen. Diese Wahrnehmungstherapie erfordert eine genaue Beobachtung des Kindes, individuell angepasste Reizangebote und vielfältige Materialien. Der besondere Anspruch an den/die Therapeut*in ist, ein komplexes Setting zu erarbeiten, d.h. nicht in einem isolierten Wahrnehmungsbereich zu ›üben‹, sondern eine abwechslungsreiche ›Bewegungslandschaft‹ vorzuhalten, die auf das jeweilige Kind abgestimmt ist.

5 Schulzeit

> **Praxistipp**
> Auf einem höheren Niveau werden Wahrnehmungsangebote gemacht, die mit Differenzierung von Wahrnehmungsreizen zu tun haben.

Tab. 4: Wahrnehmungsförderung

Visuelle Wahrnehmung (›sehen‹)	Zuordnung von Farben, Formen, Bildern, Mustern, Mengen, Größen Fehler suchen, Bilder vergleichen zerschnittene Bilder zusammenfügen, Puzzles legen
Taktile Wahrnehmung (›tasten und fühlen‹)	gleiche Oberflächen einander zuordnen aus einem Fühlsack einen bestimmten Gegenstand heraussuchen (z. B. den Löffel, der für den Joghurt gebraucht wird) Fühllotto, d. h. aus einem Säckchen mit zwei oder mehr Gegenständen den Gegenstand erfühlen, der zu einer entsprechenden Abbildung gehört (die Katze aus Holz zum Bild der Katze)
Auditive Wahrnehmung (›hören‹)	hören, woher ein Geräusch kommt Geräusche-CD, Geräusche Bildern zuordnen mit Musikinstrument erzeugtes Geräusch imitieren, d. h. erkennen, mit welchem Instrument das Geräusch erzeugt wurde
Gustatorische und olfaktorische Wahrnehmung (›schmecken und riechen‹)	mit geschlossenen Augen etwas in den Mund gesteckt bekommen und identifizieren, worum es sich handelt Geschmack als süß, scharf, sauer oder bitter erkennen Duftlotto (Döschen mit Duft zu entsprechenden Bildern zuordnen)

5.6.6 Training kognitiver Fähigkeiten

Bei vielen Kindern mit frühkindlichem Autismus besteht auch eine intellektuelle Beeinträchtigung. Manchmal betrifft diese nur einzelne Bereiche. Es ist allerdings schwierig, den kognitiven Entwicklungsstand bzw. Intelligenzquotienten wirklich realistisch zu bestimmen. Intelligenztests scheitern häufig an der mangelnden Kooperationsfähigkeit und Bereitschaft der Kinder. Sie könnten zwar durchaus mehrere der Aufgaben bewältigen, haben aber Angst vor der unbekannten Situation, kommen nicht mit dem/der neuen Untersucher*in zurecht, verstehen die Aufgabenstellung nicht oder vermissen das gewohnte Lernsetting. Dadurch kann der kognitive Entwicklungsstand bei den Kindern häufig nicht richtig eingeschätzt werden. In jedem Fall ist es wichtig, die intellektuellen Fähigkeiten der Kinder zu trainieren, um hier die wichtigsten Bausteine für die schulische Förderung sowie die Beschäftigungsmöglichkeiten im Anschluss an den Schulbesuch zu legen.

Kognition umfasst alles, was mit dem Verstand und dem daraus resultierenden Handeln zu tun hat. Dazu gehören die Wahrnehmung und Aufmerksamkeit bzw. Wachheit. Auch das Gedächtnis, das (logische) Denken und das Lösen von Problemen sind Bestandteile von Kognition. Je nach kognitivem Entwicklungsstand ist Lernen möglich, um den Nutzen und die Konsequenzen des eigenen Handelns zu begreifen. Auch Sprache und Sprachverständnis werden von Kognition bzw. dem Entwicklungsstand des Denkens beeinflusst. Auf einem höheren Niveau geschehen außerdem die Wahrnehmung der eigenen Person, die Abgrenzung des ›Ich‹ zu anderen Menschen, die Entwicklung eines inneren Bildes von sich selbst und die Reflexion des eigenen Verhaltens. Auf dieser Bewusstseinsebene ist es auch möglich, planvolles Handeln bewusst einzusetzen bzw. das eigene Verhalten bewusst zu steuern. Im Training der Kognition überwiegen bspw. folgende Bereiche:

- Imitationslernen (Bewegungen, Laute bzw. Worte, Handlungen nachmachen),
- Aufmerksamkeit (zuhören und verstehen, sich etwas merken, etwas wiederfinden, auf ein Geräusch oder ein Zeichen reagieren),
- Planen und Überlegen (was brauche ich alles, um Pudding zu kochen? Was gehört in die Schultasche? Wie kann ich die Keksdose oben aus dem Schrank nehmen, ohne dass es jemand merkt?),

- Zuordnen und Erkennen von Gleichem und Verschiedenem, Reihenfolgen, Kategorien, Eigenschaften (auch Mengen),
- Kommunikation gezielt anwenden und Sprache verstehen,
- Förderung von vorausschauendem Denken/Zeitbegriff,
- Förderung der Fähigkeiten zu beurteilen und zu bewerten.

5.6.7 Affolter-Modell®

Dr. phil. Félicie Affolter aus St. Gallen, Schweiz, entwickelte Mitte der 1980er Jahre aufgrund ihrer Erfahrungen mit gehörlosen und wahrnehmungsgestörten Menschen ein Entwicklungsmodell über die Interaktion zwischen Mensch und Umwelt. Daraus ist das Affolter-Modell® entstanden, bei dem der/die Therapeut*in Spürinformationen über interaktive Hand- und Körperführung vermittelt. Hierbei kann auch das sog. Pflegerische Führen eingesetzt werden, bei dem dem Kind immer wieder bewusstgemacht wird, in welcher Position (z.B. Liegen, Sitzen) es sich befindet. Es gibt also zum einen die Informationssuche nach dem *Wo?* Im Sinne von: Wo bin ich? Wo ist meine Umwelt? Zum anderen gibt es die Informationssuche nach dem *Was?* Im Sinne von: Was geschieht? Durch die geführten Interaktionserfahrungen werden motorische, kognitive und emotionale Leistungen gefördert. Die Therapie findet in Räumen statt, die alltägliche Strukturen aufweisen, z.B. Küche, Werkraum, Bad oder Spielzimmer. Innerhalb der Therapie werden – dem Entwicklungsstand entsprechend – vertraute und unvertraute alltägliche Geschehnisse durchgeführt. Das kann das Zubereiten einer Mahlzeit, Körperpflege, Anziehen, Positionswechsel oder Werken sein. Diese Methode ist im besonderen Maße für solche Kinder geeignet, die von einer stärkeren Beeinträchtigung betroffen sind. Es werden auch Ausbildungen für Eltern angeboten. Es ist ratsam, die Ausübung der Methode kontinuierlich im Alltag anzusetzen.

5.6.8 Marte Meo®

Marte Meo® ist eine Methode, bei der mit Videobeobachtung an der Eltern-Kind-, aber auch der Erzieher*in-Kind oder Lehrer*in-Kind-Interaktion gearbeitet wird. Sie ist nicht speziell für Menschen im Autismus-Spektrum entwickelt worden, wird hier jedoch häufig eingesetzt. Die Methode wird in Institutionen, bspw. Kindergärten oder Schulen, aber auch im häuslichen Umfeld angewandt. Die Bezugspersonen des autistischen Kindes erfahren mithilfe der Methode, *wie* genau sie das Kind unterstützen, fördern und leiten können. Situationen werden mit einem Camcorder aufgezeichnet und im Anschluss kleinschrittig analysiert. In der Beratung wird anhand der Videos aus dem Alltag gezeigt und besprochen, was genau die Bezugspersonen tun können, um die Interaktion mit dem Kind zu verbessern. Es wird auch darüber gesprochen, was besser unterlassen oder verändert werden sollte. Im Zentrum der Beratung steht, wie die Bezugspersonen mit einfachen, aber verständlichen Worten dem Kind mitteilen können, was es bspw. jetzt tun soll. In einer Marte Meo®-Beratung erhalten Eltern oder Pädagog*innen *konkrete* Informationen über ihre Möglichkeiten, den Entwicklungsprozess der Kinder zu unterstützen, sodass sie schrittweise ihre Erziehungsaufgaben und Probleme aus eigener Kraft zu lösen lernen.

> **Praxistipp**
> Sich über Musiktherapie, Kunsttherapie oder tiergestützte Therapie sowie weitere beziehungsorientierte Methoden Gedanken zu machen und Informationen einzuholen, ist empfehlenswert. Die Wahl einer dieser Methoden hängt sehr von den individuellen Vorlieben, den finanziellen und organisatorischen Möglichkeiten ab.

5 Schulzeit

5.7 Umgang mit Verhaltensproblemen

Bei Schulkindern im Autismus-Spektrum werden die problematischen Verhaltensweisen manchmal extremer und massiver. Das Kind weiß, dass es stärker ist, und es ist nicht mehr einfach zu händeln. Es nutzt das aus, weil es seine Bedürfnisse und Interessen durchsetzen will. Seine Körperkraft und sein zunehmendes planerisches Denken reichen aus, dass Geschwister, Mitschüler*innen, aber auch Eltern und Lehrer*innen vorsichtiger werden und es nicht unbedingt auf einen Konflikt ankommen lassen.

I. d. R. gibt es Erklärungen für die Verhaltensprobleme, die durch eine strukturierte Verhaltensbeobachtung untermauert werden sollten. Hierbei stellt man sich folgende Fragen: Was löste das negative Verhalten aus, d. h., was passierte unmittelbar vorher? Worin besteht das unangemessene Verhalten (z. B. das Kind springt auf, es spuckt oder schreit)? Welche Reaktion des Umfelds erfolgte in der dokumentierten Situation unmittelbar auf das unangemessene Verhalten? Die Dokumentation unerwünschten Verhaltens gilt als der erste und wichtigste Schritt, eine Erklärung für das jeweilige Problem zu finden. Häufig erkennt man als Auslöser für ein Verhaltensproblem, dass auf das unerwünschte Verhalten eine positive Reaktion erfolgt, woraufhin es immer häufiger gezeigt wird.

> Cedric kreischt regelmäßig laut im morgendlichen Stuhlkreis. Beobachtbar ist, dass es in Momenten passiert, wo er etwas nicht versteht und sich dadurch langweilt. Sobald er laut wird, fordert seine Lehrerin ihn auf, sich neben sie zu setzen und nimmt ihn in den Arm. Cedric hat sehr schnell begriffen, dass er nur laut zu werden braucht, um neben der Lehrerin sitzen zu können. Aufgrund dieser Erkenntnis setzt er das Verhalten ganz gezielt ein, ohne dass es einen Grund dafür gibt, außer dem Wunsch nach Nähe zu seiner Lehrerin.
>
> Emilie kann nicht mehr aufhören auf ihrem Zeichenblatt zu kritzeln, sie malt und malt, bis das Papier kaputt ist und sie sich

darüber aufregt. Dann schreit sie, schlägt mit dem Kopf auf den Tisch und weint. Die Lehrer*innen sagen ihr, dass sie aufhören soll zu malen und ihren Wutausbruch beenden soll, aber es funktioniert nicht.

Arne wirft, schon, wenn er den Klassenraum betritt, die Schultasche in die Ecke und verschränkt die Arme vor der Brust. Er ist dann nicht zu bewegen, im Unterricht mitzumachen, sondern sitzt in einer Ecke des Raums, stört den Unterricht durch plötzliches Umherlaufen und Ärgern der Mitschüler*innen. Sobald der Sportunterricht losgeht, kooperiert er und hat immer sehr viel Freude bei Bewegungsspielen und Übungen, bei denen es um Körperkoordination und Mut geht.

Lehrer*innen haben verschiedene Möglichkeiten, mit solchen Verhaltensweisen umzugehen.

Praxistipp: Schreien, um Aufmerksamkeit und Nähe zu bekommen (Beispiel Cedric)

Die Lehrerin bestimmt, wie oft am Tag Cedric neben ihr sitzen darf. Wenn er schreit, darf er es nicht. Sie gibt ihm einen ›Gutschein‹ für den Platz neben ihr. Auf dem Gutschein ist ein entsprechendes Symbol abgebildet, das Cedric die Situation verdeutlicht. Er kann selbst entscheiden, wann er den Gutschein einlöst. Wenn er es möchte, gibt er ihn der Lehrerin und darf sich nun für einen begrenzten, von der Lehrerin festgelegten Zeitraum neben sie setzen. Die Zeit wird mithilfe eines Time Timers abgebildet. Am nächsten Schultag bekommt er wieder einen neuen Gutschein ausgehändigt.

Der Vorteil dieser Maßnahme ist, dass die Lehrerin die Situation in der Hand hat und nicht der Schüler (durch sein Schreien). Cedric kann aber bestimmen, zu welchem Zeitpunkt er den Gutschein eintauschen möchte. Er lernt, dass er nicht für unerwünschtes Verhalten belohnt wird, sondern in positiver Art und Weise auf die Lehrerin zugehen soll. Er lernt auch, zeitlich zu planen, er muss

5 Schulzeit

jedoch auch damit zurechtkommen, die Bedürfniserfüllung auf einen späteren Zeitpunkt oder sogar den nächsten Tag zu verschieben. Das hat Einfluss auf sein Verhalten und seine Selbstständigkeit.

Praxistipp: Zwanghaftes Verhalten gepaart mit selbstverletzendem Verhalten (Beispiel Emilie)
Mit einer bestimmten Tätigkeit nicht aufhören zu können, ist eine immense Belastung für ein autistisches Kind. Die Kinder empfinden in dieser Situation häufig eine tiefe Verzweiflung. Es gelingt nicht, sie durch Schimpfen, Wegnehmen oder Fixieren von dem Verhalten abzubringen, das führt nur zu noch ausgeprägterer Wut und Frustration.

Eine derartige Situation zu vermeiden ist die erste Möglichkeit. Emilie malt nicht mehr oder sie bekommt andere Stifte bzw. Wasserfarben. Diese anderen Rahmenbedingungen in einer Situation können auch eine Chance sein, dass Emilie ihr Verhalten verändern kann. Wenn sie jedoch dennoch in ein zwanghaftes Verhalten verfällt, kann es helfen, wenn die Lehrerin ihr ankündigt, dass sie gleich den Stift haben und ein Mitschüler die Materialien wegbringen möchte. Sie bietet der Schülerin an, ihre Hände für eine Weile festzuhalten und spricht dabei beruhigend auf sie ein. Auf diese Art und Weise wird versucht, sie abzulenken und ihr eine Alternative zu dem Zwang anzubieten. Eine weitere Möglichkeit ist, die Tätigkeit schon vorher auf eine bestimmte Zeit zu begrenzen, also bspw. für die Dauer eines bestimmten Liedes oder für die auf einem Time Timer eingestellte Zeit.

Praxistipp: Verweigerung im Unterricht (Beispiel Arne)
Manche Kinder lernen, dass es für sie unterhaltsamer ist, nicht im Unterricht mitzumachen, sondern die Mitschüler*innen zu necken, im Klassenraum herumzulaufen, Verhaltensbesonderheiten zu zeigen. Arne fiel frühzeitig auf, dass Lehrer*in und Mitschü-

ler*innen ihm hinterherschauen, das Verhalten registrieren und kommentieren, und das findet er gut. Schon mit kleinsten Reaktionen (Kommentare der anderen Kinder, Aufforderungen, sich jetzt endlich doch mal hinzusetzen, oder Ankündigungen von Konsequenzen) wurde das Verhalten verstärkt und deshalb aufrechterhalten. Arne weiß, dass er in seinem Lieblingsunterricht, nämlich der Sportstunde, in jedem Fall mitmachen kann. Eine Lösung kann sein, den ›Spieß umzudrehen‹. Arne bekommt Aufmerksamkeit für selbst minimale kooperative Verhaltensweisen (setzt sich in den Stuhlkreis, hängt seine Tasche an den dafür vorgesehenen Platz auf, kommuniziert oder spielt angemessen mit einem/einer Mitschüler*in). Sobald er etwas gut gemacht hat, erhält er dafür einen Token (▶ Abb. 16).

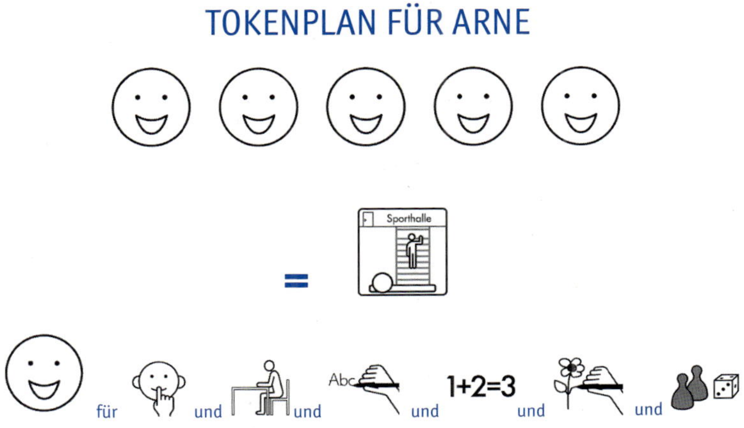

Abb. 16: Arnes Tokenplan für den Schulsport (METACOM Symbole © Annette Kitzinger)

Um am Sportunterricht teilnehmen zu können, benötigt er eine festgelegte Anzahl Token, die ihm auf einer Unterlage angezeigt werden. Wenn Arne es schafft, diese Token zusammenzusammeln, kann er am Sportunterricht teilnehmen. Ist das nicht der Fall,

> muss er sich während des Sports woanders aufhalten bzw. wird ausgeschlossen. Das Prinzip ist, dass das Kind lernt, für positives Verhalten belohnt zu werden und sich eine gewünschte Aktion erst ›verdienen‹ zu müssen.

5.8 Was Pädagog*innen wissen müssen

Eine/n Schüler*in mit Autismus in der Klasse zu haben, stellt den/die Lehrer*innen in jedem Fall vor eine besondere Herausforderung. Das ist der Fall in der Klasse einer Förderschule, in einer integrativen Klasse oder einer Inklusionsklasse. Woran liegt das?

Der/die Schüler*in mit Autismus leidet an einer schweren Störung in seiner/ihrer Entwicklung, die zu mannigfaltigen Problemen führt. Er/sie hat Probleme in der Kommunikation, also sich verständlich zu machen oder zu verstehen, was andere zu ihm/ihr sagen. Er/sie produziert Laute, die nicht wirklich etwas bedeuten oder redet im Unterricht stereotyp vor sich hin. Außerdem nimmt er/sie alles wortwörtlich, versteht keine Ironie, keine Witze, keine Redewendungen. Man erkennt an seinem/ihrem Gesicht nicht immer, wie es ihm/ihr geht, und er/sie selbst kann die Stimmung bei seinen/ihren Mitmenschen nicht anhand der Mimik, der Lautstärke, der Gestik erkennen.

Im Bereich der Handlungsplanung und des Arbeitsverhaltens hat der/die Schüler*in häufig nicht gelernt, einfachste Aufgaben zu verstehen und zu bearbeiten. Er/sie ist vielmehr mit seinen/ihren Stereotypien beschäftigt, und der/die Lehrer*in hat erhebliche Mühe, ihn/sie zu unterbrechen. Es gibt große Probleme, wenn der/die Schüler*in etwas Neues lernen soll oder wenn Veränderungen notwendig sind, hier gibt es eine geringe Akzeptanz des/der Schüler*in. Viele Aufgaben sind zu komplex und der/die Schüler*in ist nicht dazu in der Lage, die Aufgabenstellung zu verstehen und selbstständig und konzentriert an der Aufgabe zu arbeiten. Der/die Schüler*in verfolgt seine/ihre eigenen Interessen, der Lernstoff bedeutet nichts für ihn/sie. Es ist ausgesprochen schwierig ihn/sie zu motivieren, und wenn es gelingt, ist die Aufmerksamkeitsspanne kurz.

Der/die Schüler*in benötigt deshalb einen auf seine/ihre besonderen Bedarfe zugeschnittenen Unterricht und individuelle Lernwege, die bspw. nach dem Konzept der Aneignungsformen ermöglicht werden. Dieses Konzept besagt, dass je nach Schwere der Beeinträchtigung Schüler*innen mit Autismus zunächst überwiegend *basal-perzeptiv*, also mit den basalen Nahsinnen (taktil, tiefensensorisch, vibratorisch, vestibulär) einen Lerngegenstand begreifen und durch das Wahrnehmen lernen. Im nächsten Schritt geschieht das Lernen *konkret-handelnd*, d.h. durch Aktivitäten, Erkunden von Gegenständen, Symbolen usw. Der/die Schüler*in soll eine einfache Aufgabe rechnen. Er/sie bekommt eine Handvoll Spielsteine, die er/sie auf entsprechende Felder legt. Er/sie tippt also nicht nur mit dem Finger auf eine Anzahl Felder, sondern erfährt durch Berührung, Handlung und Bewegung die Menge visuell, taktil sowie kinästhetisch (also in der Verbindung von Tiefenwahrnehmung und Bewegung). Den anschließenden Schritt erreichen autistische Schüler*innen häufig schon nicht mehr, nämlich das *anschaulich-modellhafte* Erfahren, bei dem man sich ein eigenes Bild von der Welt macht, sich eine eigene Meinung bildet, Mitschüler*innen als Modelle für Lernen begreift und eigene, kreative Ideen entwickelt. (In einer letzten, d.h. der *abstrakt-begrifflichen*, Aneignungsform kann der/die Schüler*in sich ohne Benutzen der Nahsinne, ohne Handeln und ohne Modelle eine eigene Meinung bilden, d.h. selbstständig denken und seine/ihre Ansichten verschriftlichen.)

Der/die autistische Schüler*in hat erhebliche Probleme, sich in die Situation anderer Menschen zu versetzen und sich vorzustellen, wie es den Klassenkamerad*innen oder den Lehrer*innen oder der Schulassistenz geht, gerade im Zusammenhang mit dem eigenen, andersartigen Verhalten. Soziale Beziehungen zu Mitschüler*innen sind schwierig, der/die autistische Schüler*in tendiert dazu, unangemessene Verhaltensweisen zu zeigen und keinerlei Rücksicht auf andere zu nehmen. Manchmal kommt es auch zu Übergriffen auf Klassenkamerad*innen oder Pädagog*innen, wenn Situationen entstehen, mit denen er/sie nicht zurechtkommt. Diese Ereignisse führen häufig auch dazu, dass die Klassenkamerad*innen sich zurückziehen und dem/der Mitschüler*in aus dem Weg gehen, weil sie Angst haben und unangenehme Situationen vermeiden wollen, in denen vielleicht etwas sehr Schwieriges passiert.

> **Praxistipp**
> Die sensorischen Probleme eines/einer Schüler*in mit Autismus sind mitunter gravierend und haben einen erheblichen Einfluss auf den Alltag in der Schule. Menschen mit Autismus haben Probleme mit Hyper- oder Hyposensibilität, was sich in alle Bereiche der Wahrnehmung auswirken kann.
>
> - Dem/der Schüler*in ist es zu laut in der Klasse oder es fehlen ihm/ihr Geräusche und er/sie produziert sie deshalb fortlaufend selbst. Er/sie kann nicht am Musikunterricht teilnehmen, weil er/sie die Geräuschkulisse nicht erträgt.
>   Mögliche Lösung: Die Geräusche sollten reduziert werden, insbesondere die Hintergrundgeräusche. Es wird ihm/ihr erlaubt, einen Gehörschutz zu verwenden.
> - Der/die Schüler*in ist irritiert von zu vielen visuellen Reizen (Bilder, die im Klassenraum hängen, Licht und Schatten, Bewegungen durch Mitschüler*innen) oder er/sie vermisst visuelle Reize und verschafft sie sich, indem er/sie ins Licht schaut, mit den Händen wedelt, in den Augen bohrt.
>   Mögliche Lösung: Flackernde Leuchtmittel sollten beseitigt werden und die Helligkeit des Raums möglicherweise durch Vorhänge gemindert werden. Der/die Schüler*in wird mit dem Rücken zum Fenster gesetzt.
> - Dem/der Schüler*in fehlen Tiefen- und Gleichgewichtsreize, was ihn/sie unruhig macht und ihn/sie dazu bringt, umherzulaufen und auf der Stelle zu hüpfen.

Möglliche Lösung: Er/sie braucht mehr Pausen als andere Kinder, in denen er/sie sich bewegen kann. Außerdem sollte in den Pausen die Vielfalt an Umgebungsreizen reduziert werden. Dem/der Schüler*in wird ein großer Reissack angeboten, dessen Gewicht zur Beruhigung beiträgt.
- Der/die Schüler*in hat Probleme im taktilen Bereich, weshalb man ihn/sie bspw. nicht berühren darf, v. a. nicht am Kopf, aber auch nicht an den Händen, sodass Handführung bei schwierigen Aufgaben ausgeschlossen ist. Oder der/die Schüler*in ist ständig auf der Suche nach taktilen Reizen, kratzt an Tapeten, bohrt die Finger in Blumentöpfe, will immer wieder mit Wasser spielen, versucht in die Haare der Mitschüler*innen zu greifen. Mögliche Lösung: Berührungen, z. B. in Form von Handführung, werden angekündigt. Es wird bei der Handführung mehr körperlicher Druck ausgeübt, sodass der/die Schüler*in die Hand besser spürt. Dem/der Schüler*in werden Alternativen zu den Haaren, Erde etc. zur Verfügung gestellt, wie eine Perücke, Bürsten und Schwämme, die er/sie während des Unterrichts benutzen darf.
- Der/die Schüler*in hat Probleme mit Gerüchen, steckt die Hände in den Mund oder den Schritt, um daran zu riechen, oder ekelt sich vor Gerüchen von Mitschüler*innen, dem Parfüm des/der Klassenlehrer*in, der Geruchsvielfalt der ausgepackten Frühstücksdosen.
Mögliche Lösung: Gerüche im Umfeld des/der Schüler*in werden vermieden. Wenn der/die Schüler*in selbst nach wechselnden Gerüchen verlangt, werden sie ihm/ihr z. B. in Form von Geruchsdöschen angeboten.

Grundsätzlich sollten einige Regeln im Unterricht immer beachtet werden:

- Die Sprache der Pädagog*innen ist klar und ohne Ironie oder Redewendungen. Es wird deutlich und in kurzen Sätzen gesprochen.

- Alternative Kommunikationsformen werden unterstützt, auch weil sie für alle Schüler*innen eine Bereicherung darstellen.
- Aufgaben und das Unterrichtsgeschehen werden visualisiert. So können auch Veränderungen im Stundenplan angekündigt werden. Aufgabenpläne in Form von Checklisten oder Arbeitsmappen werden vorbereitet und dem/der autistischen Schüler*in zur Erleichterung des Schulpensums angeboten.
- Dem/der Schüler*in werden nur so viele Hilfen wie nötig und so wenig wie möglich gegeben.
- An Gruppenarbeiten bzw. Beschäftigungen in der Gruppe wird der/die Schüler*in behutsam herangeführt. Das Maß dieser Unterrichtsform wird begrenzt. In Gruppensituationen wird mit Regelkarten und Plänen gearbeitet. Jedes positive Verhalten des/der autistischen Schüler*in (und das der Mitschüler*innen auch) wird besonders beachtet und so verstärkt.
- Veränderungen bei den Lehrkräften, den Mitschüler*innen, den Räumen oder der Klassenraumgestaltung werden rechtzeitig angekündigt.

6 Teenagerzeit

6.1 Identität und Selbstgestaltung

> Als Toni 11 ist, fragt er zum ersten Mal seine Eltern, ob er behindert ist. Seine Eltern sind sehr irritiert und zögern zunächst mit der Antwort. Nach Rücksprache mit Therapeut*innen erklären sie Toni, dass er ›anders‹ ist und benutzen das Wort Autismus bzw. autistisch. Toni fällt es sehr schwer, das zu verstehen. Die Eltern nehmen einfache Bücher zur Hilfe, um ihm zu erklären, was Autismus bedeutet und ihm klarzumachen, dass er nicht das einzige autistische Kind ist. Manchmal fragt Toni auch später noch nach und möchte wissen, was Autismus ist und was die Ursache ist.

Praxistipp
Um einem autistischen Kind oder Jugendlichen mit intellektueller Beeinträchtigung zu erklären, was Autismus ist, bieten sich folgende Punkte an, die aber unbedingt individualisiert werden müssen. Möglichst sollten einige Punkte davon aufgeschrieben und bebildert werden – wenn es geht, zusammen mit dem Kind.

- Autismus ist etwas, was vor deiner Geburt im Gehirn passiert ist. Dort ist eine Stelle anders geschaltet – wie das bei einem Computer manchmal passiert.
- Es führt dazu, dass du anders siehst, hörst, fühlst, riechst und schmeckst als andere Kinder (dem Kind Beispiele erzählen).
- Du redest und spielst anders als andere Kinder.
- Du verstehst nicht alles so wie andere Menschen und dadurch ist es manchmal schwierig für dich, mit anderen gut zurechtzukommen.

- Du erkennst manchmal die Gefühle anderer Kinder oder der Familienmitglieder nicht richtig und manchmal kannst du nicht richtig merken, wie es dir selbst geht.
- Du möchtest, dass alles immer so bleibt wie es ist und nicht verändert wird.
- Dir sind Dinge wichtig, die anderen Menschen egal sind. Bspw. Uhren, Glühbirnen, Toiletten oder Müllsammeln.
- Durch den Autismus hast du bestimmte Fähigkeiten, die dich von anderen Menschen unterscheiden und die etwas ganz Besonderes sind.
- Autismus kann man nicht wegmachen. Es ist keine Krankheit. Du musst lernen damit klarzukommen. Dabei können wir Eltern helfen, und es ist gut, wenn du versuchst, dabei mitzumachen.

Um dem jungen Menschen begreiflich zu machen, was ihm fehlt und was an ihm das Besondere ist, sollte er sich, unterstützt durch Eltern oder Therapeut*innen, über seine eigene Identität Gedanken machen. Dazu gehören folgende Fragen:

- »Wer bin ich?«
- »Wie bin ich?«
- »Wie sehen mich die andern?«
- »Wie sehe ich die andern?«

Viele verschiedene Dinge machen einen Menschen einzigartig: das Aussehen, die Eigenschaften, der Körper, die Fähigkeiten, Interessen, die Herkunft bzw. die Familie, das Zuhause, Stationen im Leben wie Kindergarten und Schulen gehören dazu und Freundschaften. Besondere Ereignisse wie Reisen, Geburt eines Geschwisters, Tod eines Haustieres, Umzug, usw. sind auch wichtig. Dargestellt kann all das bspw. durch eine Auflistung wichtiger Personen, vielleicht einen einfachen Stammbaum sowie einen visualisierten Lebenslauf. Die Stärken und Interessen des Kindes, Hobbys und bevorzugte Freizeitwünsche können aufgeführt werden. Je nachdem, was der autistische Mensch versteht, ist der Umfang einer solchen Aufstellung von kurz bis sehr ausführlich. Es ist wichtig, früh anzufangen, zusammen mit dem Kind die eigene Geschichte aufzuschreiben, gerade auch bei Kindern, die nicht sprechen können und selbst nichts dazu erzählen können. Wenn sie eines Tages in eine Einrichtung kommen, möchten andere Menschen etwas über sie und ihre Biografie erfahren. Auch für den/die Betroffene*n ist es von großer Bedeutung, etwas über sein/ihr Leben erzählen zu können, was er/sie mithilfe eines solchen persönlichen Buchs kann. Für neue Bezugspersonen ist es ebenfalls eine Hilfe, etwas über den Menschen und über seine Entwicklung zu erfahren, seine Persönlichkeit und seine besonderen Bedürfnisse oder auch Abneigungen zu kennen. So kann dem Menschen mit Behinderung mehr von dem gegeben werden, was er braucht. Im Internet gibt es unter dem Stichwort ›Ich-Buch‹ oder ›Biografiearbeit‹ eine Vielzahl von Beispielen, wie man eine solche persönliche Dokumentation erstellen kann.

6.2 Pubertät und Sexualerziehung

Von der körperlichen Entwicklung her gesehen unterscheiden sich autistische Kinder und Jugendliche nicht von Gleichaltrigen. Autistische Jugendliche kommen genauso wie andere junge Menschen in die Pubertät, d.h., es treten geschlechtsspezifische Veränderungen wie Vergrößerung des Penis und der Hoden bzw. der Brüste, das Schamhaarwachstum, die erste Regelblutung bzw. der erste Samenerguss auf. Es gibt keine Belege darüber, dass die Pubertät autistischer Menschen früher oder später einsetzt als bei gesunden Gleichaltrigen. Es ist jedoch so, dass die psychische Entwicklung sowie das intellektuelle Begreifen der Veränderungen bei den Betroffenen häufig nicht möglich sind und sie nicht verstehen, was mit ihnen los ist. Für fast alle Teenager*innen und Jugendlichen ist die Pubertät eine sehr unruhige, oftmals schwierige Zeit. Die Hormone und Gefühle ›spielen verrückt‹, der Körper verändert sich, und es kommt zum Wunsch nach Abnabelung von den Eltern und der Familie. Auch der Jugendliche mit Autismus erlebt in der Pubertät Phänomene wie Stimmungsschwankungen, Wechsel zwischen Anschmiegsamkeit und Abgrenzung, Harmoniebedürfnis und Streitbarkeit. Zusätzlich entsteht häufig der Wunsch nach intensiver Auseinandersetzung mit dem eigenen Körper sowie einer Selbstidentifikation. Manchmal kommt es dabei zu der Erkenntnis, ›anders‹ zu sein und sich vor die Herausforderung gestellt zu sehen, die Behinderung zu verstehen und zu akzeptieren. Das kann den jungen Menschen mit Autismus durchaus in eine Sinnkrise führen. Im Gegensatz zu gesunden Jugendlichen fehlt dem/der Teenager*in mit Autismus häufig die Möglichkeit, sich über das Thema mit Gleichaltrigen auszutauschen. Er/sie kann auch nicht verbalisieren, was ihn/sie irritiert oder bedrückt, und nicht die richtigen Fragen stellen. Menschen im Autismus-Spektrum empfinden in dieser Lebensphase ihren Körper und die damit verbundene Wahrnehmung anders und teilweise fremd und bedrohlich und können sich die Veränderungen nicht erklären. Das führt häufig dazu, dass sie sich noch stärker isolieren und eigenen Interessen zuwenden als ohnehin schon und sich insgesamt einsamer fühlen als andere Teenager*innen.

Probleme, die in der Pubertät auftauchen

Für die Eltern bzw. Angehörigen ist es häufig schwierig zu unterscheiden, ob die Probleme, die in der Zeit der Pubertät entstehen können, vom Autismus herrühren oder durch die körperlichen Veränderungen zu erklären sind. Sie merken jedoch, dass das Kind launischer, anstrengender, empfindsamer und stressanfälliger wird. Sie machen auch die Erfahrung, dass die bisher erfolgreichen Erziehungsmittel weniger wirksam werden und der/die Jugendliche schwieriger zu führen ist. Er/sie ist auch stärker geworden und entwickelt mehr kreative Ideen, wie er/sie seine/ihre Interessen durchsetzen kann. Auf der anderen Seite leidet der junge Mensch vermehrt an Wahrnehmungsirritationen, auch durch die körperli-

6.2 Pubertät und Sexualerziehung

chen Veränderungen, sodass es zunehmend wichtig wird, für Strukturen, Sicherheiten und Vorhersehbarkeit im Alltag zu sorgen. Dabei möchte der/die autistische Teenager*in jedoch auch mitreden und eigene Wünsche einbringen.

Es ist sehr wichtig, auch den/die autistische/n Jugendliche*n über die körperlichen Veränderungen zu informieren. Je nach kognitiver Beeinträchtigung bedeutet das die Beruhigung und Erklärung bspw. beim ersten Samenerguss oder bei der ersten Menstruation. Es gibt einige Materialien, also Broschüren Flyer, Bücher und Filme zu den Themen Aufklärung, Liebe und Partnerschaft, zu denen jedoch anzumerken ist, dass sie manchmal zu komplex sind und auf den/die jeweilige/n Jugendliche*n zunächst individuell zurechtzuschneiden sind. Diese Informationen finden sich bspw. bei Pro Familia, der Bundeszentrale für gesundheitliche Aufklärung (BZgA), Bundesvereinigung der Lebenshilfe, Landesstelle Jugendschutz Niedersachsen, Stiftung Alsterdorf, Medienprojekt Wuppertal e. V.

In diesem Zusammenhang ist auch das Thema Körperhygiene sehr wichtig. Jugendliche haben hier v. a. zu Beginn der Pubertät manchmal eine reduzierte Wahrnehmung ihrer Körpergerüche, waschen sich zu selten oder auch zu häufig, wollen keine duftenden Waschutensilien benutzen oder verwenden viel zu viel hiervon. Das kann mit der besonderen Wahrnehmung des Menschen im Autismus-Spektrum, d. h. Über- oder Unterempfindlichkeit, zu tun haben. Der/die Jugendliche benötigt eine Vorgabe bzw. einen Plan, in dem die zu reinigenden Körperstellen, Duschintervalle und der Bekleidungswechsel festgelegt werden – auch im Hinblick auf die angestrebte Entwicklung von Selbstständigkeit und Selbsthilfefähigkeiten.

Ein vielbeachtetes Thema, das jedoch selten offen behandelt wird, ist die Möglichkeit und Notwendigkeit von Selbstbefriedigung. Zunächst einmal muss dem/der Jugendlichen vermittelt werden, dass die Berührung und Stimulation der eigenen Geschlechtsorgane etwas ganz Normales und Natürliches ist, was auch andere Jugendliche machen. Während gesunde Jugendliche sehr genau wissen, wann sie sich selbst anfassen und streicheln können und dabei den richtigen Zeitpunkt und das angemessene Maß finden, ist das bei behinderten bzw. autistischen Menschen häufig nicht der Fall. Sie verfügen nicht über ein Schamgefühl wie gesunde Jugendliche und versuchen also auch, vor der Familie bzw. der Öffentlichkeit zu masturbieren. Das hat in vielen Fällen zusätzlich einen provokanten Charakter. Der/die Jugendliche muss daher von Anfang an darauf hingewiesen werden, dass eine sexuelle Stimulation zu Hause nur im eigenen Zimmer und in der Schule oder der Tagesförderstätte nur auf der Toilette erlaubt ist. Bei manchen Menschen ist die Möglichkeit hierzu zeitlich bzw. von der Häufigkeit her einzugrenzen. Die sexuelle Befriedigung hat aufgrund der damit einhergehenden starken Reizempfindungen häufig einen hohen Stellenwert, sollte jedoch nicht Alltagsrituale in der Familie, schulisches Lernen oder Gruppenaktivitäten einschränken.

> **Praxistipp**
> Grundsätzlich ist wichtig, dem/der autistisch beeinträchtigten Heranwachsenden soziale Regeln und Konventionen beizubringen. Zum Erwachsenwerden gehört auch, dass sich ein junger Mensch in den unterschiedlichen Situationen des Alltags gut zurechtfinden und angemessen verhalten kann. Wie begrüße ich richtig Verwandte oder Nachbar*innen oder unbekannte Personen wie den/die Postbot*in oder den/die Friseur*in? Wen umarme ich, wer bekommt ein Küsschen und wem gebe ich die Hand? Was sage ich dazu? Wie verhalte ich mich in öffentlichen Verkehrsmitteln, bei Arzt*Ärztin, im Schwimmbad? Um dem/der Jugendlichen die verschiedenen Verhaltensweisen und Regeln zu vermitteln, bietet es sich an, Bildergeschichten zu entwerfen und immer wieder zu besprechen. Des Weiteren ist das korrekte Durchspielen von bestimmten Situationen wichtig.

Sexueller Missbrauch kann gerade auch bei Menschen mit Behinderung geschehen, die wehrlos und oftmals naiv sind. Daher muss der/die Jugendliche lernen, was andere Personen bei ihm/ihr machen oder wo sie ihn/sie anfassen dürfen und wo nicht. Gerade ein Mensch mit Beeinträchtigung ist gefährdet, dass Übergriffe auf ihn/sie stattfinden, deren Bedeutsamkeit er/sie nicht einschätzen kann und gegen die er/sie sich nicht zu wehren gelernt hat. Indem man bspw. mit dem/der Jugendlichen ein Bild vom Körper erstellt und darauf markiert, wo Anfassen ohne ausdrückliche Zustimmung (wie bei Urolog*in oder Gynäkolog*in) verweigert werden kann, lernt er/sie, diese Berührungen zu differenzieren. Der/die Jugendliche muss lernen, »nein« sagen zu können, das betrifft auch Situationen im häuslichen Bereich, also die Großmutter, die auf den Mund geküsst werden, die Mutter, die mit dem Waschlappen den Intimbereich des Sohnes säubern möchte. Sexueller Missbrauch findet im Übrigen nicht nur bei behinderten Frauen, sondern auch bei behinderten Männern statt (Wilken 2017, S. 165). Dem/der autistischen Jugendlichen sollte vermittelt werden, dass er/sie unbedingt erzählen soll, wenn ihm/ihr z. B. etwas in der Schule oder bei Bekannten ›komisch‹ vorkommt. Es ist für ihn/sie schwierig, über seine/ihre Gefühle zu sprechen bzw. seine/ihre Irritation. Er/sie muss erfahren, dass er/sie ein Recht auf Hilfe und Unterstützung hat und ihn/sie keine Schuld trifft. Sehr wichtig ist, ihm/ihr das Wissen um ›Geheimnisse‹ beizubringen, d. h., was ist ein wirkliches Geheimnis, das man unbedingt bewahren sollte (z. B. im Vertrauen erzählt von einem Geschwisterkind oder einem Freund), und was ist ein schlechtes Geheimnis, zu dem man sich den Eltern oder einem/einer Lehrer*in anvertrauen sollte, auch wenn einem von der/dem Täter*in eingeschärft wurde, dass man es nicht erzählen darf. Sexueller Missbrauch entsteht häufig im nahen Umkreis, also Familie, Bekanntschaft, Nachbarschaft, Betreuungsinstitution.

> **Praxistipp**
> Als Tipps zur Prävention sexueller Gewalt an Mädchen und Jungen mit Behinderungen und Beeinträchtigungen werden vom Arbeitsstab des Unabhängigen Beauftragten für Fragen des sexuellen Kindesmissbrauchs genannt:

- die Vermittlung von sexuellem Wissen und Akzeptanz von Sexualität,
- Förderung der Akzeptanz und Liebe des eigenen Körpers,
- Erlaubnis, »nein« zu sagen, auch bei pflegerischen Handlungen,
- Ernstnehmen des Menschen mit Behinderung, auch wenn die Äußerungen nicht immer leicht zu verstehen sind,
- genaue Festschreibung von Pflege und Unterstützungshandlungen in Institutionen, um sexuelle Übergriffe deutlich von pflegerischen und unterstützenden Handlungen unterscheiden zu können.

6.3 Krankheit, Schmerz und Arztbesuche

Ein kleines Kind hat i.d.R. Probleme, Unbehagen und Schmerzen mitzuteilen. Es ist darauf angewiesen, dass die Eltern bemerken, dass etwas nicht in Ordnung ist. Sie beobachten das kranke Kind und kommen möglicherweise zu dem Ergebnis, dass es Hilfe braucht, d.h. einem/einer Kinderarzt*ärztin vorgestellt oder ins Krankenhaus gebracht werden sollte. Größere Kinder, also ab ca. vier Jahren, können oft schon sagen, was ihnen fehlt, zeigen, wo der Schmerz ist, und beschreiben, wie stark er sich anfühlt. Bei Menschen aus dem Autismus-Spektrum ist dies i.d.R. nicht möglich. Die Eltern bzw. Bezugspersonen merken dem Kind an, dass etwas anders ist als sonst, können jedoch nicht mithilfe des Kindes herausfinden, was genau los ist. Dies v.a., weil viele der Kinder Probleme mit der Kommunikation haben und daher nicht ausdrücken können, was gerade in ihrem Körper passiert. Sie benötigen eine Möglichkeit, Schmerz, Schmerzort und Schmerzintensität auszudrücken – bei einem nichtsprachlichen Kind eine große Herausforderung. Dieses kann ja noch nicht einmal sagen, wenn es durstig ist oder ein bestimmtes Spielzeug haben möchte, wie soll es da seinen Schmerz mitteilen können? Dazu kommt, dass Menschen mit Autismus aufgrund der zugrundeliegenden Wahrnehmungsverarbeitungsstörung Schmerzen häufig anders wahrnehmen als neurotypische Menschen. So ist es möglich, dass sie sich offensichtlich selbst Schmerzen zufügen und für Angehörige nicht ersichtlich ist, ob das Kind hierbei Schmerz empfindet (selbstverletzende Verhaltensweisen).

Schmerzforscher*innen (Martin, 2016) haben folgende Erkenntnisse gewonnen:

- Menschen (dies betrifft auch Erwachsene) mit Autismus zeigen gesteigerte physiologische Stressreaktionen auf Schmerzreize.
- Das Schmerzverhalten ist nicht abgeschwächt, sondern weicht in seiner Art eher von einer ›typischen‹ Verhaltensreaktion auf Schmerz erheblich ab.
- Dadurch lässt es sich vom/von der Beobachter*in schwer einschätzen.
- Sehr wahrscheinlich besteht keine verminderte Schmerzempfindung, aber Menschen im Autismus bringen Schmerz in ungewöhnlicher Weise zum Ausdruck.

> Die Mutter berichtet: Christoph, 11 Jahre alt, empfindet alle Wahrnehmungsreize übermäßig stark. Dies betrifft besonders Schmerz. Schon wenn er von einem Fußball getroffen wird, sich nur leicht stößt, bricht er schreiend auf dem Boden zusammen und wälzt sich vor Schmerzen hin und her. Es dauert dann sehr lange, bis der Schmerz verschwindet. Auch das Duschen oder starker Regen auf dem Kopf schmerzen ihn, und er kann daher z.B. nur baden. Verändert hat sich diese Empfindlichkeit nicht mit der Zeit, sie ist gleichbleibend. Helfen tut auch nichts, da z.B. ein Eisbeutel zur Kühlung sogar noch mehr Reize gibt, und Christoph dann noch mehr schreit.

Empfohlen wird, bei jungen Kindern zunächst mit einer Schmerzskala zu arbeiten. Allerdings gibt es bisher sowohl im Kinder- als auch im

Erwachsenenbereich keine autismusspezifische Schmerzskala. Man muss sich also mit den vorhandenen Skalen, wie sie bspw. in Kinderkliniken verwendet werden, zufrieden geben. Zunächst ist hier KUSS (Kindliche Unbehagen- und Schmerzskala) nach Büttner zu nennen, eine Beobachtungsskala für Eltern und Pflegekräfte mit nur sieben Kriterien für die Beobachtung (Schlaf, Weinen, Beruhigung, Hautfarbe, Gesichtsmimik, Körperausdruck, Atmung). Für jedes Item steht eine Auswahl an Beobachtungen zur Verfügung Am Ende ergibt sich ein Score, der über die Ernsthaftigkeit des Schmerzgeschehens Auskunft gibt. Für neurotypische Kinder ab vier Jahren steht die Gesichterskala nach Hicks (2001) zur Verfügung.

Es wird empfohlen, möglichst auf Abbildungen mit Smileys zu verzichten, weil diese eher mit Gefühlen (fröhlich, traurig, wütend etc.) in Verbindung gebracht würden. Für ältere (neurotypische!) Kinder gibt es bspw. visuelle Analogskalen, d. h., das Kind zeigt auf einer numerischen Skala von 1 bis 10, wie stark der Schmerz ist. Davon ausgehend, dass viele Kinder mit frühkindlichem Autismus diese Skalen nicht verstehen werden, bietet es sich an, sich mit PPP (Paediatric Pain Scale) vertraut zu machen, die für Kinder mit Behinderung entwickelt wurde. Dies ist ein Instrument zur Fremdeinschätzung von Schmerz, d. h. bestimmte Auffälligkeiten wie unruhiger Schlaf, vermehrtes Blinzeln, Anspannung, Abwehr von Berührungen, Zähneknirschen usw. werden auf einer Skala von 1 bis 4 bewertet, und ein Gesamtscore wird erhoben. Voraussetzung für die Anwendung dieser Skala ist, dass (von den Bezugspersonen) ›geübt‹ wird, hiermit zu arbeiten, zu einem Zeitpunkt, an dem das Kind fit und gesund ist. Sobald Veränderungen auftreten, wird die Skala angewendet und ein Wert bestimmt, der das weitere Vorgehen wie einen Arztbesuch oder eine Krankenhauseinweisung nach sich zieht.

Schmerzen können auch mithilfe eines PECS-Buches gezeigt werden, das individuell für ein Kind angefertigt werden kann. Es muss dafür verstehen, was mit den Symbolen gemeint ist (▶ Abb. 17).

Ein Arztbesuch kann für einen Menschen mit Autismus immensen Stress bedeuten und damit auch die Bezugspersonen vor eine große Herausforderung stellen. Es empfiehlt sich zunächst, schon frühzeitig

6.3 Krankheit, Schmerz und Arztbesuche

Abb. 17: PECS-Buch für das Anzeigen von Schmerz (METACOM Symbole © Annette Kitzinger)

Routinen, Arztbesuche betreffend, aufzubauen. Schon das kleine Kind wird regelmäßig mit zum/zur Zahnarzt*ärztin genommen oder zum/zur Kinderarzt*ärztin gebracht und erfährt, wie die Abläufe sind, und dass es vielleicht einmal etwas wehtun kann. Ein großes Problem ist für die Betroffenen häufig, sich von einem fremden Menschen anfassen zu lassen bzw. Manipulationen am Körper zuzulassen, die als unangenehm und beängstigend empfunden werden. Darüber hinaus muss ein Arztbesuch manchmal auch spontan erfolgen, weil ein Notfall eintritt, sodass keine Vorbereitung stattfinden kann.

> Toni reagierte immer sehr empfindlich auf Berührungen am Kopf. Es schien daher unmöglich zu sein, das notwendige EEG mit ihm durchzuführen, bei dem Elektroden am Kopf befestigt werden und man eine längere Zeit stillsitzen muss. Die Mutter besorgte sich eine entsprechende Kappe mit Elektroden vom Kinderneurologen, mit der sie die Prozedur vorher mit ihm viele Male üben konnte. Dadurch nahm sie Toni die Angst, und es stellte sich eine Art Routine ein. Die EEGs bedeuteten kaum noch Stress für Toni, und seine Mutter und medizinische Fachkräfte konnten ruhig an die Untersuchung herangehen.

Bei manchen Untersuchungen ist es jedoch schwirig, das Kind oder den/die Jugendliche*n auf alles vorzubereiten, was passieren wird. Insbesondere bei Krankenhausaufenthalten, die aus diagnostischen Gründen mehrere Tage dauern sollen, ist es nicht möglich, jeden notwendigen Schritt vorzuplanen und zu erläutern.

> Tonis Mutter berichtet: »Und dann wurden wir auch noch vom Krankenhaus aus in eine Augenarztpraxis geschickt, weil Toni unter unerklärlichen Kopfschmerzattacken litt. Wir mussten mit einem Taxi dorthin fahren. In der Praxis war es sehr voll, und wir mussten eine Weile warten. Toni benahm sich die ganze Zeit unmöglich, pöbelte die anderen Wartenden an, gab deutlich zu verstehen, dass er nicht dort sein wollte. Es war für alle Beteiligten eine belastende, für mich als Mutter beschämende Situation.«

Das Krankenhaus ist eine unbekannte Welt mit unbekannten Menschen, unklaren Regeln, Umgangsformen und Geräuschen, die bspw. von Geräten erzeugt werden. Es kommen plötzlich Menschen ins Zimmer, die einen anfassen wollen, und nicht jede/r Arzt*Ärztin oder jede Pflegekraft kann empathisch auf den Menschen mit Autismus eingehen. Manchmal muss das Kind Prozeduren über sich ergehen lassen, die ihm extrem unangenehm sind, wie Gel auf der Haut für eine Ultraschalluntersuchung, eine Blutentnahme, ein kaltes Stethoskop auf der Brust, eine schmerzhafte Injektion mit der Begründung, Schmerzen lindern zu wollen. Für den Menschen mit Autismus ist es sehr schwirig, diese angstauslösende und unangenehme Situation in Worte zu fassen, zumal viele autistische Menschen nicht verbal kommunizieren können.

> Eine empathische Ärztin erklärte dem autistischen Jungen, dass sie ihm Blut abnehmen müsse für eine Untersuchung. Er dürfe im Anschluss jedoch roten Saft trinken, um die rote Farbe wieder aufzufüllen.

Für die Eltern stellt sich die Frage, wie sie das Kind auf den Arzt- oder Krankenhausbesuch vorbereiten können, wenn der denn planbar ist. Für das medizinische Fachpersonal liegt die Herausforderung darin, mit den vorhandenen Ressourcen und Rahmenbedingungen im klinischen Alltag den besonderen Bedarfen eines Patienten mit Autismus gerecht zu werden. Außerdem benötigen die Mitarbeiter*innen Informationen über Autismus, um eine effektive und akzeptable Behandlung zu ermöglichen. Für den autistischen Menschen ist von Nutzen, über die Gegebenheiten in einer Arztpraxis oder einem Krankenhaus informiert zu sein, d. h. zu erfahren, was für Untersuchungen auf ihn zukommen (Abhören, Abtasten, Röntgen, Fiebermessen, Ultraschalluntersuchung, MRT), an welchen Körperstellen Untersuchungen stattfinden (Bauch, Kopf, Hals etc.), welche Maßnahmen erfolgen (Verband, Injektion, Operation) und welche Besonderheiten in der Umgebung bestehen (Menschen in Kitteln und mit Handschuhen, besondere Geräusche, Mundschutz, Haube).

> **Praxistipp**
> Grundsätzlich ist es erforderlich, dass die Gegebenheiten in Arztpraxen und Krankenhäusern an Menschen mit Autismus angepasst werden. Dafür müssen die Fachleute vor Ort dazu bereit sein, sich der besonderen Bedarfe der Menschen im Autismus-Spektrum anzunehmen und die Bedingungen behinderungsspezifisch zu verändern. Dazu gehören:
>
> • Verständnis um die Wahrnehmungsunter- und Überempfindlichkeiten,
> • Bemühen um klare, eindeutige und verständliche Sprache,
> • Erklären von notwendigen Maßnahmen und Gewähren von Zeit,
> • Annahme des autistischen Menschen, auch bspw. durch Berücksichtigung von dessen besonderen Interessen,
> • Akzeptanz der Eltern als ›Expert*innen‹ ihres Kindes, Annahme von ungewöhnlichen Vorschlägen.

Eltern sollten den/die Arzt*Ärztin bereits bei der Terminvereinbarung über den Autismus informieren, »vielleicht anhand eines Briefs oder eines Merkblatts, das detaillierte Angaben darüber enthält, was für die eigene Person schwierig ist und was dagegen hilft. Man kann auf diesem Weg auch darum bitten, dass der Arzt die übrigen Praxismitarbeiter informiert« (Preißmann 2017, S. 95). Eltern tun gut daran, schon frühzeitig mit der Situation ›Kranksein‹ zu rechnen und sich bzw. das Kind darauf vorzubereiten. Es gibt bisher nur an wenigen Standorten Behandlungszentren bzw. Arztpraxen speziell für Menschen mit Behinderungen. Es muss also üblicherweise eine ›normale‹ Praxis aufgesucht werden. Die Eltern sollten sich dort mit ihrem Kind vertrauensvoll und respektvoll aufgenommen fühlen. Der/die Arzt*Ärztin sollte auf besondere Bedürfnisse und Fragen eingehen und gut informiert über die speziellen Sorgen und Nöte des Kindes bzw. der Familie sein. Ein Terminsystem mit kurzen Wartezeiten und möglichst Terminvorschlägen außerhalb der regulären Sprechzeiten ist sinnvoll, um mögliche Auslöser für Konflikte und Stress zu minimieren.

Von Eltern wird einstimmig darüber berichtet, wie dramatisch und belastend für sie selbst und das Kind Situationen gewesen seien, in denen es bspw. von mehreren Personen festgehalten und zu einer medizinischen Maßnahme gezwungen wurde. Daraufhin waren die Kinder derart traumatisiert, dass sie nicht mehr zum/zur Arzt*Ärztin wollten und schon bei Ankündigung eines Arztbesuchs in Panik verfielen. Hier kann nur entgegengesteuert werden, indem eine gute Vorbereitung für alle Beteiligten (Kind, Eltern, Arzt*Ärztin, medizinisches Fachpersonal) erfolgt. Der Arztbesuch sollte zu Hause vorbesprochen (›gespielt‹), dem Kind Instrumente und dergleichen bekannt gemacht werden. Der/die Arzt*Ärztin muss sich an das abgesprochene Prozedere halten und die Eltern sollten sofort eingreifen, wenn etwas geschieht, was so nicht besprochen wurde.

6.4 Akzeptanz der Beeinträchtigung in der Familie

Auch im Jugendalter bleiben Kinder im Autismus-Spektrum eher Einzelgänger*innen. Sie beschäftigen sich intensiv mit ihren eigenen Interessen, auch Stereotypien, und scheinen Kontakte zu Gleichaltrigen nicht wirklich zu vermissen. Die Kluft zu nicht-behinderten jungen Menschen ist inzwischen erheblich, und es gibt keine gemeinsamen Interessen, Wünsche und Pläne mehr. Oft gelingen die Kommunikation bzw. das Zusammensein mit Klassenkamerad*innen nur dann, wenn die Eltern dazu bereit sind, sich um die jungen Leute zu kümmern und zwischen ihnen zu vermitteln.

Es stehen Lebensereignisse an, bzgl. derer die Eltern sich fragen, wie sie damit umgehen sollen. Das ist bspw. die Konfirmation. In manchen Gemeinden ist es üblich, dass im Rahmen der Sonderpädagogischen Beschulung auch Konfirmationsunterricht angeboten wird, sodass die Schüler*innen eines Jahrgangs – soweit gewünscht – gemeinsam konfirmiert werden können. In manchen Gemeinden ist das jedoch nicht der Fall, und es muss eine individuelle Lösung gefunden werden.

> Marvins Mutter hat kurz überlegt, ob sie ihn mit einer Konfirmandengruppe zusammen konfirmieren lässt, wenngleich ihr von Anfang klar war, dass er nicht mit in den ›normalen‹ Konfirmandenunterricht gehen kann. In der Förderschule wird Konfirmationsunterricht bzw. eine jahrgangsbezogene Konfirmation nicht angeboten. Inzwischen hat sie sich mit dem Pastor des kleinen Orts ausgetauscht. Er hat angeboten, Marvin allein zu konfirmieren. Die Mutter will sich in Eigenregie Bücher und Gebete besorgen, die er versteht, und sich mit ihm zusammen auf diesen besonderen Tag vorbereiten. Selbstverständlich wird es für Marvin zu diesem Anlass auch eine Feier mit Verwandten und Freund*innen und seinem Lieblingsessen geben.

Für die Eltern ist der Moment des Eintritts der Tochter oder des Sohns ins Teenageralter häufig ein erneuter Moment der Trauer und Verzweiflung. Zu sehen, dass das eigene Kind nicht wie ein/e gesunde/r Gleichaltrige*r ist, viel weniger kann, zahlreiche Verhaltensauffälligkeiten zeigt und kaum zu einer sinnvollen Kommunikation in der Lage ist, führt den Eltern das Ausmaß der Beeinträchtigung vor Augen und eröffnet einen Blick auf die Zukunft. Im Jugendalter zeigt sich noch einmal sehr deutlich die Schwere der Behinderung von lernbehindert bis stark intellektuell beeinträchtigt, und entsprechend groß sind die Sorgen und Zukunftsängste.

6.5 Selbstständigkeit

Es gibt junge Erwachsene mit Autismus, die nicht sauber und trocken sind, die sich nicht allein an- und ausziehen können, die man nie allein lassen kann und die rund um die Uhr beaufsichtigt werden müssen. Es sind oft die jungen Menschen, die nicht sprechen, allerdings möglicherweise mit Bildkarten oder Gebärden kommunizieren. Es kann sein, dass sie sich für besondere oder außergewöhnliche Themen interessieren oder besondere Fähigkeiten besitzen. Auch wenn sie sich im Internet zurechtfinden, sich beim immerwährenden Kalender auskennen oder geschickt jonglieren können, sind sie zu einfachen Tätigkeiten nicht in der Lage wie bspw. ein Brot zu schmieren oder allein zum Schulbus zu gehen. Diese Kinder werden auch als Erwachsene permanente und intensive Unterstützung brauchen und ihre Selbstständigkeitsentwicklung wird auf dem Niveau eines Kleinkindes bleiben.

Andere Kinder und Jugendliche mit frühkindlichem Autismus haben bessere Chancen auf eine erfolgreiche Selbstständigkeitsentwicklung. Das hängt nicht nur mit dem kognitiven Entwicklungsstand zusammen, sondern mit den individuellen Möglichkeiten der Person, auch ihre Persönlichkeit und ihre Entwicklung betreffend. Insbesondere eine früh einsetzende Förderung spätestens ab dem Kindergartenalter ist hier wichtig. Ein junger Mensch mit Autismus kann z. B. lernen,

- eine begrenzte Zahl an Lebensmitteln einzukaufen und hierfür einen Plan (z. B. einen mit Lebensmittel-Logos beklebten Einkaufszettel) zu benutzen,
- sich selbst an- und auszuziehen,
- beim Zubereiten einer einfachen Mahlzeit zu helfen und einige Arbeitsschritte eigenständig zu erledigen,
- einen Auftrag im Haushalt zu erfüllen (staubsaugen, Rasen mähen, Geschirrspüler ausräumen, Wäsche falten etc.),
- seine Freizeit zu gestalten,
- selbstständig ins Bett zu gehen.

Die Erfahrung zeigt, dass viele junge Menschen mit Autismus durchaus stolz und zufrieden sind, wenn sie bestimmte Dinge allein schaffen. Zu manchem müssen sie jedoch – wie andere Jugendliche auch – überredet werden. Es ist sinnvoll, ihnen einen Plan, z. B. für die ganze Woche, auszuhändigen, in dem mehrere Aufgaben für einen festen Zeitraum stehen und sie sich selbstständig entscheiden können, was sie wann erledigen werden.

6.6 Umgang mit autismusspezifischen Verhaltensweisen

Wutausbruch

Es kommt immer wieder vor, dass ein/e autistische/r Jugendliche*r plötzlich einen Wutausbruch bekommt, aggressiv wird oder apathisch wirkt. Häufig kann sich keiner erklären, wie es zu diesem Ausbruch gekommen ist. Die Betroffenen selbst sagen manchmal dazu, dass »die Wut einfach so aus ihnen herauskommt«. Sie sind oft selbst ganz verzweifelt, dass es einfach so geschieht. Ursachen für plötzliche Wutausbrüche können folgende sein (siehe auch Social Story »Ruhig bleiben«, ▶ Abb. 18):

- *Fehlende Kommunikationsmöglichkeiten.* Der/die Jugendliche möchte etwas mitteilen, weiß aber nicht wie. Die Eltern schlagen ihm/ihr zwar vor, was es sein könnte, was ihn/sie beschäftigt, finden aber nicht den wirklichen Grund (»Hast du Hunger?« »Tut dir etwas weh?«, »Möchtest du spielen?«). In Wirklichkeit ärgert sich der/die Jugendliche, dass es draußen regnet, und er/sie nicht im Garten nach Insekten suchen kann.
- *Overload bzw. Reizüberflutung.* Schon eine Aneinanderreihung von Reizen wie z.B. das Klingeln des Telefons, das Geschrei der jüngeren Geschwister und der Geruch des Bratfischs reichen, dass der junge Mensch sich nicht mehr gegenüber der Reizmenge und Reizvielfalt abschotten kann. Reize können auch innere Prozesse sein wie Gefühle, Gedanken zu etwas oder die Erinnerung an ein zurückliegendes Ereignis. Der Overload zeigt sich bspw. durch Unruhe, aggressives Verhalten, Schreien, Dinge zerstören, sich selbst verletzen, sich auf den Boden werfen, auf dem Boden trampeln oder wildes Umherrennen. Manchmal passieren auch mehrere Verhaltensweisen gleichzeitig. Die Situation erfordert Fingerspitzengefühl und besonnenes Vorgehen. Am wichtigsten ist erst einmal, dass die Bezugsperson versucht ruhig zu bleiben. Schreien, drohen, zerren oder schlagen sind nicht die richtigen Instrumente.

Praxistipp

- Eigene Hilfen beim Overload: Eigenstimulation durch Singen, rhythmische Körperbewegungen, Selbstgespräche, Drehen oder Umherwerfen von Gegenständen, Beschäftigung mit Spezialinteresse.

6.6 Umgang mit autismusspezifischen Verhaltensweisen

- Hilfen von außen: bspw. Massage, Waschlappen auf die Stirn legen, fest umarmen, zum Trampolin führen, Achtsamkeitsübung, Duschen, Bewegungsangebot.

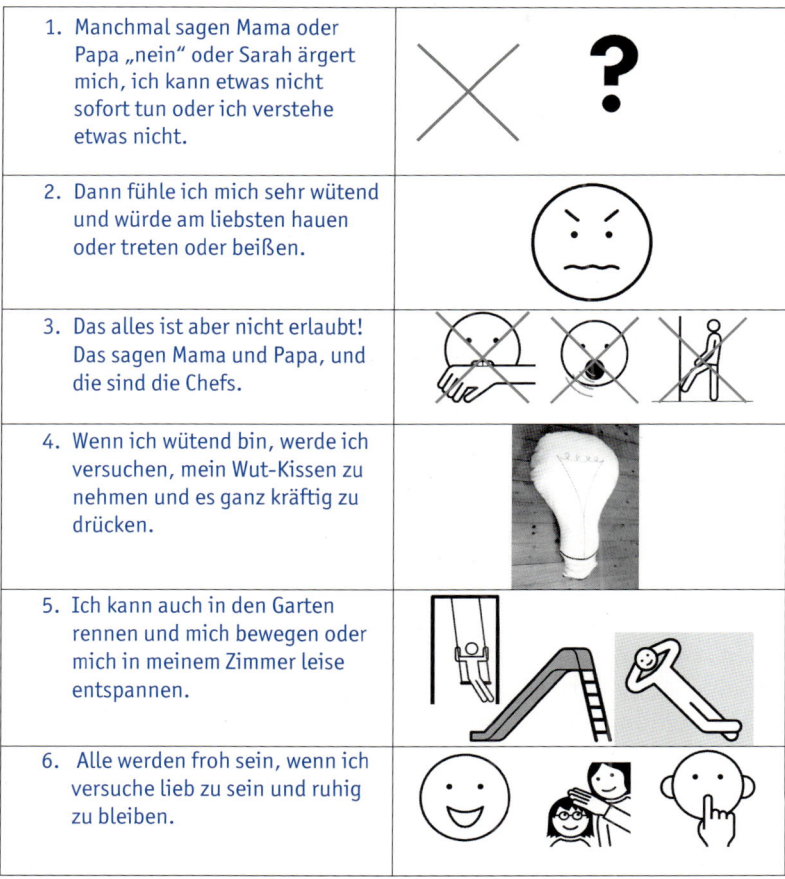

Versuchen, ruhig zu bleiben

1. Manchmal sagen Mama oder Papa „nein" oder Sarah ärgert mich, ich kann etwas nicht sofort tun oder ich verstehe etwas nicht.	
2. Dann fühle ich mich sehr wütend und würde am liebsten hauen oder treten oder beißen.	
3. Das alles ist aber nicht erlaubt! Das sagen Mama und Papa, und die sind die Chefs.	
4. Wenn ich wütend bin, werde ich versuchen, mein Wut-Kissen zu nehmen und es ganz kräftig zu drücken.	
5. Ich kann auch in den Garten rennen und mich bewegen oder mich in meinem Zimmer leise entspannen.	
6. Alle werden froh sein, wenn ich versuche lieb zu sein und ruhig zu bleiben.	

Abb. 18: Social Story »Ruhig bleiben« (METACOM Symbole © Annette Kitzinger)

> Manchmal hat Toni schwierige Tage in der Schule. Dann passieren mehrfach Situationen, in denen er Stress bekommt, sich mit einem anderen Kind streitet, der Lehrer nicht zufrieden ist oder eine Veränderung im Tagesablauf passiert. Wenn Toni dann nach Hause kommt, rennt er sofort in den Garten und beschäftigt sich mit seinem Spezialthema ›Toiletten‹. Er geht bei Wind und Wetter in den Garten und spielt ›Rohrverstopfung‹. Nach einer Weile, wenn er sich beruhigt hat, geht er zu seiner Mutter in die Küche und sagt, dass er jetzt Mittagessen kann.

Verzweiflungsausbruch (sog. ›Meltdown‹)

Wenn es nicht gelingt, aus dem Overload herauszukommen, entgleitet dem/der Betroffenen gänzlich die Kontrolle über das eigene Verhalten. Es kommt zu fremd- oder selbstverletzenden Verhaltensweisen, Schreien und Zerstörungswut. Es ist nicht mehr möglich, das Verhalten durch Einsprechen auf die Person oder Festhalten einzudämmen, sondern die Verzweiflung ist so groß und der Mensch so gefangen in der Situation, dass die Bezugspersonen ihn nur vor sich selbst und anderen Gefahren durch die Umgebung schützen können. Wenn zu befürchten ist, dass der/die Betroffene auf sein/ihr Gegenüber losgehen und es verletzen könnte, ist grundsätzlich darauf zu achten, sich in die Nähe der Tür zu begeben. Es ist auch wichtig, mit der Familie zu besprechen, wie im Notfall um Hilfe gerufen werden kann.

Für manche jungen Menschen ist es gut, dann ein Abschalten (›Shutdown‹) zu ermöglichen, d. h., dass der/die Betroffene sich zurückziehen und sich bspw. unter einem Berg Kissen oder Polstern verstecken kann. Andere Möglichkeiten sind ein entspanntes Bad, die Lieblingsmusik hören oder eine Duftlampe anzünden. Es ist aber in jedem Fall darauf zu achten, dass dadurch nicht die nächste Überforderungssituation ausgelöst wird, weil der Geruch zu stark ist, das Wasser zu kalt usw. Am besten lässt man den autistischen Menschen in Ruhe, bis es ihm offensichtlich bessergeht. Jeder noch so kleine Reiz, auch das bloße Ansprechen, kann zu viel sein.

6.6 Umgang mit autismusspezifischen Verhaltensweisen

Der beste Weg ist, solche Ausbrüche zu verhindern bzw. die Wahrscheinlichkeit zu reduzieren, dass sie passieren, bspw. durch folgende Maßnahmen:

- Strukturen und Pläne im Alltag,
- Regeln im Familien- (oder Schul-) Alltag,
- Schaffen von Rückzugsmöglichkeiten und Pausen,
- Vermeidung von sensorischer Reizüberflutung,
- Verständnis entwickeln für die Wahrnehmung und die besonderen Bedürfnisse der Betroffenen,
- Vermeidung unklarer Sprache (Ironie, Fragen statt Aufforderungen, Redewendungen),
- Benutzen kurzer klarer Sätze,
- Begrenzung von Stereotypien bzw. zwanghaften Verhaltensweisen.

Wenn z. B. die Eltern ein Raster ausfüllen, mit dessen Hilfe die Auslöser der schwierigen Situation analysiert werden können, finden sich i. d. R. Erklärungsansätze und damit Lösungen. Insbesondere, wenn die Reaktionen auf Wutanfälle geändert werden, lassen sie sich häufig reduzieren. Die Begründung für das Aufrechterhalten von schwierigen Verhaltensweisen ist i. d. R. die Reaktion, die darauffolgt. Durch deeskalierende Maßnahmen im Vorfeld wie Entspannungsübungen, Achtsamkeitstraining, Sportprogramm oder Ermöglichen stereotypen Verhaltens bzw. Beschäftigung mit einem Spezialthema kann oftmals verhindert werden, dass komplexe Wutausbrüche überhaupt passieren.

Achtsamkeitstraining und Stressreduzierung

Achtsamkeit bedeutet, auf den eigenen Körper und die eigenen Gedanken zu horchen und innezuhalten. Erwachsene können das bewusst steuern. Kinder brauchen jemanden, der ihnen dabei hilft. Achtsamkeitstraining dient der Stressreduktion und -bewältigung.

Achtsamkeitstrainings wurden für Kinder, die zu Unruhe, Wut, Grübeln, Selbstzweifeln und geringer Konzentrationsfähigkeit neigen und Probleme haben, mit Stress zurechtzukommen, entwickelt. Diese Trainings sind eine Kombination aus kindgerechter Meditation, Aufmerksamkeit, Entspannung und bewusstem Atmen. Die existierenden Trainings für Achtsamkeit sind allerdings in der vorhandenen Form nicht für Menschen mit frühkindlichem Autismus geeignet, weil sie vom Sprachverständnis, von der Übungsintensität und der Intention her zu komplex sind. Es gibt jedoch die Möglichkeit, auch diese Übungen zu vereinfachen, und im Folgenden finden sich Beispiele hierzu. Ein Elternteil oder ein Geschwister spricht leise und langsam die vorgeschlagenen Texte.

> **Praxistipp: Aufmerksamkeit für eine Pause**
> »Manchmal brauchst du eine kurze Pause. Du drückst den Pausenknopf. Kurz zu Atem kommen. Fühlen, was in dir und deinem Körper los ist. Du hast den Pausenknopf gedrückt. Du schließt die Augen. Du legst die Hände auf (oder neben) die Oberschenkel. Du atmest ruhig.
>
> Du hältst kurz an. Geht es dir gut oder nicht so? Du musst nichts daran ändern. Du willst nur merken, ob es dir gut geht oder nicht so gut. Du bist aufmerksam und du bist freundlich dabei zu dir selbst. Du bist freundlich zu deinem Atem.
>
> Du gibst Acht auf deinen Atem. Du merkst, atmest du schnell oder langsam? Du achtest darauf, dass dein Brustkorb sich hebt und senkt. Du achtest darauf, wie du dich fühlst. Tut dir was weh? Fühlt sich etwas besonders gut an?
>
> Wo in deinem Körper ist es ganz ruhig? Wo ist etwas angespannt? Und welchen Stellen geht es in deinem Körper besonders gut?
>
> Jetzt streckst und reckst du dich und machst weiter, was du vorher getan hast. Jetzt kannst du den Pausenknopf nochmal drücken und jetzt ist die Pause zu Ende. Du kannst da weiterma-

chen, wo du vorher aufgehört hast. Du wünschst dir einen schönen Tag.«

> **Praxistipp: Achtsamkeit mit den Ohren**
> Am besten liegt der junge Mensch auf einer weichen Matte ohne ablenkende Spielsachen oder dergleichen um ihn herum.
> »Du atmest tief und spürst deinen Körper. Du achtest auf alles, was du um dich herum hörst. (Der/die Erwachsene nennt die Geräusche in dem Moment, wo sie zu hören sind): Du hörst die Vögel. Du hörst die Männer auf dem Sportplatz nebenan. Du hörst die kleine Luisa nebenan weinen. Du hörst einen Krankenwagen. Du hörst die Uhr ticken. Du atmest tiefer ein und hörst, was um dich herum passiert. Du wirst ruhig und hörst nur.
> Jetzt streckst und reckst du dich und machst weiter, was du vorher getan hast. Du kannst da weitermachen, wo du vorher aufgehört hast. Du wünschst dir einen schönen Tag.«

Zum Abschluss jeder Meditation ist es gut, die Übung ausklingen zu lassen und den/die Jugendliche*n mit leiser Stimme in die nächste Handlung (»du kannst nach draußen gehen«, »setz dich aufs Sofa, um zu trinken«) zu begleiten. Es ist auch wichtig, ein Lob auszusprechen wie »du hast dich super entspannt«, »du warst ganz leise«. Und wenn der/die Jugendliche darauf besteht, sich auf ganz unkonventionelle Art und Weise zu entspannen? Spezielle Themen, Gegenstände und Rituale haben einen sehr hohen Stellenwert für einen autistischen Menschen. Wenn er/sie also den Fadenball bei der Entspannung in der Hand halten möchte oder sich nur auf die Matratze legt, wenn gleichzeitig der jüngere Bruder auf dem Sessel sitzt oder die Benjamin-Blümchen-CD laufen muss, dann sollte das zugelassen werden. Schließlich geht es darum, für Entspannung zu sorgen.

> Tonis Mutter schickt mir ein Video von der Übung ›Achtsamkeit für eine Pause‹. Es zeigt, wie Toni mit geschlossenen Augen auf

dem Boden liegt, und es ist deutlich zu erkennen, wie entspannt er ist. Mit seinem rechten Arm umfasst er ›zärtlich‹ ein (unbenutztes) Toilettenbecken – Objekt seines Spezialinteresses.

Wenn Achtsamkeitstraining allein nicht zur gewünschten Entspannung beiträgt, bietet es sich an, einen Plan für das Kind zu entwerfen, auf welche Art oder mit welchen Hilfsmitteln es sich entspannen oder beruhigen kann. Welches Objekt/welche Aktion hier bei dem jeweiligen Individuum hilfreich ist, hängt ganz vom Kind und seinen Interessen, Vorlieben oder auch Abneigungen ab. Es gibt hier kein Patentrezept. Wichtig ist indes, die Möglichkeiten zu visualisieren und dafür zu sorgen, dass dieses Antistressmittel in diesem Moment auch möglich ist (ein Bad zu nehmen auf dem Spaziergang geht natürlich nicht). Die Liste kann auch mit dem Kind zusammen besprochen und gestaltet werden. Es empfiehlt sich, sich hierzu ebenfalls mit den Pädagog*innen aus Kita oder Schule zu beraten, sich also auszutauschen und gemeinsam ein Konzept zu entwerfen. Ein Vorschlag findet sich auf dem Foto (▶ Abb. 19).

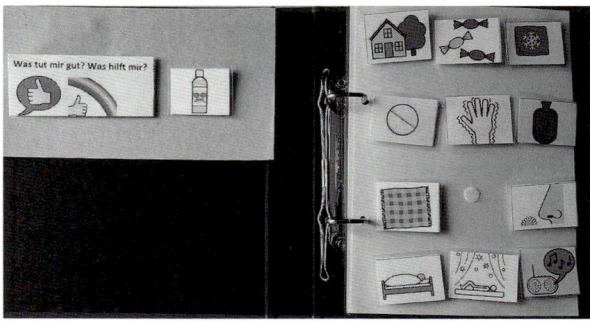

Abb. 19: Was hilft mir, wenn ich gestresst bin? (METACOM Symbole © Annette Kitzinger)

6.7 Was Pädagog*innen wissen müssen

Der/die Heranwachsende mit einer Autismus-Spektrum-Störung hat sich im Laufe der Jahre verändert. Bei dem Kind gab es viele Situationen, in denen es verzweifelt und zunächst schwierig zu besänftigen war. Es ist häufig gelungen, zu verstehen, was los ist, es zu beruhigen und Schlüsse für zukünftige vergleichbare Situationen zu ziehen. Bei älteren Kindern bzw. Jugendlichen wird das schwieriger. Der/die Jugendliche hat eine Identität entwickelt und damit eigene und individuelle Wünsche. Er/sie versteht mehr, benutzt seinen/ihren eigenen Willen, um sich für oder gegen etwas zu entscheiden. Pädagogische Strategien werden schwieriger anwendbar, weil er/sie bspw. hinter Belohnungssystemen Absichten erkennt und sich daher verweigert. Auch wenn oft nicht zu durchschauen ist, was für eigene Gedanken und Pläne sich der Mensch mit Autismus macht, ist doch erkennbar, dass allmählich eine Veränderung geschieht und der junge Mensch zu einer Persönlichkeit heranreift.

Es gilt für die Eltern, aber insbesondere auch Lehrer*innen und Assistent*innen, das zu respektieren und im Blick zu behalten. Sie haben nicht mehr ein Kind vor sich, sondern einen jungen Menschen, der an der Schwelle zum Erwachsensein steht. Hieraus ergibt sich die Notwendigkeit, die persönlichen Interessen und Bedürfnisse des/der Betroffenen in den Fokus zu rücken und nicht hinter seinem/ihrem Rücken zu entscheiden. Der junge Mensch sollte gefragt werden. Eltern und Pädagog*innen sollten ihn/sie über Pläne und anstehende Veränderungen informieren, auch wenn er/sie nicht selbst antworten und entscheiden kann. Hierfür ist der wichtigste Appell an die Bezugspersonen, gelassen zu bleiben und individuelle Wünsche und Bedingungen zuzulassen, wenn sie erfüllbar sind.

Gerade im Hinblick darauf, dass der/die autistische Schüler*in als Erwachsene*r in eine Werkstatt für behinderte Menschen (WfbM) bzw. eine Tagesförderung eingegliedert werden soll, ist es wichtig, das Bemühen um Kooperationsfähigkeit und selbstständiges Lernen und Arbeiten beizubehalten. Hier bieten sich in hohem Maße die

TEACCH-Methode an (▶ Kap. 5.6.2), mithilfe derer der Ort der Beschäftigung, die Menge an Aufgaben sowie die Reihenfolge der zu erledigenden Tätigkeiten visualisiert werden und dem/der Schüler*in damit ein überschaubarer Plan vermittelt wird.

> Die Mutter von David, 13 Jahre alt, erzählt auf dem Elternabend: »In den vergangenen Monaten hat David gelernt, selbstständig immer drei Aufgaben nacheinander zu bewältigen. Sie sind in aufeinander gestapelten Kisten abgelegt, und David weiß genau, wie er diese Aufgaben bearbeiten soll. Wenn er es geschafft hat, ist er sehr stolz und glücklich. Eine Zeitlang war mir für die Schule sehr wichtig, dass er lesen, schreiben und rechnen lernt. Jetzt habe ich verstanden, dass für ihn noch viel wichtiger ist zu lernen, Arbeitsaufgaben (sortieren, zuordnen, ineinander stecken usw.) zu erledigen, damit er das später auch in der Werkstatt schafft. Mein größter Wunsch ist, dass er werkstattfähig wird und damit glücklich ist.«

Manchmal ist die Beteiligung des/der Schüler*in am Unterricht schwierig, weil er/sie sich verweigert und durch sein/ihr aggressives Verhalten die Reaktionen der Pädagog*innen gut steuern kann. Auch hier ist es jedoch möglich, dem/der Schüler*in angemessene Hilfen zu geben, damit er/sie am Unterricht beteiligt werden kann.

> Bei der Hospitation in der Integrationsgruppe einer zehnten Klasse fällt auf, dass Stefan, der 15-jährige Schüler mit Autismus, die Unterrichtszeit auf einem Sessel am Rande der Gruppe sitzend miterlebt. Er weigert sich, sich bei den anderen aufzuhalten, weder in der morgendlichen Begrüßungsrunde noch in den Arbeitsphasen. Als die Assistenz ihn dazu anleitet, für das Frühstück eine Gurke zu schneiden, die in der Gruppe verzehrt werden soll, schafft er es nicht, die meisten Gurkenstückchen in die Schale zu legen, sondern isst einen großen Teil der Gurke schon auf, obwohl er ständig dazu aufgefordert wird, das zu unterlassen.

Eine Intervention durch die Autismustherapeutin führte im Folgenden dazu, dass Stefan wieder ins Unterrichtsgeschehen einbezogen werden konnte. Dabei ging sie in folgenden Schritten vor:

- Definition der angestrebten Ziele (im Klassenkollegium),
- Aufstellen eines Regelwerks für die ganze Klasse mit verständlicher Visualisierung,
- Training ganz kurzer Arbeitseinheiten, begleitet durch ein Belohnungssystem,
- Erweiterung des Leistungsspektrums, bis der Schüler dazu in der Lage war, drei Aufgaben nacheinander zu erledigen,
- Verhinderung von unangemessenen Verhaltensweisen durch Entzug positiver Konsequenzen,
- Anleitung und Supervision der persönlichen Assistenz des Schülers, die diese Schritte mit dem Schüler erarbeiten sollte,
- Vermittlung von Fähigkeiten und einem notwendigen Regelwerk für den avisierten Übergang in die WfbM bzw. Fördergruppe.

7 Das Kind wird erwachsen

Mit Ende der Schulzeit steht die Frage an, wo ein junger Mensch arbeiten und möglicherweise leben wird.

> »Ablösung vom Elternhaus bedeutet grundsätzlich Aufbruch in die Selbstständigkeit, Knüpfen neuer sozialer Netze und ein Neuordnen der Lebensstrukturen. (...) Wie bereits erwähnt, ist für die Bewältigung dieser Entwicklungsaufgaben ein hohes Maß an Eigeninitiative erforderlich.« (Lorenz 2009, S. 89)

Bei einem Menschen mit Autismus Eigeninitiative bzw. Mitbestimmung zu erwarten, ist sicherlich in den meisten Fällen nicht angebracht, da dem jungen Menschen eine Vorstellung von seinen Möglichkeiten einschließlich einer Berufs- und Zukunftsplanung fehlt. Es sind also in den allermeisten Fällen die Eltern, die über die Zukunft für ihr Kind entscheiden und die Veränderungen in die Wege leiten. Die Übergänge in die Tagesförderung oder den Beruf mit vorgeschalteter Berufsfindung sind vorerst die letzten großen Veränderungen für den autistischen Menschen. Eine wohldurchdachte Entscheidung und Planung ist deshalb von besonderer Wichtigkeit und Tragweite.

> **Praxistipp**
> Die Fragen, die die Eltern sich rechtzeitig stellen sollten, sind: Womit wird sich unser Kind beschäftigen, was wird seine Arbeit sein? Wie wird es seine Freizeit verbringen? Wie und wo wird es wohnen? Wer werden seine Bezugspersonen sein, wer wird sich um es kümmern, wenn wir alt oder nicht mehr da sind?

Als erster Schritt ist zu entscheiden, ob der/die Heranwachsende zunächst noch zu Hause wohnt, während er/sie einer Ausbildung bzw. Beschäftigung in einer WfbM nachgeht, oder direkt in eine Einrichtung integriert wird, in der Leben und Arbeiten unter einem Dach stattfinden. Es gibt auch Wohneinrichtungen mit einer angegliederten oder kooperierenden Werkstatt. Spezialisierte Einrichtungen für autistische Menschen, in denen sie in einer Gemeinschaft von Gleichbetroffenen wohnen und einem Tätigkeitsbereich wie Tischlerei, Töpferei, Weberei, Kunstwerkstatt und Garten- und Hauswirtschaft nachgehen, sind leider rar gesät, und es ist schon ein besonderer Glücksgriff, einen dieser begehrten Plätze zu erhalten.

Verschiedene Träger der Behindertenhilfe halten Werkstätten vor, in denen Menschen mit Beeinträchtigung arbeiten können. Zu Beginn erfolgt üblicherweise eine Berufsbildungsphase, während derer der junge Mensch an verschiedene Aufgaben und Tätigkeitsbereiche herangeführt wird. Die Voraussetzungen, um an dieser Maßnahme teilnehmen zu können, sind bspw.:

- Gruppenfähigkeit, d.h. in einer Gruppe von sieben bis neun anderen Menschen teilnehmen und sich beschäftigen bzw. ein ›Mindestmaß an verwertbarer Arbeit‹ erreichen zu können,
- keine Fremdgefährdung (Aggressivität),
- Möglichkeiten der pädagogischen Einflussnahme z.B. durch Einwirken auf Unruhe, Befolgen von Aufforderungen und Durchführen von Aufgaben,
- keine Eigengefährdung durch bspw. Weglauftendenzen.

Pädagog*innen aus solchen Werkstätten betonen, wie wichtig es ist, dass die zukünftigen Beschäftigten bereits in der Schule auf diese Anforderungen vorbereitet werden. Wer die Berufsvorbereitung im Berufsbildungsbereich erfolgreich durchläuft, kann in der WfbM eingesetzt werden. Wenn ein junger Mensch in ein solches System nicht integrierbar ist, bleibt die Aufnahme in einer Tagesförderstätte, wie sie häufig an Werkstätten für behinderte Menschen angegliedert sind. Dort geht es meist nicht um verwertbare Arbeit, sondern um Beschäftigung und Beaufsichtigung mit dem Ziel, den Menschen in der Zukunft in den Arbeitsprozess eingliedern zu können. Die Erfahrung ist allerdings, dass das häufig nicht gelingt. Die Förderung in einer solchen Gruppe beinhaltet grundsätzlich das Üben der Eingliederung in eine soziale Gemeinschaft, Stabilisierung der Person, Fortentwicklung der Kommunikation, Verbesserung der Körperwahrnehmung und der motorischen Fähigkeiten sowie lebenspraktisches Training verbunden mit Erkunden des Umfelds.

> **Praxistipp**
> Frau V., Mitarbeiterin der Berufsvorbereitung bei der Lebenshilfe für geistig Behinderte, berichtet: »Erfahrungen haben gezeigt, dass Menschen mit Autismus (und geistiger Beeinträchtigung) gut im Verpackungs- und Montagebereich, in dem es um Verpack-, Sortier-, Zähl- und Schraubarbeiten geht, eingesetzt werden können. Gute Erfahrungen haben wir auch damit gemacht, diese Menschen an hauswirtschaftliche Arbeiten heranzuführen. Ein Teilnehmer der Berufsvorbereitung wird demnächst in die Bäckerei der Lebenshilfe wechseln – sehr zur Begeisterung des Betreffenden und der dortigen hauptamtlichen Mitarbeiter«.

Eltern autistischer Kinder wissen häufig sehr genau, was das Beste für ihr Kind ist, was sie tun müssen, damit es diesem gut geht und alle einen guten Tag haben. Sie bemühen sich nach Kräften, den Alltag für die autistische Tochter oder den Sohn gut zu gestalten. Sie schwanken zwischen konsequentem und nachsichtigem Erziehungsverhalten und merken zunehmend, was für eine Herausforderung es ist, mit einem heranwachsenden, fast schon erwachsenen Kind zusammenzuleben. Die Tochter oder der Sohn weiß genauer, was er/sie will, ist stärker und selbstbewusster geworden und dadurch manchmal weniger händelbar. Die meisten autistischen jungen Menschen werden mit dem Erwachsenwerden nicht einfacher pädagogisch zu führen, sondern die Herausforderungen nehmen zu. So wie Eltern manchmal schon bei einem jüngeren Kind in Erwägung ziehen, zumindest während der Woche eine Internats- oder Heimunterbringung zu veranlassen, weil der Alltag mit dem Kind die Kräfte übersteigt, entsteht diese Überlegung beim Heranwachsenden wieder. Es gibt kein ideales Alter für den Auszug bzw. die Ablösung von den Eltern. Allgemein wird jedoch gesagt, dass der Neuanfang erfolgen sollte, wenn sich der Heranwachsende bzw. junge Erwachsene gerade in einer guten, ausbalancierten Phase befindet – meist ist es jedoch genau das Gegenteil davon.

Außerdem sollte ein Auszug bzw. die Integration in eine Wohneinrichtung zu einem Zeitpunkt in die Wege geleitet werden, in dem für das Kind in der neuen Umgebung gute und erwartbare Entwicklungsfortschritte möglich sind. Dieser Zeitpunkt beinhaltet auch, dass die Eltern (noch) fit genug sind, ihr Leben ohne das autistische Kind neu und zufrieden zu gestalten. Dieser Zeitpunkt geht allerdings höchstens bis ungefähr in die Mitte des vierten Lebensjahrzehnts. Erfahrungen bzw. Berichte von betroffenen Familien zeigen aber auch, dass die Integration einfacher ist und positiver verläuft, wenn der autistische Mensch jünger ist, also ca. Mitte 20. Grundsätzlich sagt man, dass die positive Eingewöhnung in eine Wohnstätte bis zu einem Jahr dauern kann. Es gibt im Übrigen keine Beweise dafür, dass es ungünstig ist, gleichzeitig eine Arbeitsstelle anzunehmen und in eine Einrichtung zu kommen.

Auch wenn es keine Regel gibt, wann die Ablösung vom Elternhaus stattfinden sollte, so gibt es unterschiedliche Gruppen bzw. Meinungen.

1. Die erste Gruppe möchte jeder*jedem das Recht zugestehen, sich abzulösen und ein eigenes Leben zu beginnen. Selbstbewusst und überzeugt wird hier die Meinung vertreten, dass jeder Mensch unabhängig von Behinderung die Möglichkeit haben sollte, eigenständig sein Leben nach eigenen Vorstellungen zu leben. Die Beteiligung des autistischen Menschen an der Planung des Neuanfangs erfolgt manchmal (wenn die Eltern es organisieren müssen) über Beobachtung der Person, während bspw. verschiedene Projekte/Wohnstätten besucht werden.
2. Es kommt auch vor, dass der Mensch mit Autismus ausziehen möchte. Die Eltern jedoch wollen das Kind bei sich behalten

(zweite Gruppe von Meinungen) – auch weil sie davon überzeugt sind, dass sie die einzigen sind, die seine Bedürfnisse verstehen und darauf eingehen können. Die Eltern schieben den Auszug vor sich her. Der Impuls, für das Kind eine Einrichtung zu suchen, kommt schließlich von außen (Verwandtschaft, Arbeit etc.). Die Umwelt wird aufmerksam, weil es zu Verhaltensproblemen kommt, die mit der Wohnsituation des/der Betroffenen in Zusammenhang gebracht werden. Eine Wohneinrichtung wird in angespannter Situation aufgesucht und oft (falls es zu einer Aufnahme kommt) verläuft die Integration zunächst ungünstig.
3. Die dritte Möglichkeit ist, dass der Mensch mit Autismus nicht ausziehen möchte, die Eltern jedoch wollen, dass er/sie sich ablöst. Der Mensch muss also überzeugt bzw. ›gelockt‹ werden, dass sie/er das akzeptiert. Tochter oder Sohn werden die Vorteile der Einrichtung aufgezählt (Trampolin, Nähe zum Strand, Kiosk etc.), bestimmte Einrichtungsgegenstände versprochen, er/sie erhält die Zusicherung, dass sein/ihr Zimmer zu Hause bestehen bleibt, er/sie erhält einen Plan mit Besuchswochenenden und Ferienzeiten. Der Übergang wird besonders vorausschauend gestaltet mit entsprechenden Strukturen und Hilfen.
4. Das Phänomen »ewiges Kind« ist das Element der vierten Gruppe. Die Eltern meinen, dass sie das Zusammenleben mit dem erwachsenen Kind schon schaffen werden, beide Seiten genießen das und profitieren davon. Ein ernsthaftes Problem tritt auf, wenn die Eltern krank bzw. pflegebedürftig werden oder versterben. Dann muss es plötzlich ganz schnell gehen und eine Einrichtung gewählt werden, in der zufällig gerade ein Platz frei ist – diese kann auch ungeeignet sein. Folgen sind nicht nur erhebliche Eingewöhnungs- und Umstellungsprobleme für den autistischen Menschen, sondern auch die Gefahr von weiteren Wohnstättenwechseln, bis eine geeignete Einrichtung gefunden wurde. Das jedoch ist meist ein Desaster bei einem Menschen, der bereits älter ist und Probleme mit Flexibilität hat.

7 Das Kind wird erwachsen

Ein wichtiger Gesichtspunkt ist auch, dass es grundsätzlich nicht einfach ist, eine Wohnstätte mit einem freien Platz zu finden bzw. eine Einrichtung, die dazu bereit ist, diesen jungen Menschen aufzunehmen. Es ist damit zu rechnen, dass man Rückschläge in Kauf nehmen muss. Manchmal fühlt sich der Sohn oder die Tochter in dieser Umgebung nicht wohl, manchmal beschließt das Team der Einrichtung, dass dieser junge Mensch nicht in diese Gruppe passt, oder die Eltern selbst finden Punkte, die gegen diese Wohnstätte sprechen (abgeschlossene Türen, fehlende Arbeitsmöglichkeiten in der Nähe, räumliche Enge, Nachbarschaft zur Hauptverkehrsstraße usw.). Eltern sollten damit rechnen, dass es mindestens ein Jahr dauert, bis die richtige Einrichtung gefunden werden kann. Außerdem sind fast immer gewisse Zugeständnisse nötig wie Entfernung zum Wohnort der Eltern, höherer Prozentsatz an schwerer behinderten Mitbewohner*innen als ursprünglich vorgestellt, bestimmte Besuchsregelungen u. v. m.

> Julian beschließt mit 17 Jahren, dass er ausziehen will. Er ist zu diesem Zeitpunkt in der Pubertät, geht gegen alles an, was die Eltern von ihm wollen, will keine Fürsorge und erst recht keine Ermahnungen mehr. Er verhält sich sehr aufmüpfig und ist mitunter ausgesprochen verletzend zu den Eltern. Diese unterstützen seinen Wunsch nach Ablösung und Auszug und fangen an, sich nach Einrichtungen umzusehen. Mehrfach bekommen sie zunächst die Einschätzung der Mitarbeitenden, Julian sei »ja ein netter Kerl« und man könne sich das gut vorstellen. Nach ein paar Tagen Probewohnen wird den Eltern mitgeteilt, dass es mit Julian nicht geht in dieser Einrichtung. Er habe permanent die Mitbewohner*innen geärgert, sei laut und fordernd gewesen. Das passe nicht in diese Wohngruppe. Als die Eltern ihn abholen, finden sie unter anderem große Vorräte an Erfrischungsgetränken und Süßigkeiten in seinem Zimmer. Anscheinend wusste das Team ihn nur damit zu ›bändigen‹. Er selbst sagt auch, dass er dort auf keinen Fall wohnen will. Die Suche geht weiter.

Wenn eine Einrichtung gefunden wurde, heißt es, eine gute Übergabe zu gestalten und diese auch vom Team zu erbitten. Voraussetzung für ein gutes Gelingen bzw. einen positiven Start ist die Zusammenarbeit von Eltern und Mitarbeiter*innenteam und gegenseitiges Vertrauen. Es bietet sich an, eine Art »Ich-Buch« bzw. »Gebrauchsanweisung« zu gestalten, in dem über die/den neue/n Bewohner*in berichtet wird. Allerdings ist leider nicht selbstverständlich, dass das von den Betreuer*innen gelesen wird. Vielleicht kann man einfach mal nachfragen.

> **Praxistipp: Inhalte für ein Ich-Buch**
>
> - Kommunikation,
> - soziales Verhalten,
> - Selbstständigkeit (Körperpflege, Essenszubereitung, Aufstehen, Zubettgehen),
> - Orientierung draußen und Verkehrssicherheit,
> - Wahrnehmungsverarbeitung (in verschiedenen Bereichen),
> - Motivation,
> - Hobbies und Marotten,
> - Motorik (Fahrradfahren, Schwimmen etc.),
> - Kalender, Uhrzeit,
> - rechnen, lesen, schreiben, Umgang mit Geld,
> - Verhalten bei Krankheit und Schmerz, Arztbesuche,
> - wichtige Menschen im Leben (Freund*innen, Verwandte),
> - Tagesablauf zu Hause,
> - Umgang mit Internet und Mobiltelefon,
> - usw.

Die Vorbereitung des Umzugs, der als gravierende Veränderung einer gut durchdachten Planung bedarf, sollte individuell und frühzeitig erfolgen. Es ist nicht nur die neue Umgebung vorher zu besuchen, sondern dem jungen Menschen sollte mit einfachen Worten erklärt werden, was für ein neuer Schritt auf ihn zukommt. Hier ist schon bei den Worten darauf zu achten, was beim Gegenüber ankommen wird. Es werden nicht die Probleme in den Vordergrund gestellt (»weil du so schwierig bist und wir so erschöpft sind, musst du ins Heim«), sondern es wird eine andere Botschaft verbalisiert, nämlich bspw.: »Du bist erwachsen und du darfst mit anderen jungen Menschen zusammenziehen und selbstständig werden. Wir werden dich möglichst jedes zweite Wochenende abholen. Dann bist du zwei Tage zu Hause. Danach darfst du wieder zurück in deine Wohngemeinschaft.« Auch hier ist Verlässlichkeit wichtig, wenn die Eltern also sagen, »in zwei Wochen kannst du zu Besuch kommen« oder »jeden Mittwoch komme ich und wir gehen Eis essen«, muss das auf einem Tagesplan vermerkt sein und zuverlässig erfolgen.

Für die Eltern des jungen Menschen ist es wichtig, dass sie positive Signale aus dem Umfeld erhalten, wenn Sohn oder Tochter dort aufgenommen worden sind. Sie wollen sich darauf verlassen können, dass es ihrem Kind in der neuen Umgebung gut geht und dass es dort das bekommt, was es braucht. Das sind insbesondere Zuwendung, soziale Eingliederung, Struktur und Sicherheit und steigernde Anforderungen, aber auch die Erfüllung individueller Bedarfe sowie die Möglichkeit des Rückzugs.

> Björn sollte mit dem Ende der Schulzeit in eine Wohnstätte und eine Tagesförderstätte integriert werden. Allerdings hatte sich Björn, der sehr groß und kräftig ist, in den letzten Jahren immer wieder aggressiv verhalten und war auf andere losgegangen. Die Sorge seiner Familie war, dass sie aufgrund dieses Verhaltens keine Einrichtung für Björn finden würden, in der er dauerhaft bleiben kann. Zur Überraschung aller wurde eine Einrichtung gefunden, in der sich Björn offensichtlich wohlfühlt: »Es geht ihm gut. Er kommt gut zurecht, und die Mitarbeiter*innen berichten nur Positives. Wenn wir ihn am Wochenende zu uns holen, freut er sich sichtlich. Wir verleben meistens ein relativ entspanntes Wochenende zu Hause, bei dem die Anforderungen an Björn jedoch gering gehalten werden. Wenn wir ihn wieder in die Wohnstätte bringen, wirkt er sehr fröhlich.« Die Betreuung in dieser Einrich-

tung funktioniert v. a. deshalb gut, weil Björn viel Raum gegeben wird, allein zu sein. Er darf in seinem Zimmer essen, lebt in einem Anbau des Hauses, in dem viel Ruhe herrscht, es wird nur gelegentlich und nach vorheriger Ankündigung in soziale Vorhaben (Einkauf, Feier, Ausflug etc.) mit einbezogen.

Praxistipp

Zusammenfassend hat Freund (2002, S. 111 ff.) folgende Punkte genannt, die sie zentral für die Ablösung autistischer Menschen sieht:

- Ablösung beginnt weit vor dem Auszug mit der Entwicklungsförderung des Kindes, mit der Verringerung seiner Abhängigkeit, der Entwicklung der Selbstständigkeit, des Selbstbewusstseins.
- Außer den Eltern sind zur Entwicklung ihrer Kinder viele andere Personen und Institutionen nötig. Das Kind sollte so früh wie möglich angenehme soziale Erfahrungen haben.
- Auszug aus dem Elternhaus ist ein normaler biografischer Schritt.
- Konstruktive Aktivität hilft beim Ablöseprozess.
- Eltern sollten sich über Möglichkeiten informieren, sich mit anderen Eltern, Familienangehörigen und Helfer*innen austauschen.
- Es gibt keine Einrichtung, die ein kompletter Ersatz der Familie ist.
- Einrichtung, Mitarbeiter*innen und Mitbewohner*innen sollten dem/der neu Einziehenden wenn möglich vorher bekannt sein, z. B. durch Wochenendbesuche, Freizeiten und Ähnliches.
- Kooperation zwischen den Eltern und den übernehmenden Mitarbeiter*innen ist erforderlich, um eine ›sanfte Begleitung‹ zu ermöglichen.
- Gegenseitiges Vertrauen ist die Grundlage einer gelingenden Ablösung.

8 Schlussbemerkung

Im Rückblick der verschiedenen Lebens- und Entwicklungsphasen ihrer autistischen Tochter oder ihres autistischen Sohns erzählen die Eltern zu einem großen Teil über die vielen guten Zeiten mit ihrem Kind. Sie berichten, was sie alles erlebt haben und wie aufregend, aber auch bereichernd diese Zeit gewesen sei. Selten kommen Worte der Klage oder der Unzufriedenheit auf – eher, wenn sie über institutionelle Bedingungen in einer Schule oder einer Wohneinrichtung sprechen. Es scheint so, als hätten sie sich mit dieser besonderen Situation arrangiert. Für die Eltern scheint das Leben mit einem autistischen Kind zu einer Selbstverständlichkeit geworden zu sein – »so ist es eben«. Sie stehen zu ihrem besonderen Kind, machen sich eher Sorgen, wenn es z. B. in der Förderstätte nicht so gut läuft. Sie fühlen sich in hohem Maße verantwortlich für ihr Kind und kümmern sich liebevoll um es, auch wenn es schon vor Jahren in einer Einrichtung untergekommen ist.

> Ein Vater einer erwachsenen Tochter, die in einer autismusspezifischen Einrichtung wohnt, berichtet: »Es ist so schön mit anzusehen, wie gut es ihr dort geht. Sie ist zufrieden mit sich und ihrer Umwelt, sie ist sehr ausgeglichen und offen für Aktivitäten. Als Kind war sie oft sehr wütend und verzweifelt, und wir wussten manchmal keinen Rat mehr. Heute können wir alles mit ihr machen und verleben zusammen schöne Stunden an Wochenenden und bei Kurzurlauben.«

Was können Eltern aus dieser Schilderung gewinnen, die erst kürzlich die Autismusdiagnose für ihr Kind erhalten haben und sich am Anfang der Auseinandersetzung mit der Behinderung und deren Folgen für ihr Kind, die Familie und die Zukunft befinden? Überlegen Sie sich immer wieder ganz planvoll, welche Erwartungen und Wünsche Sie

8 Schlussbemerkung

an das Kind und sein und Ihr eigenes Umfeld haben. Machen Sie sich stark, um für Ihr Kind förderliche Bedingungen zu schaffen. Das ist Ihre Aufgabe und Sie werden diese meistern. Holen Sie sich hierfür unbedingt Unterstützung von der Familie, dem Freundeskreis und anderen betroffenen Eltern. Nutzen Sie das Knowhow von autismusspezifischen Einrichtungen, wie bspw. dem Bundesverband autismus Deutschland e. V. Nehmen Sie dort an Informationsveranstaltungen oder Fortbildungen teil, die häufig auch online angeboten werden. Informieren Sie sich über Ihre Rechte (Pflegeversicherung, Integrationsassistenzen, Entlastung für zu Hause usw.). Und v.a.: Bleiben Sie optimistisch. Die meisten autistischen Kinder machen Fortschritte und führen ein zufriedenes Leben.

Und wenn die Situation Ihre Kräfte übersteigt? Gestehen Sie sich eine Schwäche zu und gönnen Sie sich eine Verschnaufpause. Suchen Sie sich Hilfe. Es ist alles erlaubt. Der Alltag und das Leben mit einem autistischen Kind sind eine große Herausforderung.

Literatur

Allgemeine Literatur/Pädagogische Ideen

Arens-Wiebel, C. (2018): Das kleine Autismus-ABC. Erziehungs- und Verhaltenstipps. Bremen: Autismus Bremen e. V.

Arens-Wiebel, C. (2021): Erwachsene mit Autismus begleiten. Ein Praxisbuch für Eltern und Fachkräfte. Stuttgart: Kohlhammer.

Baker, B. L. & Brightman, A. J. (2004): Alltagsfähigkeiten. Ein Ratgeber für Eltern und Erzieher. Zirndorf: G & S.

Batts, B. (2013): Aufs Klo, fertig, los! Toilettentraining bei Kindern mit Autismus und anderen Entwicklungsstörungen. Tübingen: dgvt.

Bernard-Opitz, V. (2015): Kinder mit Autismus-Spektrum-Störungen (ASS). Ein Praxishandbuch für Therapeuten, Eltern und Lehrer. Stuttgart: Kohlhammer.

Bruin, C. de (2013): Die entscheidenden 5: Wo, wer, was, wie, wann. Ein Leitfaden zur Erziehung und Betreuung von Kindern mit Autismus. Doetinchem: Graviant Educatieve Uitgaven.

Freitag, C. M., Kitzerow, J., Medda, J., Soll, S. & Cholemkery, H. (2017): Autismus-Spektrum-Störungen. Göttingen: Hogrefe.

Funke, U. (2022): Kinder im Autismus-Spektrum verstehen und unterstützen: Ein Wahrnehmungswegweiser für Eltern und Begleiter. Stuttgart: Kohlhammer.

Girsberger, T. (2016): Die vielen Farben des Autismus. Spektrum, Ursachen, Diagnose, Therapie und Beratung. Stuttgart: Kohlhammer.

Gretenkord, I. (2014): Fanti das kleine Schlitzohr. Leben mit einem autistischen Kleinkind. Bensheim: Tiponi.

Hejlskov Elvén, B. (2017): Herausforderndes Verhalten vermeiden. Menschen mit Autismus und psychischen oder geistigen Einschränkungen positives Verhalten ermöglichen. Tübingen: dgvt.

Higashida, N., Dormagen, C. & Mitchell, D. (2015): Warum ich euch nicht in die Augen schauen kann. Ein autistischer Junge erklärt seine Welt. Reinbek bei Hamburg: Rowohlt.

Janert, S. (2016): Autistischen Kindern Brücken bauen. Ein Elternratgeber. München, Basel: Reinhardt.

Krebs, Heinz (1997): Ganzheitliche Frühförderung. Geistige Behinderung 36 (4), S. 386–394.

Literatur

Mock-Eibeck, A. (2018): Kognitive Entwicklung von Kindern. Hamburg: Handwerk und Technik.

Newman, S. & Rudert, L. (2014): Kleine Schritte vorwärts. Spiele und Aktivitäten für Kinder mit Behinderungen. Tübingen: dgvt.

Nothbom, E. & Zysk, V. (2019): 1001 Ideen für den Alltag mit autistischen Kindern und Jugendlichen: Praxistipps für Eltern, pädagogische und therapeutische Fachkräfte. Freiburg: Lambertus.

Preißmann, C. (2015): Gut leben mit einem autistischen Kind. Das Resilienzbuch für Mütter. Stuttgart: Klett-Cotta.

Preißmann, C. (2017): Autismus und Gesundheit. Besonderheiten erkennen – Hürden überwinden – Ressourcen fördern. Stuttgart: Kohlhammer.

Richman, S. & Wengenroth, M. (2009): Wie erziehe ich ein autistisches Kind? Grundlagen und Praxis. Bern: Huber.

Rollett, B. & Kastner-Koller, U. (Hrsg.) (2018): Praxisbuch Autismus. Für Erzieher, Lehrer, Psychologen, Therapeuten und Eltern. München: Urban & Fischer.

Schirmer, B. (2018): Elternleitfaden Autismus. Wie Ihr Kind die Welt erlebt. Mit gezielten Therapien wirksam fördern. Stuttgart: Trias.

Schirmer, B. & Alexander, T. (2015): Leben mit einem Kind im Autismus-Spektrum. Stuttgart: Kohlhammer.

Theunissen, G. (Hrsg.) (2016): Autismus verstehen. Außen- und Innensichten. Stuttgart: Kohlhammer.

Wilken, E., (2017): Kinder und Jugendliche mit Down-Syndrom. Förderung und Teilhabe. Stuttgart: Kohlhammer.

Zepperitz, S. (2022): Was braucht der Mensch? Entwicklungsgerechtes Arbeiten in Pädagogik und Therapie bei Menschen mit intellektuellen Beeinträchtigungen. Bern: Hogrefe.

Internetlink

Toilettentraining: https://www.autismus.ch/uploads/pdfs/Arzt/ASS-Merkblatt-Strategien-fuer-Toilettentraining_Fust-Neeser2021ZHAW.pdf, Zugriff am 11.02.2023.

Elternarbeit

Achilles, I. (2016): Betagte Eltern – behinderte Kinder. Die Zukunft rechtzeitig gestalten. Stuttgart: Kohlhammer.

Brehm, B., Schill, J. E., Biscaldi, M. & Fleischhaker, C. (2015): FETASS Freiburger Elterntraining für Autismus-Spektrum-Störungen. Berlin, Heidelberg: Springer.

Burtscher, R., Heyberger, D. & Schmidt, T. (2015): Die »unerhörten« Eltern. Eltern zwischen Fürsorge und Selbstsorge. Marburg: Lebenshilfe-Verlag.

Emmelmann, I. & Greving, H. (2019): Erwachsene Menschen mit geistiger Behinderung und ihre Eltern. Vom Ablösekonzept zum Freiraumkonzept. Stuttgart: Kohlhammer (Praxis Heilpädagogik – Konzepte und Methoden).

Freund, A. (2002): Ablösung vom Elternhaus – ein lebenslanger Prozess. In: Bundesverband »Hilfe für das autistische Kind« (Hrsg.), Autismus und Gesellschaft, Tagungsbericht 10. Bundestagung in Trier (S. 105–112), Stade: Hans-Druckerei Stelzer.

Wilken, U. & Jeltsch-Schudel, B. (Hrsg.) (2023): Elternarbeit und Behinderung. Empowerment, Inklusion, Wohlbefinden. Stuttgart: Kohlhammer.

Internetlinks

Bundesverband autismus Deutschland e. V.: www.autismus.de

Belz, B. (2010): Trauerprozesse bei Eltern von Kindern mit Behinderung. Kurzfassung der Abschlussarbeit »Trauerprozesse bei Eltern von Kindern mit Behinderung«: http://www.trauer-wege-leben.de/download/trauer-eltern-kd-mit-beh.pdf, Zugriff am 06.02.2023.

Frühförderung/Kindergarten

Cornago, A. (2018): Praxis Frühförderung Autismus. Wahrnehmung. Hamburg: Autismus Hamburg e. V.

Cornago, A. (2019): Emotionale Kompetenz. Hamburg: Autismus Hamburg e. V.

Cornago, A. (2020): Interaktion und Spiel. Hamburg: Autismus Hamburg e. V.

Cornago, A. (2021): Handmotorik. Hamburg: Autismus Hamburg e. V.

Der Paritätische (Hrsg.) (2015): Paritätischer Anforderungskatalog. Inklusion: Rahmenbedingungen für Kindertageseinrichtungen. Berlin: Der Paritätische Gesamtverband.

Döringer, I. & Rittmann, B. (2020): Autismus: Frühe Diagnose, Beratung und Therapie. Stuttgart: Kohlhammer.

Größer, M. (2022): Kinder mit erhöhtem Förderbedarf. Inklusion, Integration und Förderung in der Kita leben. Stuttgart: Klett.

Kokemoor, K. (2023): Entwicklungsbegleitung autistischer Kinder in Krippe und Kita. Freiburg: Herder.

Rittmann, B. (2013): Einzigartig anders – Kinder mit Autismus in der Kita, KiTa ND 10, S. 229–232.

Rogers, S. J. (2016): Frühe Förderung für Ihr Kind mit Autismus. Das Early Start Denver Model in der Praxis. Paderborn: Junfermann.

Rogers, S. J., Dawson, G., Holzinger, D. S. & Schatz, M. (Hrsg.) (2014): Frühintervention für Kinder mit Autismus. Das Early-Start-Denver-Modell. Bern: Huber.

Teufel, K., Müller, C. Valerian, J. & Freitag, C. M. (2017): A-FFIP – Autismusspezifische Therapie im Vorschulalter. Berlin, Heidelberg: Springer.

Voigt, F. (2020): Frühdiagnostik und Frühtherapie bei Autismus-Spektrum-Störungen. Basel, München: Reinhardt.

Schule

Albers, F. (2020): Autismus-Spektrum-Störungen in der Sekundarschule. Praktische Hilfen für den Schulalltag. Hamburg: AOL (Scolix).

Albers, F. (2021): Autismus-Spektrum-Störungen in der Grundschule. Praktische Hilfen für den Schulalltag. Hamburg: AOL (Scolix).

Horbach, B. (2016): Praxishandbuch Autismus. Konkrete Strukturierungshilfen zur Förderung von Schülern im Autismus-Spektrum. Hamburg: Persen.

Matzies-Köhler, M. (2013): Autismus – Adlerblick und Tunnelsicht. Tipps für Kids. CreateSpace Independent Publishing Platform.

Matzies-Köhler, M. (2015): Autismus – Adlerblick und Tunnelsicht 2. Tipps für Lehrer. CreateSpace Independent Publishing Platform.

Meer-Walter, S. (2021): Schüler_innen im Autismus-Spektrum verstehen: Praxishilfe zu autistischen Besonderheiten in Schule und Unterricht. Weinheim: Beltz.

Kremer, G. (2016): Schulbegleiter erfolgreich einbinden – Förderschule. Ratgeber und Praxishilfen für Lehrer. Hamburg: Persen.

Reichstein, P. (2019): Autismus: Förderideen für Deutsch und Mathematik: Übungen für den Unterricht mit Schülern im Autismus-Spektrum. Hamburg: Persen.

Reichstein, P. (2020): Autismus: Förderideen zu Basiskompetenzen: Strukturierte Übungen für den Unterricht mit Schülern im Autismus-Spektrum (1. bis 9. Klasse). Hamburg: Persen.

Schirmer, B. (2016): Schulratgeber Autismus-Spektrum. Ein Leitfaden für LehrerInnen. München, Basel: Reinhardt.

Schirmer, B. (2018): Nur dabei zu sein reicht nicht. Lernen im inklusiven schulischen Setting. Stuttgart: Kohlhammer.
Schuster, N. & Schuster, U. (2013): Vielfalt leben. Inklusion von Menschen mit Autismus-Spektrum-Störungen. Stuttgart: Kohlhammer.
Schuster, N. & Großmann, D. (2016): Schüler mit Autismus-Spektrum-Störungen. Eine Innen- und Außenansicht mit praktischen Tipps für Lehrer, Psychologen und Eltern. Stuttgart: Kohlhammer.
Tuckermann, A., Häusler, A. & Lausmann, E. (2014): Praxis TEACCH: Herausforderung Regelschule. Unterstützungsmöglichkeiten für Schüler mit Autismus-Spektrumstörungen im lernzielgleichen Unterricht. Dortmund: modernes lernen.

Internetlinks

Staatsinstitut für Schulqualität und Bildungsforschung (ISB): Informationsblätter des Mobilen Sonderpädagogischen Dienstes Autismus (MSD-A): https://www.isb.bayern.de/schulartspezifisches/materialien/msd-infobriefe-autismus-spektrum-stoerung/, Zugriff am 07.02.2023.
Tipps für die Schule: https://elternzentrum-berlin.de/download/Expertenpapier_Nordrhein_Westfalen.pdf, Zugriff am 06.02.2023.
Tipps für Lehrer:innen der Landesschulbehörde Niedersachsen (2011): https://www.landesschulbehoerde-niedersachsen.de/themen/projekte/autismus/foerdermassnahmen-1.-hilfe, Zugriff am 06.02.2023.
Vielfältige Informationen für Lehrer:innen und andere in der Schule Tätige: https://bbz.hamburg.de/arbeitshilfen-autismus/.

Klassenaufklärung

Bartoli y Eckert, P. (2016): Alex ist einfach anders – Klassenlektüre in 3 Stufen, Mülheim: Verlag an der Ruhr.
Goetze, J. (2016): Wenn Delfine tanzen. Garching bei München: Hase und Igel.
Lutz, D. (2015): Svea ist besonders. Ein Autismusbuch für Kinder im Kindergarten-, Vorschul- und Grundschulalter. Nonnenhorn: Papierfresserchens MTM-Verlag.
Mueller, D. H. (2014): Davids Welt. Vom Leben mit Autismus. Berlin: Annette Betz.
Seger, B. (2014): Was ist mit Tom? Geschichten zur Aufklärung über Autismus (Aspergersyndrom) in Kindergarten und Grundschule. Karlsruhe: von Loeper.

Tschirren, B. & Hächler, P. (2015): Ich bin Loris. Kindern Autismus erklären. Köln: Balance Buch Medien.

Internetlinks

Aufklärung der Mitschüler über Autismus: https://www.isb.bayern.de/download/14848/ass_a9_aufklaerung.pdf, Zugriff 06.02.2023.
Was tun, wenn Schüler Autismus haben? https://www.uni-wuerzburg.de/fileadmin/06000060/03_Lehrerbildung_an_der_PSE/Inkl_SiKri/Broschuere_kjp_autismus15f.pdf, Zugriff am 12.04.2023.

Kommunikationsförderung

Bach, H. (2006): Wer tauscht mit mir? Kommunikationsförderung autistischer Menschen mit dem »Picture-Exchange-Communication-System«. Stuttgart: Ibidem.
Funke, U. (2020): Interaktion und Kommunikation bei Autismus-Spektrum-Störungen: Mit Komm!ASS zur Sprache führen. Stuttgart: Kohlhammer.
Görisch, O. (2017): Sprachliche Entwicklung von Kindern. KurzCHECk. Hamburg: Handwerk und Technik.
Kühn, G. & Schneider, J. (2021): Zwei Wege zur Kommunikation. Praxisleitfaden zu TEACCH und PECS. Von Loeper.
Lindmeier, C., Sallat, S. & Ehrenberg, K. (Hrsg.) (2023): Sprache und Kommunikation bei Autismus. Stuttgart: Kohlhammer.
Wilken, E. (2019): Sprachförderung bei Kinder mit Down-Syndrom. Mit ausführlicher Darstellung des GuK-Systems. 13. Aufl. Stuttgart: Kohlhammer.

Internetlinks

Bloomberg, K. & und West, D. (o.J.): Triple C-Checkliste kommunikativer Kompetenzen: https://www.sonderpaedagogik.uni-wuerzburg.de/fileadmin/06040400/downloads/uk2007/soaped2_ws0607_tagung_uk_braun_triple_c_checkliste.pdf, Zugriff am 06.02.2023.
Fröhlich, N. (2017): Sprachausgabegeräte und Autismus: https://www.dropbox.com/s/b90804vf520t0ap/SAGE%20und%20ASS_WS_Fachtag%20Gie%C3%9Fen%2008:2017.pdf?dl=0, Zugriff am 06.02.2023.
Informationen und Fortbildung zu Spracherwerb und Sprachbildung: http://www.sprachfoerderung.info/spracherwerb.htm, Zugriff am 06.02.2023.

Sozialverhalten

Aarons, M., Gittens, T., Rudert, E., Koch, R. (2011): Autismus kompensieren. Soziales Training für Kinder und Jugendliche ab drei Jahren. Weinheim: Beltz.
Baker, J., Abel, C. & Bernard-Opitz, V. (2014): Soziale Foto-Geschichten für Kinder mit Autismus. Visuelle Hilfen zur Vermittlung von Spiel, Emotion und Kommunikation. Stuttgart: Kohlhammer.
Bernard-Opitz, V. (Hrsg.) (2017): Lernen von positiven Alternativen zu Verhaltensproblemen. Stuttgart: Kohlhammer.
Bernard-Opitz, V. & Häußler, A. (2017): Praktische Hilfen für Kinder mit Autismus-Spektrum-Störungen (ASS). Fördermaterialien für visuell Lernende. Stuttgart: Kohlhammer.
Castaneda, C. & Hallbauer, A. (2013): Einander verstehen lernen: Ein Praxisbuch für Menschen mit und ohne Autismus. Kiel: Holtenauer.
Cholemkery, H. & Freitag, C. M. (2014): Soziales Kompetenztraining für Kinder und Jugendliche mit Autismus-Spektrum-Störungen. Weinheim: Beltz.
Gray, C. (2014): Das neue Social Story Buch. St. Gallen: Autismusverlag.
Häußler, A., Happel, C., Tuckermann, A., Altgassen, M. & Adl-Amini, K. (2016): SOKO Autismus. Gruppenangebote zur Förderung sozialer Kompetenzen bei Menschen mit Autismus. Erfahrungsbericht und Praxishilfen. Dortmund: modernes lernen.
Herbrecht, E., Bölte, S. & Poustka, F. (2008): Kontakt. Frankfurter Kommunikations- und soziales Interaktions-Gruppentraining bei Autismus-Spektrum-Störungen. Göttingen: Hogrefe.
Matzies-Köhler, M. & Großmann, D. (2010): Sozialtraining für Menschen mit Autismus-Spektrum-Störungen (ASS). Ein Praxisbuch. Stuttgart: Kohlhammer.
Reynolds, K. E. (2016): Lena muss mal. Ein Buch zum Thema öffentliche Toiletten für Mädchen und junge Frauen mit Autismus. St. Gallen: Autismusverlag.
Wolfberg, P. (2017): Lernen von Spiel und Beziehungen zu Gleichaltrigen: Integrierte Spielgruppen. Stuttgart: Kohlhammer.

Internetlink

Castaneda, C. (2007): Mein Buch der sozialen Geschichten. Wie verhalte ich mich in der Gruppe? https://silo.tips/download/mein-buch-der-sozialen-geschichten, Zugriff am 06.02.2023.

Literatur

Methoden

Aarts, M. (2013): Marte Meo Programm für Autismus. Eindhoven: Aarts Publications.
Ayres, A. J. (2016): Bausteine der kindlichen Entwicklung. Sensorische Integration verstehen und anwenden. Berlin, Heidelberg: Springer.
Baker, J. (2017): Anders denken lernen. Kognitive Verhaltenstherapie bei Autismus-Spektrum-Störungen. Stuttgart: Kohlhammer.
Bernard-Opitz, V. (2014): Visuelle Methoden in der Autismus-spezifischen Verhaltenstherapie (AVT): Das Cartoon und Skript-Curriculum zum Training von Sozialverhalten und Kommunikation. Stuttgart: Kohlhammer.
Bernard-Opitz, V. & Nikopoulos, C. (2017): Lernen mit ABA und AVT. Applied Behavior Analysis und Autismus-spezifische Verhaltenstherapie. Stuttgart: Kohlhammer.
Degner, M. (Hrsg.) (2008): Autismus. Besonderes Denken – Förderung nach dem TEACCH-Ansatz. Nordhausen: Verlag Kleine Wege.
Döhler, D. & Döhler, C. (2014): AuJA – Autismus akzeptieren und Handeln. Ein Leitfaden von Eltern für Eltern. Norderstedt: BoD.
Häußler, A. (2016): Der TEACCH Ansatz zur Förderung von Menschen mit Autismus. Einführung in Theorie und Praxis. Dortmund: modernes lernen.
Häußler, A. (2017): Praxis TEACCH: Kompetenz-Schlüssel. Wege zum Handeln eröffnen. Dortmund: modernes lernen.
Häußler, A. (2018): Sehen und verstehen. Visuelle Strategien in der Förderung von Menschen mit Autismus-Spektrum-Störung. Stuttgart: Kohlhammer.
Häußler, A., Tuckermann, A. & Kiwitt, M. (2014): Praxis TEACCH: Wenn Verhalten zur Herausforderung wird. Dortmund: modernes lernen.
Häußler, A., Tuckermann, A. & Lausmann, E. (2015): Praxis TEACCH. Neue Materialien zur Förderung der sozialen Kompetenz. Dortmund: modernes lernen.
Hofer, A. P. (2009): Das Affolter-Modell. Entwicklungsmodell und gespürte Interaktionstherapie. München: Pflaum.
Rittmann, B. & Rickert-Bolg, W. (Hrsg.) (2017): Autismus-Therapie in der Praxis. Methoden, Vorgehensweisen, Falldarstellungen. Stuttgart: Kohlhammer.
Schatz, Y. & Schellbach, S. (2008): Ideenkiste Nr. 1 – Das Material. Eine Kiste voller Ideen zur praktischen Umsetzung von pädagogischen Inhalten nach dem TEACCH-Ansatz. Nordhausen: Kleine Wege.
Schatz, Y. & Schellbach, S. (2012): Ideenkiste Nr. 2 – Zeit & Raum. Nordhausen: Kleine Wege.

Solzbacher, H. (2011): »Von der Dose bis zur Arbeitsmappe«. Ideen und Anregungen für strukturierte Beschäftigungen in Anlehnung an den TEACCH-Ansatz. Dortmund: modernes lernen.

Tuckermann, A., Häußler, A. & Lausmann, E. (2017): Praxis TEACCH: Herausforderung Regelschule. Unterstützungsmöglichkeiten für Schüler mit Autismus-Spektrum-Störungen im lernzielgleichen Unterricht. Dortmund: modernes lernen.

Urbaniak, B. (2017): Applied Behavior Analysis (ABA) in der Therapie von Kindern mit Autismus. Stuttgart: Kohlhammer.

Entspannung

Croos-Müller, C. (2015): Kopf hoch – das kleine Überlebensbuch. Selbsthilfe bei Stress, Ärger und anderen Durchhängern. München: Kösel.

Hammerschmidt, D. & Ossege, T. (2016): Entspannung für Menschen mit geistiger Beeinträchtigung. München, Basel: Reinhardt in Kooperation mit dem Lebenshilfe-Verlag Marburg.

Quante, S. (2015): Was Kindern gut tut! Handbuch der erlebnisorientierten Entspannung. Dortmund: modernes lernen.

Snel, E. (2013): Stillsitzen wie ein Frosch. Kinderleichte Meditationen für Groß und Klein. München: Goldmann.

Spek, A. (2012): Achtsamkeit für Menschen mit Autismus. Ein Ratgeber für Erwachsene mit ASS und deren Betreuer. Göttingen: Hogrefe.

Internetlink

Einfach entspannen: https://lebenshilfe-rlp.de/pdf/archiv/Entspannung_WEB.PDF, Zugriff am 07.02.2023.

Geschwister

Arens-Wiebel, C. (2013): Geschwister-ABC. Für Brüder und Schwestern von Kindern und Jugendlichen mit Autismus oder Asperger-Syndrom. Bremen: Autismus Bremen e. V.

Maus, I. (2017): Geschwister von Kindern mit Autismus. Ein Praxisbuch für Familienangehörige, Therapeuten und Pädagogen. Stuttgart: Kohlhammer.

Valentina (2020): Der Delfin in der Hängematte. Mein abenteuerliches Leben mit Leonardo, meinem autistischen Bruder. Lachen: Wörterseh.

Winkelheide, M. (2009): Ich suche meinen Weg. Aus dem Labyrinth von Geschwisterbeziehungen. Vechta: Geest-Verlag.

Erwachsenwerden

Braun, S. (2019): Unterstützte Kommunikation mit Erwachsenen. (Ja: UK!). Karlsruhe: Von-Loeper.
Faherty, C. (2018): Handbuch Autismus. Was bedeutet das für mich? 2. Aufl. St. Gallen: Autismusverlag.
Lebenshilfe für Menschen mit Geistiger Behinderung, Ortsvereinigung Bremerhaven (o.J., o. A.): Konzept Gruppenförderung.
Lorenz, J. (2009): Autismus im frühen Erwachsenenalter – Ein Konzept zur Ablösung vom Elternhaus. Dissertation, Universität Regensburg, https://epub.uni-regensburg.de/12086/1/Diss.Vers.4_ende.pdf, Zugriff am 06.02.2023.
Rosendahl, J. (2016): So bin ich – einfach einmalig! Materialien zur Förderung von Identität und Selbstbild für Schüler mit geistiger Behinderung. Hamburg: Persen.

Internetlinks

Vorlage Ich-Bücher: https://www.cluks-forum-bw.de/unterstuetzte-kommunikation/erste-schritte?tx_cforum_listpost%5Baction%5D=show&tx_cforum_listpost%5Bcontroller%5D=Post&tx_cforum_listpost%5Bpost%5D=982&cHash=d1814c0dd03e4e09d56317931d2d92bf, Zugriff am 07.02.2023.
Vorstellung unterschiedlicher Ich-Bücher: https://www.gesellschaft-uk.org/regional/regio-baden-wuerttemberg/downloads-zu-veranstaltungen.html?file=files/Downloadliste/Fortbildungen/bw-2016/ich-Buecher%20Fachtag%20Handout.pdf, Zugriff am 07.02.2023.

Arztbesuche/Schmerzerkennung

Autismus Deutsche Schweiz (Hrsg.) (2022): Endlich klappt der Arztbesuch für Menschen im Autismus-Spektrum. Leitfaden für medizinisches Personal, Betroffene und ihr Umfeld. Zürich: Careum.
Fichtmair, M. (2017): Unterstützte Kommunikation und Schmerz. Zeitschrift behinderte Menschen, Zeitschrift für gemeinsames Leben, Lernen und Arbeiten. 40 (2), 55–58.

Hicks, C. et al. (2001): The Faces Pain Scale – Revised: Toward a Common Metric in Paediatric Pain Measurement. Pain, 93, 173–183.
Martin, P. (2016): Schmerzverhalten bei Menschen mit Störungen des autistischen Spektrums. Zeitschrift für Inklusive Medizin, 13 (2), 25–37.
Robo-toys.com (Hrsg.) (?): Wo tut es weh? Schmerzskala als Scheibe für Kinder. Unterstützte Kommunikation. Schmerzen und UK. Fachzeitschrift der Gesellschaft für Unterstützte Kommunikation e. V., 2–18.
Yo-Yee flashcards (© 2022–2021): Die Beschwerden. Yo-Yee Education Ltd.

Internetlinks

Anleitungen für Zahnärzte zum Umgang mit autistischen Kindern (englisch): https://www.autismus.ch/uploads/pdfs/Arzt/dental-toolkit.pdf, Zugriff am 11.02.2023.
Arztbesuch mit Menschen im Autismus-Spektrum: https://www.autismus.ch/uploads/pdfs/blog/2022/220610_Autismus_Flyer_korr_SCR.pdf, Zugriff am 11.02.2023.
Dental Guide: https://www.autismus.ch/uploads/pdfs/Arzt/dentalguide%20autism%20speaks.pdf, Zugriff am 11.02.2023.
Schmerzerfassungsskala Kinder bis fünf Jahre und Mehrfachbehinderte: https://www.oegari.at/web_files/dateiarchiv/editor/kus-skala.pdf, Zugriff am 11.02.2023.
Schmerzskala, Schmerzlokalisation u. v. m.: https://www.metacom-symbole.de/downloads/ewExternalFiles/Schmerzskala.pdf, Zugriff am 11.02.2023.
Zahnärztliche Behandlung von Kindern mit Entwicklungsstörungen: https://www.autismus.ch/uploads/pdfs/Arzt/2011%20Zahnarztpraxis.pdf, Zugriff am 11.02.2023.
Zusammenfassung Schmerzerfassungsinstrumente Kinder: https://www.thieme.de/statics/dokumente/thieme/final/de/dokumente/zw_jukip/Jukip_wie_weh_tut_es.pdf, Zugriff am 11.02.2023.

Sexualität/Pubertät

Achilles, I. & Herrath, F. (Hrsg.) (2014): Sexualpädagogische Materialien für die Arbeit mit geistig behinderten Menschen. Bundesvereinigung Lebenshilfe für Menschen mit Geistiger Behinderung. Weinheim, Basel: Beltz Juventa.

Literatur

Arbeitsstab des Unabhängigen Beauftragten für Fragen des sexuellen Kindesmissbrauchs (o.J.), https://www.hilfeportal-missbrauch.de, Zugriff am 06.02.2023.

Bier, A. (1989): Zärtlichkeit und Sexualität autistischer Menschen. Eine deskriptive Studie aus der Sicht der Eltern. Weinheim: Dt. Studien Verlag.

Boudesteijn, F., van der Vegt, E., Visser, K., Tick, N. & Maras, A. (2016): Ich bin in der Pubertät. Arbeitsbuch. St. Gallen: Autismusverlag.

Braun, G. & Keller, M. (2008): Ich sag Nein! Arbeitsmaterialien gegen den sexuellen Missbrauch an Mädchen und Jungen. Mülheim an der Ruhr: Verlag an der Ruhr.

Bundeszentrale für Gesundheitliche Aufklärung (BZgA) (2015): Sexualaufklärung von Menschen mit Beeinträchtigungen. Konzept. Unter Mitarbeit von Karsten Exner und Angelika Heßling. Köln: BZgA.

Bundeszentrale für Gesundheitliche Aufklärung (BZgA) (2017): Über Sexualität reden. Unter Mitarbeit von Martin Gnielka. Köln: BZgA.

Ehlers, C. (2017): Sexualerziehung bei Jugendlichen mit körperlicher und geistiger Behinderung. Hamburg: Persen.

Geisler, D. (2016): Mein Körper gehört mir! Schutz vor Missbrauch für Kinder ab 5. Bindlach: Loewe.

Lache, L. (2016): Sexualität und Autismus. Die Bedeutung von Kommunikation und Sprache für die sexuelle Entwicklung. Gießen: Psychosozial-Verlag.

Melberg Schwier, K. & Hingsburger, D. (2005): Sexualität. Ein Ratgeber für Eltern von Kindern mit Handicap. Zirndorf: G & S.

Reynolds, K. E. (2016a): Dinge, die Lena Spaß machen. Ein Buch zum Thema Sexualität und Masturbation bei Mädchen und jungen Frauen mit Autismus. St. Gallen: Autismusverlag.

Reynolds, K. E. (2016b): Was passiert mit Tom? Ein Buch zum Thema Pubertät bei Buben und jungen Männern mit Autismus. St. Gallen: Autismusverlag.

Schmetz, D. & Stöppler, R. (2007): Förderschwerpunkt Liebe. Sexualpädagogische Bildungsangebote für Menschen mit kognitivem Förderbedarf. Dortmund: modernes lernen.

Internetlinks

Autismus und Sexualität: https://elternzentrum-berlin.de/download/fortbildung/A_2012-08-16_B-Schirmer-Autismus-und-Sexualitaet.pdf, Zugriff am 07.02.2023.

Mit Autismus durch die Pubertät, ausführliches Referat zum Thema: 12. Fachtag Autismus im Liebenau Berufsbildungswerk, 2018: https://www.stiftung-lie

benau.de/fileadmin/benutzerdaten/bildung/pdf/04_Mediathek/Autismus/ bildung-autismus-suenkel-barth-2018.pdf, Zugriff am 07.02.2023.

Broschüre über den Körper und die Veränderungen: https://www.profamilia.de/fileadmin/publikationen/Jugendliche/so_bin_ich_so_bist_du.pdf, Zugriff am 07.02.2023.

Übersichtsreferat zum Thema Autismus und Sexualität: Dreisigacker, K. (2003): Anders als andere?! Autismus und Sexualität: https://www.fgz-goettingen.de/downloads/Autismus_und_Sexualitaet.pdf, Zugriff am 07.02.2023.

Körper und Sexualität bei geistiger Behinderung: https://www.profamilia.de/fileadmin/publikationen/Reihe_Koerper_und_Sexualtitaet/sexualitaet_geistige_behinderung_2011.pdf, Zugriff am 07.02.2023.

Sexuelle Aufklärung: https://web.archive.org/web/20160429165448/http://www.donumvitae.org/media/raw/Heft_1_Sexualaufklaerung_2015.pdf, Zugriff am 07.02.2023.

Video »Autismus und Pubertät«: https://www.youtube.com/watch?v=b7N1bYcd_U0, Zugriff am 07.02.2023.

Abbildungs- und Tabellenverzeichnis

Abbildungen

Abb. 1:	Wochenplan für die Familie	25
Abb. 2:	Tonis Knopfbild	42
Abb. 3:	Tagesplan – vom Aufstehen bis zur Rückkehr aus dem Kindergarten (METACOM Symbole © Annette Kitzinger)	64
Abb. 4:	Sophie zeigt Gefühle (und fragt die Therapeutin nach deren Gefühlen) (METACOM Symbole © Annette Kitzinger)	76
Abb. 5:	Würfeln lernen mit Snacks	92
Abb. 6:	Tokenplan für ein kleines Kind (METACOM Symbole © Annette Kitzinger)	114
Abb. 7:	Tokenplan für ein ›fortgeschrittenes‹ Kind (METACOM Symbole © Annette Kitzinger)	115
Abb. 8:	Regeln für Jeremy (METACOM Symbole © Annette Kitzinger)	130
Abb. 9:	Social Story »Wie es mit Schimpfen ist in unserer Familie« (METACOM Symbole © Annette Kitzinger)	135
Abb. 10:	Aufgabenplan nach der Heimkehr von der Schule (METACOM Symbole © Annette Kitzinger)	138
Abb. 11:	Eintausch von Vergünstigungen (METACOM Symbole © Annette Kitzinger)	139
Abb. 12:	›Gebrauchsanweisung‹ für Sarah für ihren Bruder (METACOM Symbole © Annette Kitzinger)	151
Abb. 13:	Arbeitsmappe Autos	162

Abb. 14: Memoryspiel – für jedes Pärchen gibt es zur Belohnung etwas zu naschen! (METACOM Symbole © Annette Kitzinger) 163
Abb. 15: PECS-Kommunikationsbuch: »Ich möchte Schokocreme« (METACOM Symbole © Annette Kitzinger) ... 164
Abb. 16: Arnes Tokenplan für den Schulsport (METACOM Symbole © Annette Kitzinger) 177
Abb. 17: PECS-Buch für das Anzeigen von Schmerz (METACOM Symbole © Annette Kitzinger) 193
Abb. 18: Social Story »Ruhig bleiben« (METACOM Symbole © Annette Kitzinger) 201
Abb. 19: Was hilft mir, wenn ich gestresst bin? (METACOM Symbole © Annette Kitzinger) 206

Tabellen

Tab. 1: Förderziele für Toni zu Hause (drei Jahre alt) 86
Tab. 2: Social Story »Baden» 94
Tab. 3: Förderinhalte im Vorschulalter 116
Tab. 4: Wahrnehmungsförderung 170

Christiane Arens-Wiebel

Erwachsene mit Autismus begleiten

Ein Praxisbuch für Eltern und Fachkräfte

2021. 257 Seiten, 26 Abb., 3 Tab. Kartoniert. € 32,–
ISBN 978-3-17-039258-8

Wenn ein Mensch mit Autismus erwachsen wird, ist es in der Regel nicht er selbst, der seine Lebensplanung in die Hand nimmt; diese Aufgabe übernehmen oft die Eltern, unterstützt von Fachkräften aus Schule und Therapiezentrum. Das Buch gibt bei Fragen der Lebensplanung konkrete Hilfestellungen: vom Ende der Schulzeit über den Auszug aus dem Elternhaus bis hin zu Arbeits- und Wohnmöglichkeiten für Menschen mit Autismus. Zudem werden wichtige Themen des Erwachsenseins wie Selbstbild, Freundschaft und Sexualität oder Freizeitgestaltung erörtert. Auch den Veränderungen im Alter, Krankheit und Krankenhausaufenthalten sowie Trauer und Verlust ist jeweils ein eigenes Kapitel gewidmet.

Das Buch besticht dabei durch zahlreiche Praxisbeispiele, Tipps für den Alltag und Visualisierungshilfen für problematische Situationen, die den Umgang mit erwachsenen Menschen im Autismus-Spektrum erleichtern.

Leseprobe und weitere Informationen unter **shop.kohlhammer.de**